高等职业教育系列教材
道路桥梁工程技术专业系列教材

公路工程造价

主 编 王娟玲 侯卫周 王淑红
副主编 辛建丽 郝建涛 张晓磊

机械工业出版社

本书以公路工程造价的编制流程为主线，以典型的工程案例为载体，以应用能力培养为重点，将公路工程造价编制分解为公路工程项目划分、公路工程定额查用、工料机预算单价计算、概预算费用计算、投标报价编制等目标任务，通过各目标任务的完成实现公路工程施工图预算和投标报价等造价文件的编制，为学生今后胜任造价员的工作奠定坚实基础。

本书可作为高职高专道路桥梁工程技术专业的教材，也可作为交通土建类相关专业以及公路与桥梁工程设计、施工人员的参考用书。

图书在版编目（CIP）数据

公路工程造价/王娟玲，侯卫周，王淑红主编 .—北京：机械工业出版社，2016.11（2022.6 重印）
高等职业教育系列教材　道路桥梁工程技术专业系列教材
ISBN 978 - 7 - 111 - 55604 - 6

Ⅰ.①公… Ⅱ.①王…②侯…③王… Ⅲ.①道路工程 - 工程造价 - 高等职业教育 - 教材 Ⅳ.①U415.13

中国版本图书馆 CIP 数据核字（2016）第 294807 号

机械工业出版社（北京市百万庄大街22号　邮政编码100037）
策划编辑：张荣荣　责任编辑：张荣荣　李宣敏
责任校对：刘怡丹　封面设计：张　静
责任印制：刘　媛
涿州市殷润文化传播有限公司印刷
2022 年 6 月第 1 版第 5 次印刷
184mm×260mm・12.5 印张・303 千字
标准书号：ISBN 978-7-111-55604-6
定价：35.00 元

电话服务　　　　　　　　网络服务
客服电话：010-88361066　机 工 官 网：www.cmpbook.com
　　　　　010-88379833　机 工 官 博：weibo.com/cmp1952
　　　　　010-68326294　金 书 网：www.golden-book.com
封底无防伪标均为盗版　　机工教育服务网：www.cmpedu.com

前　言

公路工程造价是公路工程建设主体关注的焦点，关系到各方建设主体的切身利益，造价控制能力是工程技术人员必备的管理能力之一，如何教会学生准确测算，有效控制工程造价是本书解决的问题。

本教材以工程案例的编制流程为主线，依据现行《公路工程基本建设项目概算预算编制办法》（JTG B06—2007）、《公路工程预算定额》（JTG/T B06-02—2007）、《公路工程概算定额》（JTG/T B06-01—2007）、《公路工程机械台班费用定额》（JTG/T B06-03—2007），针对一线教学中学生学习的薄弱环节，教材中添加了各分项工程的常见施工方案和定额选择介绍，以任务驱动式完成了教材编写。

本书由黄河水利职业技术学院的王娟玲、河南大学的侯卫周、黄河水利职业技术学院的王淑红任主编，南京交通职业技术辛建丽、黑龙江职业学院郝建涛、黄河水利职业技术学院的张晓磊任副主编。其中：黄河水利职业技术学院的王娟玲编写第3章，河南大学的侯卫周编写项目案例、第1章，黄河水利职业技术学院的王淑红编写第6章、南京交通职业技术学院辛建丽编写第5章，黑龙江职业学院郝建涛编写第7章、黄河水利职业技术学院的张晓磊编写第2章和第4章。

教材编写中的疏漏之处，恳请广大读者批评指正。

编　者

目 录

前 言
引入 项目案例 ··· 1
第1章 初识公路工程造价 ·· 6
  1.1 公路工程造价概述 ··· 6
  1.2 公路建设资金来源 ··· 9
  1.3 公路工程造价控制（八算体系） ·· 11
  1.4 公路工程造价文件 ·· 14
第2章 项目划分 ··· 18
  2.1 基本建设项目组成 ·· 18
  2.2 概预算项目划分 ·· 19
  2.3 项目实施案例（项目划分案例） ·· 21
第3章 定额查用，初填08-2表 ·· 26
  3.1 定额概念、分类、组成 ·· 26
  3.2 定额实物消耗量的编制方法* ·· 30
  3.3 预算定额总说明 ·· 34
  3.4 路基工程 ·· 36
  3.5 路面工程 ·· 49
  3.6 隧道工程 ·· 59
  3.7 桥涵工程 ·· 63
  3.8 防护工程 ·· 77
  3.9 交通工程及沿线设施 ··· 79
  3.10 临时工程 ··· 80
  3.11 材料采集及加工 ··· 81
  3.12 材料运输 ··· 82
  3.13 附录 ·· 83
  3.14 定额查用总结 ··· 86
第4章 预算单价计算，填09、10、11表，汇总07表 ······································· 90
  4.1 人工预算单价 ··· 90
  4.2 材料预算单价 ··· 92
  4.3 机械台班单价 ··· 97
第5章 施工图预算费用计算，填08、03、05、06、01表 ································ 102
  5.1 施工图预算的编制方法 ··· 102
  5.2 施工图预算费用组成 ··· 103
  5.3 工程类别划分 ··· 105

5.4 建筑安装工程费计算，填写 08 表，汇总 03 表 ················ 107
5.5 设备、工具、器具及家具购置费计算 ················ 122
5.6 工程建设其他费用计算 ················ 125
5.7 预备费及回收金额计算 ················ 130
5.8 公路交工前养护费和绿化补助费计算 ················ 133
5.9 公路工程概预算文件编制 ················ 134

第 6 章 标底与报价费用计算 ················ 141
6.1 标底与报价基本知识 ················ 141
6.2 工程量清单的项目划分 ················ 143
6.3 标底（招标控制价）计算 ················ 149
6.4 报价计算 ················ 161

第 7 章 同望造价软件应用 ················ 167
7.1 同望公路工程造价管理系统介绍 ················ 167
7.2 同望软件编制施工图预算 ················ 168
7.3 同望软件编制清单报价 ················ 190

参考文献 ················ 193

引入 项目案例

一、项目任务

(1) 合理进行案例工程的项目划分。
(2) 统计案例工程的人工、材料、机械台班消耗总数量。
(3) 确定案例工程的人工、材料、机械台班预算单价。
(4) 计算本标段案例工程项目的施工图预算金额和清单报价总额。
(5) 编制案例项目的施工图预算文件和投标报价文件。

二、项目案例设计

(一) 项目背景

(1) 开封—周口新建二级公路第二标段,位于河南省开封市郊南部,属平原微丘区,起点桩号 K10+000,终点桩号为 K16+500,路线全长 6.5km。
(2) 该路段以机械施工为主,工期为两年,本地区工程年造价上涨率为 5%。
(3) 本路段交工前养护里程 6.5km,平均养护月数为两个月。购置养护用 6~8t 压路机一台,120000 元/台,3~4t 自卸汽车两台,80000 元/台。
(4) 人工单价 45 元/工日。
(5) 河南省规费标准:养老保险费 20%,失业保险费 2%,医疗保险费(含生育保险) 7%,住房公积金 5%,工伤保险费 1%。其他工程费、间接费中的企业管理费、利润和税金均按部颁费率执行。
(6) 工程建设期每年贷款为建安费总额的 20%。
(7) 工地转移距离 160km,粮食、水运距 2km,蔬菜、燃料运距 5km。

(二) 主要分项工程工程量

1. 临时工程

(1) 汽车临时便道 500m,路基宽 4.5m,需铺沙砾路面。
(2) 临时输电线路(三线橡皮线)500m,支线 800m。

2. 路基工程

(1) 清除表土及耕地填前夯(压)实。

清表面积/m²	回填土方/m³	耕地填前夯(压)实/m²
4310	1293	4310

说明:清表厚度 30cm,清表土就近堆放,用作绿化种植土,回填土方可采用路基废方。

(2) 砍树挖根。

	10cm 以下/棵	10~20cm/棵	20cm 以上/棵
数量	37	33	43

(3) 路基土石方工程量。

挖方/m³				填方/m³	本桩利用/m³		远运利用 (m³)/平均运距(m)			
普通土	硬土	软石	次坚石		土方	石方	普通土	硬土	次坚石	软石
105000	4500	5400	29500	150000	27500	2000	80000/400	2000/400	29500/160	3400/400

注：1. 本路段长6.5km，挖方、填方路段长度各占一半，路基宽10m，填方路段平均填土高度为2m，边坡坡度为1:1.5。
2. 为保证路基压实度两侧各需宽填30cm，完工后需要刷坡但不需远运。
3. 如需借土（普通土），其平均运距为2km。
4. 假设填前压实沉降厚度为15cm，土的干密度为1.4t/m³，土自然含水量低于最佳含水量2%，水的平均运距为2km。

(4) 排水工程。

工程名称	长度/m	M7.5浆砌片石/m³	盖板		
			C30混凝土/m³	C25混凝土/m³	钢筋/kg
边沟	4578	3258.990	120.800	48.533	13040.500
排水沟	632	419.085	—	—	—
截水沟	504	217.500	—	—	—
急流槽	47	89.392	—	—	—

(5) 防护工程。

工程名称	长度/m	M7.5浆砌片石/m³	挖基土方/m³	锥坡填土/m³	沙砾反滤层/m³	墙背回填/m³
挡土墙	144.4	1134.8	755.8	15.4	7.2	503.8

工程名称	长度/m	C20预制混凝土/m³	M7.5浆砌片石/m³	挖基土方/m³	回填土方/m³	喷播植草/m²
骨架护坡	315	19.620	424.935	707.535	53.865	1268.280

3. 路面工程

(1) 路面为沥青混凝土路面，宽8.5m，土路肩宽2×0.75m；基层为20cm厚5.5%水泥稳定碎石；底基层为20cm厚4%水泥稳定石屑；路面上面层为4cm厚的细粒式沥青混凝土，中面层为6cm厚的中粒式沥青混凝土，下面层为8cm厚的粗粒式沥青混凝土。路面结构如下图所示。

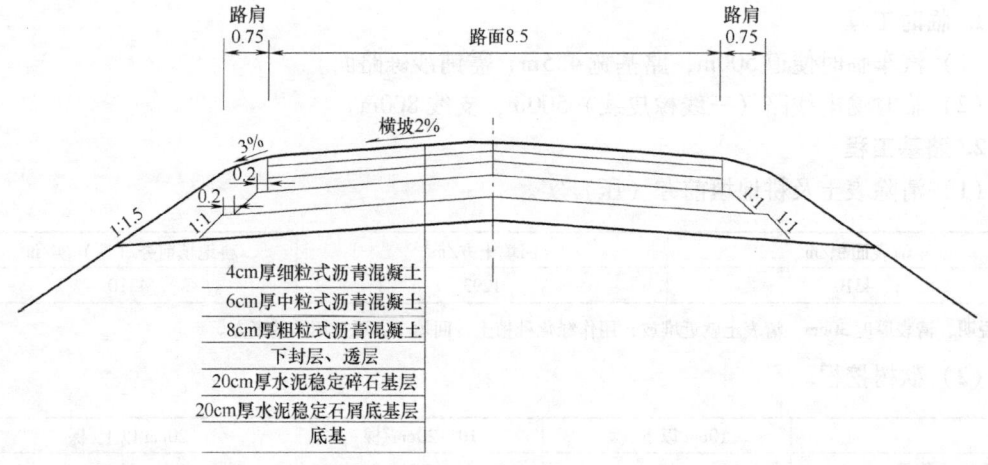

单位：m

路面各项工程量统计见下表。

面层/1000m³			基层/1000m²	底基层/1000m²	下封层/1000m²	透层/1000m²	土路肩/1000m²
上面层	中面层	下面层	20cm 厚 5.5% 水泥稳定碎石	20cm 厚 4% 水泥稳定石屑	乳化沥青		30cm 厚
2210	3315	4420	59150	63050	57850	57850	9750

注：1. 本路段各类材料的平均运距按 2km 计。
   2. 计拌和站安拆。

（2）路缘石采用混凝土预制块，共 1880m³。

4. 桥涵工程

（1）预应力空心板桥一座，上部结构为预制空心板，下部结构为实体式墩台，台高 5m，钢筋混凝土基础，桥面连续，在桥台处设伸缩缝，桥梁全长为 53.04m，桥头路基 10m 内用六边形预制块铺砌。工程数量统计如下表。

中心桩号	交角	孔数-跨径	桥长	预制空心板		墩台			支座垫石	伸缩缝	桥头锥坡/m³		
				C25 混凝土/m³（商品混凝土）	钢筋/t	挖基（普通土）/m³	混凝土基础	钢筋	GYZF4/块	D60/m	C20 现浇基础	C20 预制块	10% 石灰土
	75°	3～16m	53.04m	162.4	15.24	252.9	165	14.85	158.3	32	98	120	356
K13+593		3	18										

注：1. 预制场平整 2000m²，场中 300m² 需要用 2cm 厚水泥砂浆抹面作为预制底座。预制场与桥梁处平均运距 5km。
   2. 小桥有浅水 0.3m 深，需用草袋围堰。

（2）钢筋混凝土盖板明涵。

新建两道钢筋混凝土盖板涵，标准跨径 4m，涵高 3m，进口形式为边沟跌井，出口形式为八字墙，其施工图预算工程量统计如下表。

桩号	涵型	涵长/m	洞身			台帽	垫层	台身	基础
			盖板			C25 混凝土/m³	M7.5 浆砌片石/m³	C20 片石混凝土/m³	C20 片石混凝土/m³
			钢筋/t	C30 混凝土/m³	锚栓/kg				
K12+641.9	1-4.0×3.0	42.00	0.845	12.66	0.77	5.95	19.2	100.5	45.61
K15+707	1-4.0×3.0	56.00	1.12	25.5	1.2	8.6	24	145.5	75.8

洞口				抹面	涵底铺砌	沥青麻絮沉降缝/m	回填/m	挖基土方/m³
八字墙身	八字墙基	截水墙	洞口铺砌	水泥砂浆/m²	沙砾垫层/m³			
M7.5 浆砌片石/m³								
12.43	8.87	1.37	3.2	22	6.4	74.9	23.7	420
20.8	12.6	2.85	5.5	40	8.8	100.5	34.6	560

5. 安全设施

（1）波形梁钢板护栏。全线设置单面波形护栏820m，立柱为打入式钢管。其中1km波形护栏立柱材料重量为14.665t，波形钢板材料重量为14.332t。

（2）公路标线。全线标线采用热熔标线漆，设置路面中心线（黄色虚线）和车行道边缘线（白色实线），路面中心线线宽为15cm，实线4m，间隔6m布设，急弯陡坡路段设置黄色实线；车行道边缘线，线宽15cm。工程数量如下。

路面中心线/m²	车行道边缘线/m²	平交区标线/m²	减速振动标线/m²
387.15	1662	366.69	4.2

（3）里程碑、百米桩、公路界碑。全线共设里程碑5块、百米桩50块、公路界碑44块。

6. 绿化及环境保护工程

（1）路侧绿化。

范围	长度/m	樟树/株	夹竹桃/株
坡顶公路界内	6500	459	377

（2）填方边坡植草。

长度/m	结缕草、假俭草（6:4）混播植草/m²
3570	18000

7. 土地占用和青苗补偿

（1）临时占用荒地2000m²、水田4000m²。

（2）公路用地。

	旱地/亩[①]	水田/亩	菜地/亩	林地/亩	其他道路/亩	旧路/亩	荒地/亩
数量	2.55	10.9	0.28	20.51	0.17	54.4	27.87

① 1亩=666.666m²。

（3）赔偿树木、青苗。

	成材树/棵	幼树/棵
数量	76	37

（4）拆迁建筑物。

	楼房/m²	砖瓦房/m²	砖混房/m²
数量	779.26	178.7	25

注：经调查当地政府的赔偿标准为，临时占地2000元/亩，永久占地50000元/亩，房屋1800元/m²，树木（成材）200元/棵，幼树10元/棵，复耕费100元/亩。

(三) 主要材料单价调查资料

1) 木材、钢材类运距40km，汽车运输，运价率0.50元/(t·km)，吨次费2.0元，单位装卸费5.0元/(t·次)，囤存费3.0元/t。

2) 水泥运距25km，水泥运价率0.70元/(t·km)，单位装卸费3.0元/(t·次)，转运1次。

3) 砂石料、生石灰运距25km，运价率0.6元/(t·km)，单位装卸费2.5元/(t·次)。

4) 青红砖运距为20km，运价率2.0元/(千块·km)，单位装卸费6元/(千块·次)。

5) 土、碎石为自办材料。土采用人工装卸手扶拖拉机运输0.6km；碎石采用1m³以内的轮胎式装载机装汽车，4t以内的自卸汽车运输2km（片石自采）。

6) 其他未列材料价格按定额基价计入。

7) 附录。

表一 材料原价

材料名称	单位	原价/元	材料名称	单位	原价/元
原木	m³	1060	块石	m³	120
锯材	m³	1300	片石	m³	100
HPB235	t	3100	中（粗）砂	m³	45
HRB335	t	3200	32.5级水泥	t	300
型钢	t	3000	42.5级水泥	t	350
钢板	t	3500	生石灰	t	200
青红砖	千块	210	高强钢筋	t	7800
石屑	m³	30	低合金钢筋	t	3000

表二 其他材料工地预算价

材料名称	单位	预算价格/元	材料名称	单位	预算价格/元
橡皮线	m	6.20	铁钉	kg	5.80
高强螺栓	kg	21.60	黏土	m³	11.50
铸铁管	kg	8.70	煤	t	350
卷材防水	m²	4.00	钢管	t	4600
草袋	只	2.00	加工钢材	t	4500
钢丝绳	t	2000	石油沥青	t	1700
电焊条	kg	7.60	渣油	t	800
铁件	kg	6.30	粉煤灰	m³	25
钢钎	kg	3.91	空心钢钎	kg	7.00
合金钻头	个	37.80	钢丝	kg	6.12
硝铵炸药	kg	6.45	汽油	kg	4.30
矿粉	t	180	柴油	kg	3.8
土工布	m²	12.80	电	度	0.80
普通雷管	支	0.8	水	m³	1.0
导火线	m	1.00	树木	棵	6

第1章　初识公路工程造价

任务目标

(1) 了解公路工程造价的概念。
(2) 理解工程造价控制的意义。
(3) 掌握公路基本建设的费用组成。
(4) 熟悉公路工程建设资金的筹措方式。
(5) 掌握公路工程造价的"八算"体系。
(6) 熟悉公路工程造价文件的组成。

1.1 公路工程造价概述

公路运输是国民经济的命脉,是交通综合运输体系中最为机动灵活的运输方式。近年来国家不断加大以公路建设为重点的交通基础设施建设,广开资金渠道,加大项目的资金投入,基础设施建设取得可喜的成绩,为国民经济和社会发展做出了重要贡献。据统计数据显示:2016年新增公路11.90万km,其中新增高速公路0.74万km。公路密度达48.92km/100 km^2,公路养护里程459.00万km,占公路总里程97.7%。大规模的公路建设是以庞大的经济基础作后盾的,仅2016年全国公路建设到位资金17975.81亿元,高速公路投资为8235.32亿元。

一、公路工程造价概念

公路工程造价是指公路工程建设过程中所花费的费用,通常有两种层面的含义:

1) 从业主角度而言,是指公路工程建设项目的投资费用(又称总投资额)。包括从项目立项到交付使用所需的全部费用,是业主"购买"公路工程建筑产品(如一条道路、一座桥梁)要付出的价格,包括一线土建、安装工程、设备购置、工程设计与监理、项目管理等各项工作所花费的费用总和。

2) 从承包方角度而言,主要是指公路工程施工企业的工程承包价或合同价,是承包方"出售"自己生产的建筑产品的价格总和,施工企业签订的合同价主要是指一线土建、安装工程所花费的费用,金额约为业主总投资额的60%~80%。造价的这种理解相对狭义,但由于建筑安装工程是公路建设过程中最活跃的部分,因此有一定的现实意义。

二、工程造价控制的意义

公路工程项目的投资数额庞大,工程造价控制应严格控制并始终贯穿于项目建设的全过程,即项目决策阶段、项目设计阶段、项目实施阶段、竣工验收阶段。实行工程造价控制的意义不仅是要控制项目投资不超过批准的造价限额,更重要的是有效地利用投入建设工程的人力、物力、财力，以尽量少的劳动和物质消耗，取得较高的经济和社会效益，保持我国国民经济持续、稳定、协调发展，提高投资效益。据统计资料表明，项目决策与设计阶段影响项目造价的可能性为75%，实施阶段的影响可能性为25%。

1）决策阶段的工程造价是投资者是否具备投资能力和项目能否立项的重要依据，避免决策的错误。

2）设计阶段的工程造价是设计方案比选的重要依据。设计方案既要能保证结构的安全性，又要防止夸大安全系数造成浪费，使设计方案在限额中达到资源的最优配置。

3）施工阶段的造价控制是保证工程价格在合同价范围内的最终控制。需要业主、承包商共同努力，才能实现工程项目施工的顺利进展，实现既定的各项目标，取得社会效益和经济效益的双丰收。

4）竣工阶段的造价计算是为后续建设项目提供参考。

三、公路工程建设

1. 公路工程建设类型

（1）公路工程的小修、保养。公路工程在使用中，受到行车和自然因素的作用而不断损坏，如局部坑槽、裂缝等，通过定期和不定期的维修和保养，才能保证公路的正常使用。小修和保养是公路建设的重要内容之一。

（2）公路工程大、中修与技术改造。由于受材料、结构、设备等功能方面的制约，必然使公路各组成部分具有不同的寿命。尽管经过维修，也不能无限期地使用下去，到一定年限，某些组成部分就会丧失功能，需要更新改造。另外对随坡就弯而产生的不良线形改造、加宽路基、提高路面等级等都属于技术改造。

（3）公路工程基本建设。为了适应生产和流通发展的需要必须通过新建、扩建、改建和重建公路四种基本建设形式来实现固定资产扩大再生产，以达到不断扩大公路运输能力的目的。

2. 公路工程建设内容

（1）建筑工程。内容主要包含路基、路面、桥涵、隧道、防护工程、沿线设施以及临时工程的建设等。

（2）安装工程。高速公路、特大桥梁、隧道等沿线监控、通信设备等安装测试。

（3）设备购置。是指为公路的管理、营运、养护所需的设备购置以及为保证正常生产的办公、生活用家具购置等。

（4）其他工作。包括公路筹建阶段和建设阶段的各项工作，如征地、工程设计与监理等工作。

四、公路基本建设费用组成

公路基本建设费用主要包括建筑工程、安装工程、设备购置费及其他费用。因公路等级、所处地域、地形的差异等，公路的造价差异较大。以平临高速为例，造价3228万元/km，其中建筑工程费用占比74%，安装工程费用占比5%。对公路建设企业，以北新路桥为例，其成本中人工费用占比15%、材料费占比53%、机械使用费占比15%。公路工程造价费用组成见表1-1。

表1-1 公路工程造价费用组成

费用名称	费用内容		计算办法	计算依据
建筑安装工程费	指在一线现场施工中构筑工程实体而发生的费用	土建工程（路基、路面、桥涵、隧道等）	（人工、材料、机械台班）消耗数量×各自预算单价	定额预算单价
		设备安装工程（沿线通信、监控设备安装）		
		辅助工程（如临时设施、现场管理工作）	基数×费率	由交通部颁布的费用编制办法
设备工具器具购置费	是指为满足公路营运、管理、养护而购买的设备等费用	养护、营运的设备购置、工器具购置	数量×单价	由交通部颁布的费用编制办法
		管理用办公及生活用家具购置	公路里程数×规定计算标准	
工程建设其他费用	是指征地拆迁、工程设计、监理、专项评估等费用	征地拆迁、工程设计、监理费等	数量×单位或基数×费率	由交通部颁布的费用编制办法
		建设单位管理费	基数×费率，费率为累进计算办法	
		建设期贷款利息	采用本金折算至年中的计息办法	
预备费	为不可预见因素而增加费用	价差预备费	基数×费率	由交通部颁布的费用编制办法
		基本预备费		

综上所述，各项费用的计算办法主要有三种：

1）定额计算类：通过定额确定分项工程施工需要的实物消耗量×单价计算。
2）数量单价类：购买的物件数量×单价计算。
3）基数费率类：以某项费用为基数×规定的费率标准计算。

五、课程教学内容

《公路工程造价》是培养学生道路桥梁工程技术专业施工现场管理能力的专业核心能力课程之一，主要学习公路工程建设中的成本预算和造价控制，就是采用一定的方法和措施把工程造价的发生控制在一定限度内，以求合理地使用人力、物力、财力，实现有限的资金投入获得较好的投资效益和社会效益。

本课程要求学生学会公路工程建设各阶段的费用测算，重点掌握：

（1）施工图预算：施工图预算是进行合同价确定和施工方现场施工管理的基础，要求学生能应用现行《公路工程预算定额》（JTG/T B06-02—2007）、《公路工程基本建设项目概算预算编制办法》（JTG B06—2007）等有关规范，进行单位工程施工图预算文件的编制。

（2）投标报价：投标是施工单位获取建设项目的重要途径，关系到企业的生死存亡，投标报价是评标的重要依据之一，要求学生学会依据《公路工程标准施工招标文件》（2009版）的相关规定和工程量清单，计算清单报价，进行投标文件的编制。

（3）工程造价软件应用：能运用同望公路造价等行业工程造价管理软件，编制各类造价文件。

1.2 公路建设资金来源

公路建设包括公路工程的小修保养、公路工程的大中修与技术改造、公路基本建设等，无论建设规模的大小，都需要消耗大量的资金。我国实行多元化、多渠道的公路建设投融资体系，公路建设项目投资来源主要是交通部车购税（费）补助、国债专项资金、银行贷款、地方自筹、企事业资金，其次以国家预算资金、外资为辅助方式。如 2012 年公路建设到位资金 11124.9 亿元。其中国内贷款占 36.4%，车购税占 17%，国家预算内资金占 1.8%，利用外资占 0.4%，地方自筹占 33%，企事业单位资金占 6.8%，其他资金占 1.3%。

公路工程的参与方包括业主单位、设计单位、施工单位和监理单位。其中，业主单位主要负责项目整体的融资、建设协调以及后期运营管理。我国公路工程的业主单位大多是公司制的，例如上市公司中的四川成渝、宁沪高速、皖通高速等。

根据《国务院关于固定资产投资项目试行资本金制度的通知》（国发〔1996〕35 号）规定，筹措的资金按照性质不同分为资本金和债务性资金两类，不同性质资金筹措的方式呈现多样化。

一、项目资本金

根据《国务院关于固定资产投资项目试行资本金制度的通知》规定：各种经营性投资项目实行资本金制度，即投资项目必须首先落实资本金才能进行建设。

1. 项目资本金概念与数额

项目资本金是指在项目总投资中，由投资者认缴的出资额，对投资项目来说是非债务性资金，项目法人不承担这部分资金的任何利息和债务；投资者可按其出资的比例依法享有所有者权益，也可转让其出资，但不得以任何方式抽回。

项目资本金的数额是以投资项目的总投资为基数按照一定比例确定。投资项目资本金占总投资的比例，根据不同行业和项目的经济效益等因素确定，按照《国务院关于调整和完善固定资产投资项目资本金制度的通知》（国发〔2015〕51 号）规定：铁路、公路、城市和交通基础设施项目，最低资本金比例由 25% 调整为 20%。作为计算资本金基数的总投资是指固定资产投资与铺底流动资金之和，具体核定时以经批准的动态概算为依据。

投资项目的资本金一次认缴，并根据批准的建设进度按比例逐年到位。试行资本金制度的投资项目，在可行性研究报告中要就资本金筹措情况做出详细说明，包括出资方、出资方式、资本金来源及数额、资本金认缴进度等有关内容。上报可行性研究报告时须附有各出资方承诺出资的文件，以实物、工业产权、非专利技术、土地使用权作价出资的，还须附有资产评估证明等有关材料。

2. 项目资本金的筹资方式

投资项目资本金可以用货币出资，也可以用实物、工业产权、非专利技术、土地使用权作价出资。对作为资本金的实物、工业产权、非专利技术、土地使用权，必须经过有资格的资产评估机构依照法律、法规评估作价。

（1）政府预算投资。各级人民政府的、国家批准的各种专项建设基金、"拨改贷"和经营性基本建设基金回收的本息、土地批租收入、国有企业产权转让收入、地方人民政府按国家有关规定收取的各种规费及其他预算外资金。

（2）股东直接投资。国家授权的投资机构及企业法人的所有者权益（包括资本金、资本公积金、盈余公积金和未分配利润、股票上市收益等）、企业折旧资金以及投资者按照国家规定从资金市场上筹措的资金。

（3）发行股票。对某些投资回报率稳定、收益可靠的基础设施、基础产业投资项目，以及经济效益好的竞争性投资项目，经国务院批准，可以通过发行可转换债券或组建股份制公司发行股票方式筹措资本金。

（4）吸收外国资金。吸收外国资金的合作模式包括与外商合资经营、合作经营、合作开发或外商独资等形式。

二、债务性资金

债务性资金是指项目投资中需要承担利息和债务的资金。项目债务性资金的筹措方式包括银行贷款、发行债券、设备租赁和借入外国资金等。

（1）银行贷款。向银行贷款是由企业根据借款合同从有关银行或非银行金融机构借入所需资金的一种筹资方式，又称银行借款筹资。

（2）发行债券。公司债券是指公司按照法定程序发行的、预定在一定期限还本付息的有价证券。这一方式与借款有很大的共同点，但债券融资的来源更广，筹集资金的余地更大。

（3）设备租赁。设备租赁是指出租人与承租人订立契约，由出租人应承租人的要求购买所需的设备，在一定时期内供其使用，并按期收取租金，包括融资租赁、经营租赁、服务出租等形式。融资租赁是由租赁公司应承租人要求购买的专项设备再进行出租；设备租赁是租赁公司自行经营的设备反复出租直至报废的租赁业务；服务出租主要是指车辆的租赁。

（4）商业信用。商业信用是指商品交易中的延期付款或延期交货所形成的借贷关系，是企业之间的一种直接信用关系。利用商业信用，又称商业信用融资，是一种形式多样、适用范围很广的短期资金。

（5）借入外国资金。包括外国政府贷款、国际金融组织贷款、国外商业银行贷款、国外金融市场发行债券等。外国政府贷款一般利率较低、贷款周期长，但数量有限；国际金融组织贷款如世界银行、亚洲开发银行贷款一般利率浮动，相对较低、贷款周期长；国外商业银行贷款筹措中长期资金，筹措资金快但利率高。

三、我国公路筹资案例

1）自1984年起，中国公路建设分批向世行贷款，先后修建了西安到三原一级公路、郧城到高塘二级公路、京津塘高速公路、成都到重庆高速公路等多条公路，中国已成为世界银行、亚洲开发银行等国际金融组织重要的合作伙伴和最大的借款国之一。其中西三线、京津塘高速等都是贷款建路的成果。

2）沪宁高速公路，起自上海真如，终于南京马群，全长274km，决算投资83.7亿元。自1983年进行规划，至1992年全线通过初步设计审批，历时9年。建设阶段总共花费4年时间。资金来源主要包括两方面。2032年前，宁沪高速公路股份有限公司对公路具有100%经营权，其先后两期发行5亿元股票作为公路的建设资金。其次，依靠地方代筹建设资金。沪宁高速公路沿线5市代筹1/4的建设资金。

3）国家发展和改革委员会同交通运输部编制的《国家公路网规划（2013~2030年）》，规划的总规模为40.1万km国家公路网，由普通国道和国家高速公路两个路网构成。全国所有县级及以上行政区将都有普通国道覆盖，国家高速公路连接所有地级行政中心及城镇人口超过20万的中等及以上城市。据测算，新规划的路网总投资将达到4.7万亿元人民币，普通国道建设大约需要2.2万亿元，国家高速公路大约需要2.5万亿元。为保障规划实施，国家将修订《公路法》和《收费公路管理条例》等法律法规；完善国家投资、地方筹资、社会融资相结合的多渠道、多层次、多元化公路建设投融资政策，逐步建立高速公路和普通公路统筹发展机制。考虑到普通国道和国家高速公路服务属性的差异，计划普通国道建设资金的70%由中央资金补助，剩余部分由省级财政等其他资金安排；国家高速公路建设资金的30%由中央车购税资金补足，其余部分利用社会资金，则完成国家公路网建设大约共需国家投入资金2.3万亿元，大约占未来20年车购税收入的60%左右。国家公路网建设资金是基本有保障的。

1.3 公路工程造价控制（八算体系）

公路基本建设一般规模大、建设周期长、技术复杂、需要耗用大量的建设资金，我国公路建设项目投资资金来之不易。为了能充分发挥建设资金的经济效益，保证工程质量，防止决策失误，国家对建设项目必须进行全面且有效的经济管理。实行造价控制的意义对于公路建设项目的投资方而言，是通过最少的经济投资获得最大的效益即取得投资效益和社会效益最大化，更好地控制公路建设项目总投资；而对于公路工程的承包商来讲，是在实现公路工程质量符合要求和标准的前提下，获得最大的利润。我国公路建设市场造价控制是多层次的八算体系。

1. 公路基本建设程序与造价测算

公路工程基本建设程序规定从项目建议书编制到工程竣工验收的各个建设阶段各主体必须多次进行投资额的测算和控制，以满足不同建设阶段对造价控制和管理的要求。公路基本建设程序与造价测算如图1-1所示。

（1）投资估算。是项目可行性研究阶段进行立项申请时，对工程投资额进行的首次测算。投资估算是国家审查项目时考虑国家经济实力和项目经济合理性的重要依据，并可以作为资金筹措计划的依据。

（2）设计概算（修正概算）。是项目进入设计阶段后，根据初步设计方案和设计图纸进行的工程投资额测算。概算经批准后是确定建设项目投资的最高限额，是签订建设项目总承包合同的重要依据。

（3）施工图预算。是根据施工图设计方案和设计图纸进行编制的。施工图预算经批准后是签订建筑安装工程造价承包合同的依据，是编制标底的基础。

（4）标底（报价）。实行建筑安装工程造价招标项目，一般都要编制标底（报价），是进行评标的重要依据，是防止串标的有效手段。

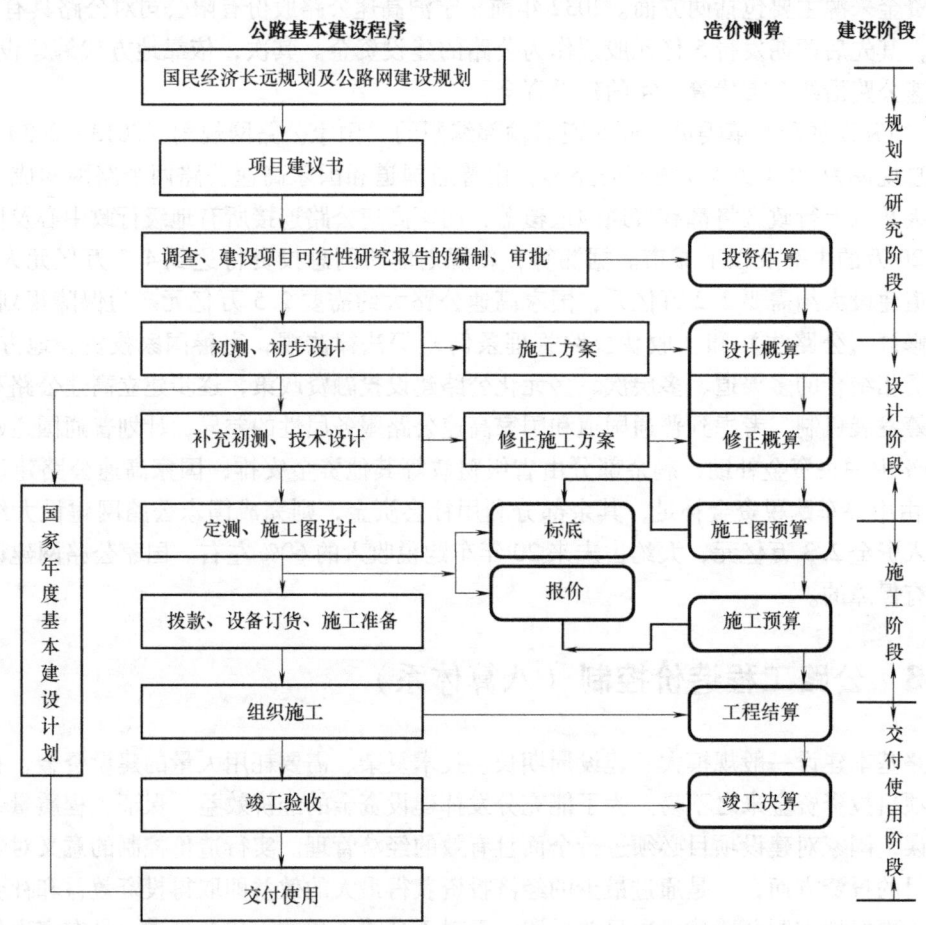

图 1-1　公路基本建设程序与造价测算

（5）施工预算。是施工单位参加投标时需要编制的施工成本控制价依据，可以将施工预算金额根据市场情况调整得到有竞争性的投标报价。

（6）工程结算。公路工程结算是指按照承包合同及招标文件的规定，根据监理工程师签发的计量支付证书，定期支付工程预付款、计量支付款以及按照有关合同或协议需要支付其他费用结算的经济行为过程。

（7）竣工决算。公路工程竣工决算是公路建设项目竣工验收后，由建设单位编制的反映建设项目从筹建到竣工投入使用全过程中全部实际支出费用的文件，包括工程决算和财务决算。工程决算是从工程管理角度，侧重于工程实体形成过程中的"量""价""费"，是以实物量为基础，全面反映公路工程实施全过程资源消耗的总额。而财务决算则从财务管理角度，以价值量为基础，全面反映公路工程实施过程中的资源消耗。

按照基本建设程序，首先是建设单位、施工单位在不同阶段对建设项目做出工程的预期造价计算，确定中标单位后，按照合同条款的约定签订合同价，在施工过程中根据工程变更和市场物价变动确定工程结算价，得到建设项目各分项（分部）工程的实际造价，工程竣工并通过验收合格后，建设单位根据各分项（分部）工程的结算价编制竣工决算确定整个建设项目的实际造价。

一个建设项目整个阶段的计价是由粗到细、由浅到深、由预期到实际的发展过程。造价计算金额是前者大于后者，呈倒金字塔趋势，工程中一般要求决算不能超过预算，预算不能超过概算，概算则不能超过估算的允许幅度，结算不能突破合同价的允许范围，合同价不能偏离报价与标底太多，而报价不能超出标底的规定幅度范围（或投标控制价），标底不允许超出概算。这样分阶段的不断细化的造价计算能有效控制造价的投资变化幅度，达到预期的投资效益。

2. 八算造价计算比较

在公路基本建设的不同阶段的造价计算比较见表1-2。

表1-2 八算造价计算比较

造价计算类型		计算阶段	计算主体	计算依据	计价意义	造价费用组成
投资估算	建议书投资估算	规划与研究阶段	建设单位	《公路工程估算指标》《公路工程基本建设项目投资估算编制办法》建设项目初步方案和现场踏勘资料	项目立项和决策的依据，控制概算和预算的尺度，是资金筹措的依据之一	从筹建至竣工验收的全部建设费用（测算）
	工程可投资估算					
工程概算	设计概算	初步设计阶段	设计单位	《公路工程概算定额》《公路工程基本建设项目概预算编制办法》《公路工程机械台班费用定额》设计图纸及调查资料	国家控制项目投资的最高限额，是选择最优方案的依据	从筹建至竣工验收的全部建设费用（测算）
	修正概算	技术设计阶段				
施工图预算		施工图设计阶段	设计单位	《公路工程预算定额》《公路工程基本建设项目概预算编制办法》《公路工程机械台班费用定额》设计图纸及有关资料	是签订建筑安装工程承包合同、编制标底的依据，是施工单位考核工程成本的重要依据	从筹建至竣工验收的全部建设费用（测算）
标底（招标控制价）		招标阶段	建设单位	招标文件 施工组织和施工方法 项目的有关调查资料（项目所在地的自然、社会、经济等情况）	评标依据，是建设单位防止投标单位间相互串标的依据	根据招标文件的工程量清单发包工程部分相应费用，主要是建筑安装工程费（测算）
报价		投标阶段	施工单位	招标文件 施工组织和施工方法 项目的有关调查资料 公司施工定额	报价是施工企业获取工程项目的重要因素	根据招标文件的工程量清单发包工程部分相应费用（测算）
施工预算		施工准备阶段	施工单位	公司施工定额 施工单位施工组织和施工方法	企业内部经营核算的重要依据	根据招标文件的工程量清单发包工程相应费用（测算）

(续)

造价计算类型	计算阶段	计算主体	计算依据	计价意义	造价费用组成
工程结算	施工阶段	建设单位与施工企业	合同文件 结算资料（工程量清单、监理工程师签署的各类证书） 结算规定（时间、内容、程序）	业主和施工方进行经济活动的过程，是双方的货币支付行为	指建设单位同施工单位之间，由于拨付各种预付款和支付已完工程而发生的结算费用（实算）
竣工决算	竣工阶段	建设单位	有关文件及设计资料日常结算资料及施工资料其他有关要求	确定新增固定资产总值和建设成果文件，是竣工验收与移交固定资产的依据	指建设项目完工后竣工验收阶段，由建设单位编制的建设项目从筹建至建成投产全部实际成本（实算）

1.4 公路工程造价文件

公路工程造价编制成果是一本完整的造价文件，各类造价文件均由封面及目录、造价编制说明及全部造价费用计算表格组成。下面以概（预）算文件表达为例来介绍。

一、封面及目录

概、预算文件的封面和扉页应按《公路工程基本建设项目设计文件编制办法》中的规定制作，扉页的次页应有建设项目名称，编制单位，编制、复核人员姓名并加盖执业（从业）资格印章，编制日期及第几册共几册等内容。目录应按概、预算表的表号顺序编排。概算文件封面格式如图 1-2 所示。

```
            兰尉公路初步设计概算
            (K12+300～K30+000)
               第 1 册 共 1 册


        编制：（签字并加盖执业（从业）资格印章）
        复核：（签字并加盖执业（从业）资格印章）
                    （编制单位）
                      年    月
```

图 1-2 概算文件封面格式

二、概、预算编制说明

概、预算编制完成后，应写出编制说明，文字力求简明扼要。应叙述的内容一般有：

1）建设项目设计资料的依据及有关文号，如建设项目可行性研究报告批准文件号、初步设计和概算批准文号（编修正概算及预算时），以及根据何时的测设资料及比选方案进行编制的等。

2）采用的定额、费用标准，人工、材料、机械台班单价的依据或来源，补充定额及编制依据的详细说明。

3）与概、预算有关的委托书、协议书、会议纪要的主要内容。

4）总概、预算金额，人工、钢材、水泥、木料、沥青的总需要量情况，各设计方案的经济比较，以及编制中存在的问题。

5）其他与概、预算有关但不能在表格中反映的事项。

三、概、预算表格

公路工程概、预算应按统一的概、预算表格计算，共12类14种，其中概、预算相同的表式，在印制表格时，应分别印制。建筑安装工程费计算见表1-3。

表1-3 建筑安装工程费计算

建设项目名称：

编制范围： 第 页 共 页 03表

序号	工程名称	单位	工程量	直接费/元					间接费/元	利润/元 费率%	税金/元 综合税率%	建筑安装工程费	
				直接工程费			其他工程费	合计				合计/元	单价/元
				人工费	材料费	机械使用费	合计							
1	2	3	4	5	6	7	8	9	10	11	12	13	14	15
	填表说明：本表各栏之间关系，5~7均由08表经计算转来；8 = 5+6+7；9 = 8×9的费率或（5+7）×9的费率；10 = 8+9；11 = 5×规费综合费率+10×企业管理费综合费率；12 = (10+11 − 规费)×12的费率；13 = (10+11+12)×综合税率；14 = 10+11+12+13；15 = 14/4。													

编制： 复核：

概、预算表格是概预算文件的主要组成部分，按不同的需要将 12 类表格分为两组，甲组文件（01 表~07 表）是为各项费用计算表，乙组文件（08 表~12 表）为建筑安装工程费各项基础数据计算表（只供审批使用）。甲、乙组文件应按《公路工程基本建设项目设计文件编制办法》，关于设计文件报送份数，随设计文件一并报送。报送乙组文件时，还应提供建筑安装工程费各项基础数据计算表的电子文档和编制补充定额的详细资料，并随同概、预算文件一并报送。

乙组文件中的建筑安装工程费计算数据表（08-1 表）和分项工程概（预）算表（08-2 表）应根据审批部门或建设项目业主单位的要求全部提供或仅提供其中的一种。

概、预算应按一个建设项目（如一条路线或一座独立大、中桥、隧道）进行编制。当一个编制项目需要分段或分部编制时，应根据需要分别编制，但必须汇总编制总概（预）算汇总表，增加 01-1 表和 02-1 表。

甲、乙组文件包括的内容如下：

甲组文件：
① 编制说明
② 总概（预）算汇总表（01-1 表）
③ 总概（预）算人工、主要材料、机械台班数量汇总表（02-1 表）
④ 总概（预）算表（01 表）
⑤ 人工、主要材料、机械台班数量汇总表（02 表）
⑥ 建筑安装工程费计算表（03 表）
⑦ 其他直接费及间接费综合费率计算表（04 表）
⑧ 设备、工具、器具购置费计算表（05 表）
⑨ 工程建设其他费用及回收金额计算表（06 表）
⑩ 人工、材料、机械单价汇总表（07 表）

乙组文件：
① 建筑安装工程费数据计算表（08-1 表）
② 分项工程概（预）算表（08-2 表）
③ 材料预算单价计算表（09 表）
④ 自采材料料场价格计算表（10 表）
⑤ 机械台班单价计算表（11 表）
⑥ 辅助生产工、料、机械台班单位数量表（12 表）

项 目 训 练

1. 填空题

(1) 工程造价控制的目的是_____。

(2) 公路工程建设的类型包括_____。

(3) 公路基本建设的费用组成包括_____。

(4) 公路工程建设资金包含资本金和_____；公路工程建设资本金占总投资比例不小于_____，资本金的主要筹资方式有_____。

(5) 公路工程造价的"八算"是指_____。

（6）公路工程造价文件的组成包括_____。

2. 判断题

（1）投资估算是国家控制投资的最高限额。　　　　　　　　　　　（　）

（2）施工预算和施工图预算的费用内容相同，但费用测算的主体不同。（　）

（3）公路工程建设的资金来源可以采用全额贷款的方式。　　　　　（　）

（4）施工单位购买的洒水车费用应归于设备器备购置费。　　　　　（　）

（5）施工预算和施工图预算的费用组成是相同的，只是计算阶段不同。（　）

3. 列表比较公路工程造价"八算"。

第 2 章 项目划分

任务目标

(1) 熟悉基本建设项目划分层次。
(2) 掌握项目划分的依据。
(3) 能进行道路建设项目、桥梁建设项目的项目划分。

2.1 基本建设项目组成

公路基本建设是指新建、改建、扩建等投资规模大，建设周期长的公路建设。每个基本建设工程项目都包含许多分项工程内容，为了便于编制其施工组织设计和概预算费用文件，进行工程招标投标和施工管理，必须对基本建设项目进行层次划分，建设项目按照内在逻辑关系依次划分为基本建设项目——单项工程——单位工程——分部工程——分项工程五个层次，见图2-1。

1）建设项目：符合国家总体建设规划，能独立发挥生产功能，需要经过项目建议书的批准立项，可行性研究报告经过批准的建设任务。如一条公路、一个小区、一座工厂等均可称一个建设项目。

2）单项工程：它是建设项目的组成部分，一般是指具有独立设计文件，建成后能独立发挥效益或生产能力的工程。如分期修建的道路、独立的特大桥梁和特大隧道等。

3）单位工程：它是单项工程的组成部分，一般不能独立发挥效益，但具有独立施工条件的工程。通常按照不同性质的工程内容，根据组织施工和编制工程预算的要求，将一个单项工程划分为若干个单位工程，通常工程项目中的一个标段就是造价计算的一个单位工程。

4）分部工程：它是单位工程的组成部分，是按建筑安装工程的结构部位或工序划分的，如路基工程、路面工程等均为分部工程。

5）分项工程：它是对分部工程的再分解，指在分部工程中能用较简单的施工过程生产出来，并能适当计量和估价的基本构造。一般是按不同的施工方法，不同的材料，不同的规划划分的，能与定额章节划分相对应的工程。如土方路基、石方路基、软土地基等分项工程。

分部、分项工程是编制施工预算，制定检查施工作业计划，核算工、料费的依据，也是计算施工产值和投资完成额的基础。

基本建设项目层次划分示意图

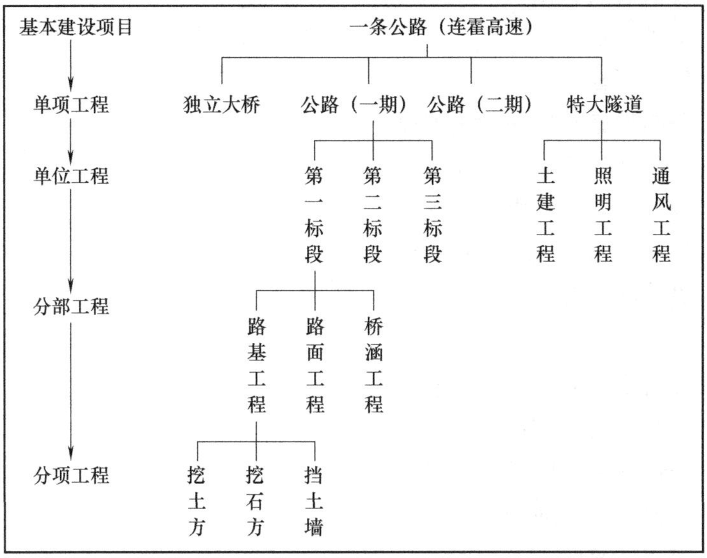

图 2-1 建设项目划分层次图

2.2 概预算项目划分

公路基本建设项目都包括许多复杂的分项工程，尤其是建筑安装工程项目费用计算繁杂，为了准确进行计价和审查，必须对公路基本建设项目进行科学的划分，使项目不重不漏、排列有序，便于经济比较，防止出现混乱、漏项、错项的现象，交通部在《公路工程概预算编制办法》附录 4 中颁布了一套费用组成完整、层次清晰的概、预算项目表，是预算项目划分的重要依据之一。

概、预算项目应按项目表的序列及内容编制，如实际出现的工程和费用项目与项目表的内容不完全相符时，一、二、三部分和"项"的序号应保留不变，"目""节""细目"可随需要增减，并按项目表的顺序以实际出现的"目""节""细目"依次排列，不保留缺少的"目""节""细目"的序号。如第二部分，设备及工具、器具购置费在该项工程中不发生时，第三部分工程建设其他费用仍为第三部分。同样，路线工程第一部分第六项为隧道工程，第七项为公路设施及预埋管线工程，若路线中无隧道工程项目，但其序号仍保留，公路设施及预埋管线工程仍为第七项。但如"目""节"或"细目"发生这样的情况时，可依次递补改变序号。路线建设项目中的互通式立体交叉、辅道、支线，如工程规模较大时，也可按概、预算项目表单独编制建筑安装工程，然后将其概、预算建筑安装工程总金额列入路线的总概、预算表中相应的项目内。概、预算项目主要包括以下内容：

第一部分　建筑安装工程费
　　第一项　临时工程
　　第二项　路基工程

　　　　第三项　路面工程
　　　　第四项　桥梁涵洞工程
　　　　第五项　交叉工程
　　　　第六项　隧道工程
　　　　第七项　公路设施及预埋管线工程
　　　　第八项　绿化及环境保护工程
　　　　第九项　管理、养护及服务房屋
　　第二部分　设备及工具、器备购置费
　　　　第一项　设备购置费
　　　　第二项　工具、器具购置
　　　　第三项　办公及生活用家具购置
　　第三部分　工程建设其他费用
　　　　第一项　土地征用及拆迁补偿费
　　　　第二项　建设项目管理费
　　　　第三项　研究试验费
　　　　第四项　前期工作费
　　　　第五项　专项评价（估）费
　　　　第六项　施工机构迁移费
　　　　第七项　供电贴费（费用项目保留，停止征收）
　　　　第八项　联合试运转费
　　　　第九项　生产人员培训费
　　　　第十项　固定资产投资方向调节税（费用项目保留，暂停征收）
　　　　第十一项　建设期贷款利息
　　预备费
　　　　价差预备费
　　　　基本预备费
　　整个概预算项目表基本是按照公路工程的施工流程来排列的，公路建设时由临时工程建设——路基修筑——路面铺筑，同时进行桥涵等构造物的修筑等内容。在进行项目划分时，应熟悉项目表的组成内容，能根据分项工程内容快速判断其所属的项目节层次。

　　小经验：①项目划分时，应通读施工图设计文件，全面了解设计内容。②熟悉项目的施工工序：如桥梁工程，一般从挖基开始依次包括如下的工序：筑岛、围堰、埋护筒、挖（钻）孔、浇筑桩混凝土、桩钢筋、挖基坑、承台、柱混凝土、柱钢筋、盖梁混凝土、盖梁钢筋、耳背墙混凝土、耳背墙钢筋、支座、预制上部结构混凝土、上部结构钢筋、运输、吊装、安装伸缩缝、泄水管、护栏混凝土、护栏钢筋、扶手、水泥桥面铺装、桥面铺装钢筋、沥青混凝土铺装。③同时还要考虑一些辅助工作，如拌合站、设备安拆、张拉台座底座、现浇混凝土的支架、预压基底处理等，按照施工内容完成项目划分。

2.3 项目实施案例（项目划分案例）

【例1】 路线工程项目划分。

背景资料的项目划分见表2-1。

表2-1 某公路第二标段项目划分（路基部分）

项	节	细目	工程或费用名称	单 位	工 程 量	备 注
			第一部分 建筑安装工程费	公路公里	6.5	建设项目路线总长度（主线长度）
一			临时工程	公路公里	6.5	
	1		临时道路	km	0.5	新建便道与利用原有道路总长
	2		临时电力线路	km	1.3	
二			路基工程	km	6.5	
	1		场地清理	km	6.5	
		1	清除表土	m²	4310	
		2	砍树伐根	棵	103	
	2		挖方	m³	144400	
		1	挖土方	m³	109500	按不同的地点划分细目
		2	挖石方	m³	34900	
	3		填方	m³	150000	
		1	利用方填筑	m³	143887	105000/1.16 + 4500/1.09 + 2000/0.92 + 29500/0.92
		2	借方填筑	m³	6113	150000 − 143887 + 辅助工程量
	4		排水工程	km	6.5	
		1	边沟	m³/m	3258.99/4578	
		2	排水沟	m³/m	419.085/632	
		3	截水沟	m³/m	217.5/504	
		4	急流槽	m³/m	89.392/47	
	5		防护与加固工程	km	6.5	按不同的结构类型分节
		1	挡土墙	m³/m	1134.8/144.4	按不同的材料和形式划分细目
		2	骨架护坡	m³/m²	(424.935 + 19.62)/1268.280	

【例2】 桥梁项目划分。

本项目为某省某县新区3号桥，全长80.7m，桥宽26m，桥型为3-25m装配式预应力混凝土简支箱梁桥，主要工程量见下表2-2，桥梁设计图如图2-2所示。

表2-2 预应力混凝土简支箱梁桥工程量

主要工程数量表

某省某县新区3号桥

材料	项目	单位	上部结构							下部结构										总计
			25m桥梁	桥面铺装及桥面连续	人行道及护栏	支座及垫石	伸缩装置	合计	桥墩				桥台					合计	
									盖梁	墩柱	桩基	系梁	台帽	桩基	耳墙、背墙	台后填土	搭板		
钢绞线	φ15.2	kg	30394					30394											30394
HPB 300	φ8	kg	5519			826		6345											6345
	φ10	kg							3940	1544	1351	635	4136	4585				16191	16191
	φ16	kg					1264	1264											1264
	φ20	kg													142			142	142
	φ25	kg				644		644											644
	小计	kg	5519			1470	1264	8253	3940	1544	1351	635	4136	4585	142			16333	24586
HRB 335	φ10	kg	63362	985	2787			67134											67134
	φ12	kg	76241	26586	11784			114611	996		107		959	382	2136			4801	119411
	φ16	kg	12276	2654				14930									7713	7713	22643
	φ20	kg			151			151		470		5568					3805	11591	11742
	φ22	kg							1067		436		879	1552				4403	4403
	φ25	kg								13649			10962	32449	3419		6023	65931	65931
	φ28	kg	5642					5642			8870								5642
	小计	kg	157521	30225	14722			202468	2063	14119	9414	5568	12800	34383	5582		10511	94439	296907
HRB 400	φ28	kg							14299									14299	14299
混凝土	C25混凝土	m³						60.90											60.9
	C30水下混凝土	m³									128.68	29.30		446.32				604.30	604.30
	C30混凝土	m³							128.00	123.16		25.00	133.00	51.00			66.00	526.16	526.16
	C40混凝土	m³	799.10					799.10											799.10

(续)

项目	单位	上部结构						下部结构										总计
		25m桥梁	桥面铺装及桥面连续	人行道及护栏	支座及垫石	伸缩装置	合计	桥墩				桥台					合计	
材料								盖梁	墩柱	桩基	系梁	桩基	台帽	耳墙、背墙	台后填土	搭板		
C40防水混凝土	m³	180.00					180.00											180.00
C40小石子混凝土	m³				2.94		2.94											2.94
钢纤维混凝土	m³					5.70	5.70											5.70
小计	m³	799.10	180.00	60.90	2.94	5.70	1048.64	128.00	123.16	128.68	54.30	446.32	133.00	51.00		66.00	1130.46	2179.10
波纹管 φ60	m	4746					4746											4746
OVM15-5锚具	套	192					192											192
OVM15-6锚具	套	192					192											192
φ100泄水管	m			105.00			105											105
人行道型钢	kg			9830.00			9830											9830
灯具	套			8.00			8											8
桩基混凝土质量检测管	kg									794		2740					3534	3534
A3钢材	kg		2355.00		2713.00		5068											5068
不锈钢板	kg				90.40		90											90
GJZφ400×500×69mm板式橡胶支座	块				32		32											32
GJZFφ400×500×71mm板式橡胶支座	块				16		16											16
SSFB-80伸缩缝	m/道					52/2	52/2											52/2
砂性土	m³														2640		2640	2640
碎石	m³														260		260	260

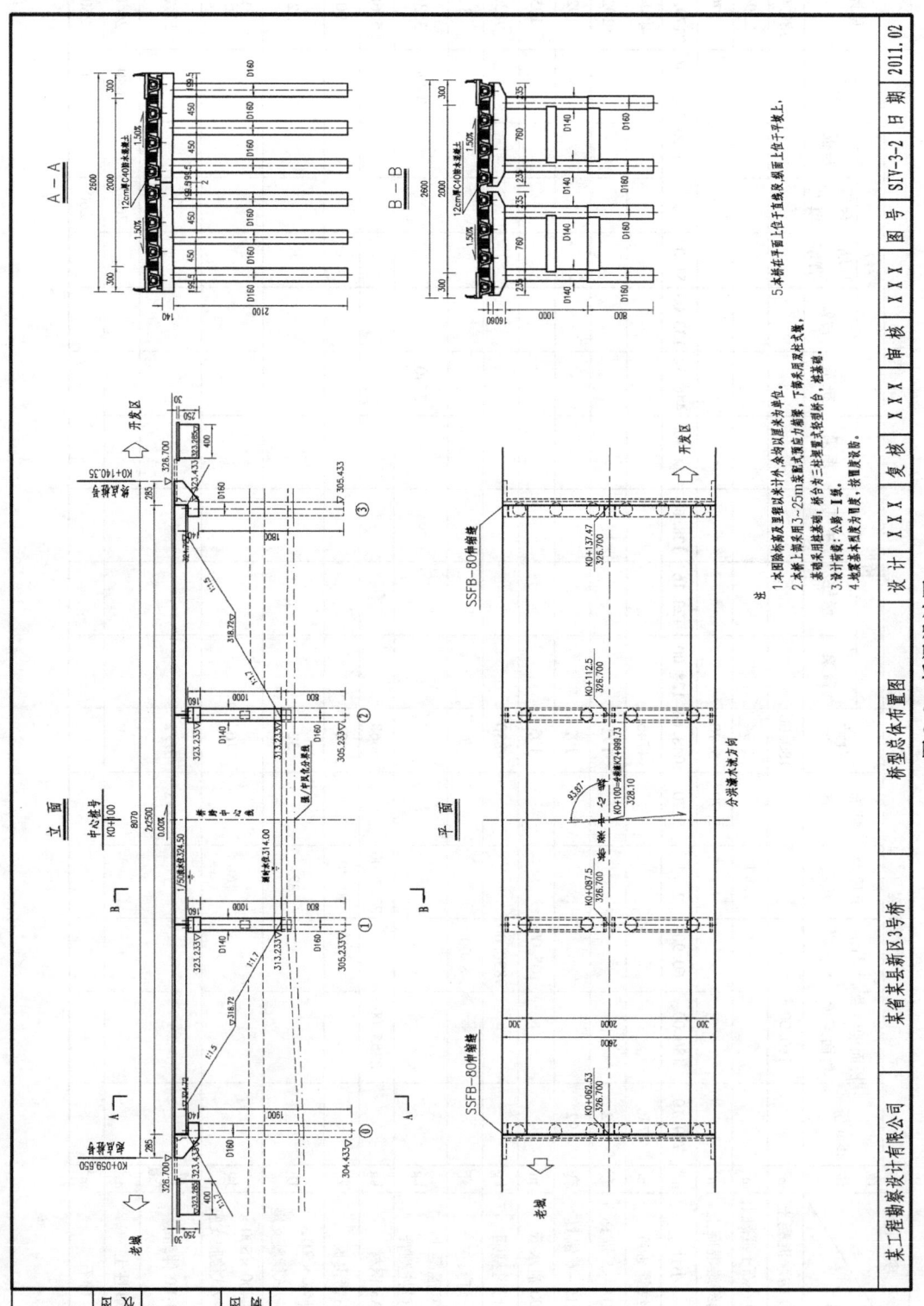

图 2-2 桥梁设计图

项目划分结果见表2-3。

表2-3 某县新区3号中桥项目划分

			（未包含临时工程和辅助工程）	m²/m	按桥名分目，按不同的工程部位分节
四			桥梁涵洞工程	m²/座	按不同的形式划分细目
	4		中桥工程		
		1	3-25m装配式预应力混凝土简支箱梁桥	m	80.7
			1 桥台	m³	630.32
			桥台桩基 φ1.6m	m	222
			耳背墙	m³	51
			台帽	m³	133
			2 桥墩	m³	434.14
			桥墩桩基	m	64
			墩身	m³	123.16
			系梁	m³	54.3
			盖梁	m³	128
			围堰	处	1
			3 上部结构	m³	799.1
			预应力简支箱梁	m³	799.1
			支座垫石	个	48
			伸缩装置	m	52
			4 附属设施	m³	306.9
			桥面铺装	m³	180
			人行道及护栏	m³	60.9
			桥头搭板	m³	66
			台背回填	m³	2900
			……		

项目训练

1. 判断题

（1）一个单位工程通常由一个或多个单项工程组成。（　　）

（2）概、预算编制时如实际出现的工程和费用项目与项目表的内容不完全相符时，"部分"和"项""目"的序号应保留不变，"节"和"细目"可随需要增减。（　　）

（3）分期修建的道路路段属于单位工程。（　　）

（4）隧道的照明工程属于单项工程。（　　）

2. 完成教材P0引入案例的路面工程、桥涵工程部分的项目划分，编写案例项目的项目划分表。

第3章 定额查用，初填08-2表

任务目标

(1) 了解定额概念及分类。
(2) 了解定额组成与编制方法。
(3) 熟悉各分项工程常见施工方案。
(4) 掌握公路工程预算定额的查用和抽换办法，填写08-2表。

3.1 定额概念、分类、组成

1. 定额的概念

定额是在正常的生产（施工）技术和合理的施工组织条件下，为完成单位合格产品所规定的人工、材料、机械台班等消耗量的标准。定额在规定消耗数量的同时，还规定了相应的工作内容和需要达到的质量标准。

定额是各地定额站工作人员经过科学的测定、分析、计算后用数字加以量化的消耗量标准，具有科学性，是工程计价的重要依据之一。定额代表了一定时段内的生产力水平，它随着生产力水平的提高必将不断修改和补充，具有相对稳定性。如前一版《公路工程预算定额》是1992版，现行版是2007版。定额内容的组成如图3-1所示，定额表表头首先界定了填方路基碾压的工作内容，右上角1000m^3表示完成产品的单位量，表中的数值表示现有生产力水平下完成1000m^3路基填方碾压消耗的人工、机械数量。

2. 公路工程定额的分类

(1) 按照使用阶段（定额用途）来分。公路工程现行定额包括施工定额、预算定额、概算定额、估算指标、补充定额等类别，列举见表3-1。各级定额编制均以施工定额为基础，按照工料机的幅度差系数标准扩大而得。

表3-1 公路工程定额分类

定额名称	定额用途	定额水平	定额组成
施工定额	编制投标报价、施工预算计价依据，用于企业内部的有效管理	先进	总说明+十八章+九附录
预算定额	编制施工图预算、合理标底的基础，是合同价确定和施工单位成本核算的依据	平均先进合理	总说明+九章+四附录
概算定额	编制设计概算的扩大分项工程消耗量标准，是国家控制项目投资的最高限额	低于预算水平	总说明+七章+四附录

(续)

定额名称	定额用途	定额水平	定额组成
估算指标	编制项目投资估算、进行立项与决策的依据	水平低	总说明＋八章＋三附录
补充定额	当设计图样上某项工程采用新材料、新结构、新工艺、新设备，而现行的计价定额资料又无近似的可资利用的工料消耗和机械台班定额来编制这类工程造价时，可以编制补充定额作为工程造价计价的依据		自行按照需要编制

1-1-18 机械碾压路基

工程内容 填方路基：①机械整平土方，人工解小并摊平石方；②拖式羊足碾回转碾压；③压路机前进、后退、往复碾压。
零填及挖方路基：①机械推松、整平土方；②压路机前进、后退、往复碾压。

工作内容

单位合格产品

I. 填方路基

单位：1000m³ 压实方

顺序号	项目	单位	代号	碾压土方											
				高速、一级公路					二级公路				三、四级公路		
				光轮压路机		振动压路机			光轮压路机		振动压路机		光轮压路机		振动压路机
				机械自身质量/t											
				12~15	18~21	10以内	15以内	20以内	12~15	18~21	10以内	15以内	6~8	10~12	10以内
				1	2	3	4	5	6	7	8	9	10	11	12
1	人工	工日	1	3.0	3.0	3.0	3.0	3.0	3.0	3.0	3.0	3.0	3.0	3.0	3.0
2	75kW以内覆带式推土机	台班	1003	(1.70)	(1.70)	(1.70)	(1.70)	(1.70)	(1.70)	(1.70)	(1.70)	(1.70)	(1.70)	(1.70)	(1.70)
3	120kW以内自行式平地机	台班	1057	1.63	1.63	1.63	1.63	1.63	1.63	1.63	1.63	1.63	1.63	1.63	1.63
4	6t以内拖式羊足碾(含拖头)	台班	1073	—	—	—	—	—	—	—	—	—	—	—	—
5	6~8t光轮压路机	台班	1075	1.55	1.55	1.55	1.55	1.55	1.24	1.24	1.24	1.24	5.27	—	—
6	10~12t光轮压路机	台班	1077	—	—	—	—	—	—	—	—	—	—	4.01	—
7	12~15t光轮压路机	台班	1078	5.69	—	—	—	—	4.01	—	—	—	—	—	—
8	18~21t光轮压路机	台班	1080	—	4.29	—	—	—	—	2.93	—	—	—	—	—
9	10t以内振动压路机	台班	1087	—	—	3.23	—	—	—	—	2.27	—	—	—	1.99
10	15t以内振动压路机	台班	1088	—	—	—	2.41	—	—	—	—	1.65	—	—	—
11	20t以内振动压路机	台班	1089	—	—	—	—	1.76	—	—	—	—	—	—	—
12	基价	元	1999	4362	4299	4039	3884	3786	3592	3498	3361	3218	2954	3078	2874

消耗要素

消耗量标准

图 3-1 定额组成

公路行业现行定额样例如图 3-2 所示。

（2）按照使用范围来分。

1）全国统一定额：如全国统一市政工程预算定额、全国统一安装工程预算定额等。

2）行业定额：公路工程预算定额、公路工程概算定额、水利建筑工程预算定额等。

3）地方性定额：河南省概预算编制办法补充规定、河南省公路工程补充定额说明、河北省公路工程补充预算定额编制具体方法等。

4）企业定额：施工企业内部编制，定额水平高于全国统一的施工定额，属于商业机密。

3. 定额组成

公路工程的施工定额、预算定额、概算定额、估算指标的定额水平不同，但是定额组成

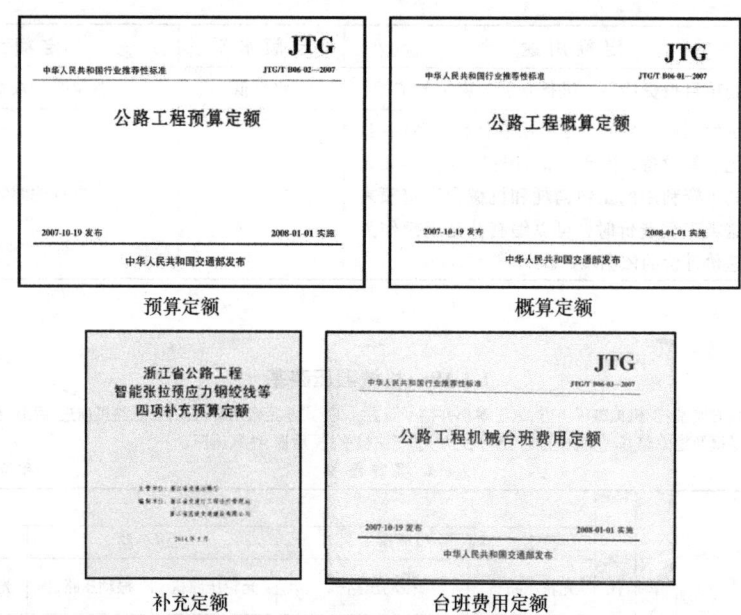

图 3-2 公路行业现行定额样例

均包含三部分：定额说明、定额表和附录，其中定额表是定额的核心组成部分。下面以预算定额为例具体介绍。

（1）定额说明：包括总说明、章节说明、定额表后附注。预算总说明（共22条）阐述了定额的编制原则和适用范围，以及涉及定额使用方面的全面性的规定与解释，是全部定额使用方法的总纲。章节说明（共九章）主要包括本章定额的组成内容，本项目工程施工对应的定额抽换办法，工程量的计算规则和规定说明，以及计算的辅表等，是正确查用定额的基础。定额表后附注是针对本分项工程施工过程中条件的变化进行定额调整的办法，是正确查用定额的依据。

（2）定额表：主要包括表号及定额表名称、工程内容、定额单位、顺序号、项目、代号、工程细目、栏号、定额值、基价、小注等，如图3-3所示。定额表的作用是确定实施各分项工程的人工、材料、机械种类和标准消耗量。

1）表号及定额表名称：如图3-3所示，定额表号是1-1-18，表名是机械碾压路基。

2）工程内容：主要说明本定额表所包括的操作内容。查定额时，必须将实际发生的项目操作内容与表中的工程内容进行比较，若不一致时应进行调整或抽换。

3）工程项目计量单位：如 $10m^3$、$100m^3$、$1000m^3$，本分项工程的定额计量单位是 $1000m^3$ 压实方。

4）顺序号：表示消耗人工、材料、机械的顺序号。起简化说明的作用。如①人工、②75kW以内履带式推土机等。

5）项目：即定额表中的工程所需人工材料，机械费用的名称、规格。如普通雷管、2cm碎石、42.5级水泥。

6）代号：采用软件计算时工料机的识别符。如人工代号为1、75kW推土机代号为1003。

第3章 定额查用，初填08-2表

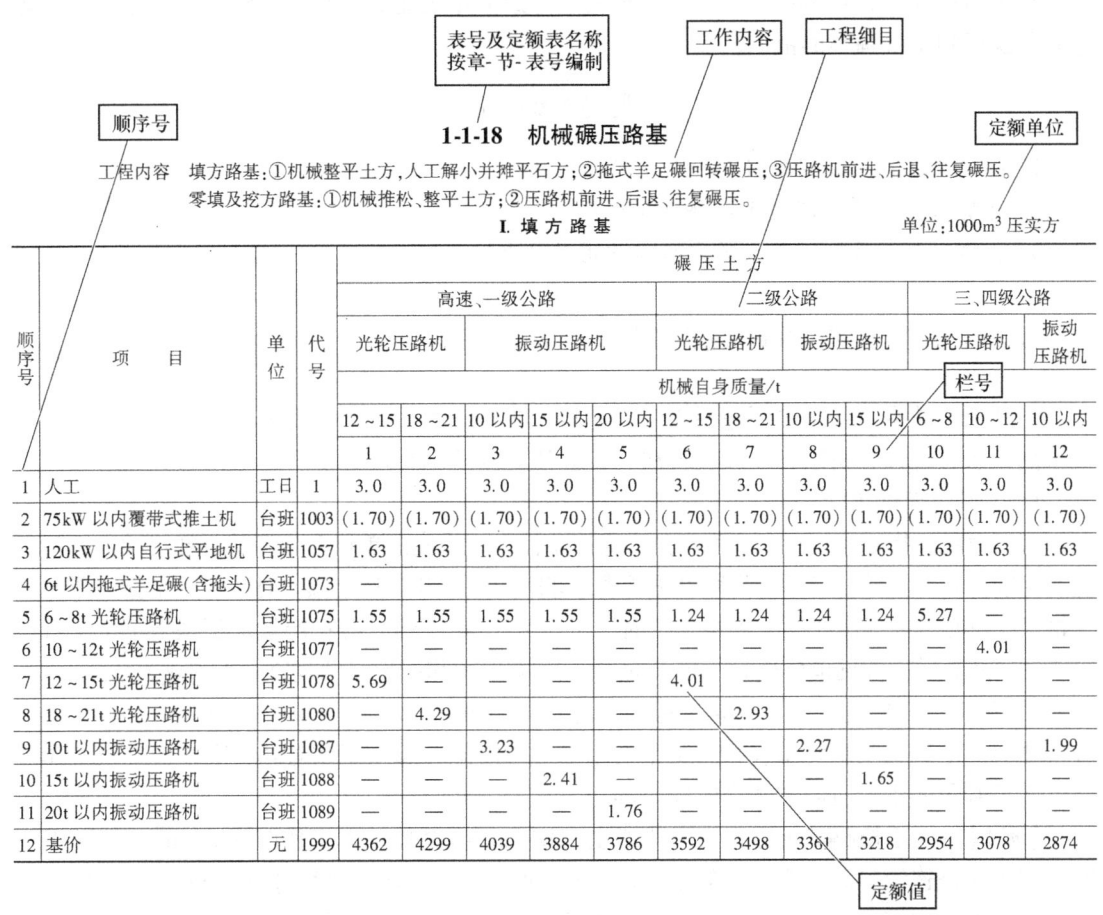

图3-3 定额表组成

7）工程细目：表征本表中所包括的工程细目。如道路等级与碾压主机械类型等。

8）栏号：指工程细目的编号。如高速一级公路用15t以内振动压路机碾压的工程细目编号为第4栏。

9）定额值：表中各种资源的消耗数量。如人工：3.0工日等。

10）基价：指该工程项目的工程造价。即为2007年的北京地区完成该工程细目施工的工程基价，是预算计算的参考价。

11）注：有些定额表中，列注使用时注意仔细阅读，以免发生错误。

表征定额的编号方式通常有［页-表-栏］，如［40-1-1-18-2］表示预算定额在第40页的表1-1-18中的第2栏。

（3）附录：包含四个附录。

附录一：路面材料计算基础数据，为路面材料体积与质量的换算提供依据。

附录二：基本定额，是水泥砂浆、水泥混凝土的配合比或水泥标号发生变化进行水泥、中粗砂、碎石材料消耗量抽换的依据。

附录三：材料的周转及摊销，是施工中如模板、支架等周转性材料的正常周转次数与正常摊销量规定，当周转材料的实际周转次数变化时，需按照本表进行消耗量抽换。

附录四：人工、材料代号及人工、材料、半成品单位重、损耗、基价表，是造价进行体积质量换算和基价调整的依据。

随 堂 练 习

1. 公路工程按照使用阶段的分类有哪些？
2. 公路工程预算定额由哪些部分组成？
3. 公路工程预算定额附录的内容和作用是什么？

3.2 定额实物消耗量的编制方法*

定额消耗的生产要素主要包括人工、材料、机械三类。各要素的定额消耗量测定办法有技术测定法、统计分析法、比较类推法、试验法和经验估计法等。

1. 人工消耗量指标

人工消耗量指标是指在一定生产技术组织条件下，为完成单位合格产品所规定的人工消耗量的标准。人工消耗量指标有两种表现形式，即时间定额和产量定额。时间定额是指完成单位合格产品所必需的工作时间，单位是工时、工日（一般为 8h）等；产量定额是指单位工日所完成的产品数量，常见单位是 m、m^2、m^3 等。时间定额和产量定额数值上成倒数关系。

1）施工定额中的人工消耗量指标确定有计时观察法、比较类推法、经验估工法、统计分析法等，定额人工消耗量包括施工中的基本工作时间、辅助工作时间、准备与结束工作时间、不可避免的中断时间和休息时间之和。

【例1】 人工挖路基土方，土为普通土，挖 $1m^3$ 需消耗基本工作时间 60min，辅助工作时间占工作班连续时间的 2%，准备与结束工作时间占工作班连续时间的 2%，不可避免的中断时间占工作班连续时间的 1%，休息时间占工作班连续时间的 15%。计算该人工挖普通土劳动定额的时间定额。

解：假定完成 $1m^3$ 普通土开挖需要的工作班延续时间为 x。

x = 基本工作时间 + 辅助工作时间 + 准备与结束工作时间 + 中断时间 + 休息时间

$x = 60 + 2\%x + 2\%x + 1\%x + 15\%x$

$x = 60/(1 - 2\% - 2\% - 1\% - 15\%) = 75(\min)$

若每工日按 8h 计算，则人工挖 $1m^3$ 普通土需要的时间定额为：

$$x/(60 \times 8) = 75/(60 \times 8) = 0.15625(\text{工日}/m^3)$$

2）预算定额中的人工消耗量是根据测算后综合取定的工程数量和参照施工定额中人工消耗指标计算出的。人工消耗量不分工种、不分技术等级全部综合在一起，再考虑人工幅度差，则可制定出该项目的人工消耗量指标。

预算定额的用工数量 =（基本用工 + 辅助用工 + 超运距用工）× 人工幅度差系数

基本用工——完成预算定额分项工程定额单位工作量计算出的基本用工数量。

辅助用工——施工现场对需要加工的材料进行加工的用工数量。

超运距用工——预算定额中规定的运距，超出劳动定额规定的运距部分的运输用工量。

人工幅度差系数——受施工现场因素影响，又无法计量的时间损失，如工序交接间断时间等，需要考虑弥补的增加人工幅度，一般用百分率表示，各分项系数见表3-2。

表 3-2 人工幅度差系数

预算定额工程项目	系 数
准备工作、土方、石方、安全设施、材料采集加工、材料运输	1.04
路面、临时工程、纵向排水、整修路基、其他零星工程	1.06
砌筑、涵管、木作、支拱架、混凝土及钢筋混凝土	1.08
隧道、基坑、围堰、打桩、造孔、沉井、安装、预应力钢筋、钢桥	1.10

3) 概算定额中人工消耗量是在预算的基础上对项目进行了综合并计取了幅度差系数，计算规则差不多。人工幅度差主要是考虑为工序间衔接的合理等待时间给出一个系数，一般为 1.0~1.04。如路基土石方工程的幅度差系数为 1，路基排水、防护、桥涵挖基等分项幅度差系数为 1.01，路面工程幅度差系数为 1.03，涵洞工程幅度差系数为 1.04 等。

2. 材料消耗量指标

材料消耗量指标是指在一定生产技术组织条件下，为完成单位合格产品所规定的必须消耗的材料资源的数量标准。公路工程材料分为一次性消耗材料和周转性材料。

1) 施工定额的一次性消耗材料的消耗量指标确定有观察法、试验法、统计法、计算法；周转性材料的消耗量指标确定是按照多次使用、多次分摊的办法。

施工中材料消耗定额是指必须消耗的材料数量，包括直接用于建筑与安装工程的材料、不可避免的施工废料和不可避免的材料损耗。不可避免的材料损耗一般通过材料损耗率来表示：

$$材料损耗率 = 材料损耗量/材料净用量 \times 100\%$$
$$材料定额消耗量 = 材料净用量 + 材料损耗量$$

周转性材料的摊销定额 $= A(1 + K)/nV$

A——周转材料的图纸一次消耗量。

K——场内运输及操作损耗率；定额中综合计入了操作损耗，其损耗率即混凝土预制为 1%，现浇为 2%，沥青混合料为 4%，砌筑砂浆为 2.5% 等，这些损耗都是根据当时建设规模、施工技术和施工机械配备配套以及管理水平的实际情况等因素拟定的，与实际有一定差距，故有待做全面的调查研究。

n——周转及摊销次数，从附录三上查取。

V——工程设计实体，m^3。

2) 预算定额的材料消耗量也是由材料的净用量和各种合理损耗组成的。其中各种合理损耗是指场内运输损耗和操作损耗；而场外运输损耗和工地仓库保管损耗则计入材料预算价格之中。

根据作用不同，公路工程预算定额中材料消耗指标的表现形式和计算方法也不同。

主要材料：材料消耗量 = 净用量 ×(1 + 场内运输及操作损耗率)

周转性材料：材料消耗量 = 周转摊销量

其他材料：其他材料费 =（材料预算单价 × 数量）

金属设备：设备摊销费 = 55 元 × 设备重量(t) × 施工期(月)

3) 概算定额的材料消耗量是对预算定额项目进行综合得到的，消耗量与预算定额消耗量基本相同。

【例2】 已知某定额水泥消耗量4120t，损耗率3%，求水泥的净用量。

分析：损耗率＝材料损耗量/材料净用量　　材料损耗量＝材料净用量×损耗率

材料定额消耗量＝材料净用量＋材料损耗量＝材料净用量×(1＋损耗率)

解：材料净用量＝材料定额消耗量/(1＋损耗率)＝4120/1.03＝4000(t)

3. 机械台班消耗指标

机械台班消耗量指标是指在一定生产技术组织条件下，为完成单位合格产品所必须消耗的机械台班数量的标准。施工机械消耗量指标有两种表现形式，即时间定额和产量定额。时间定额是指完成单位合格产品所必需的工作时间，单位是台时、台班（机械工作8h）等；产量定额是指完成单位工日所完成的产品数量，常见单位是 m、m^2、m^3 等。时间定额和产量定额数值上成倒数关系。

1) 施工定额中的消耗量确定首先要对机械小时生产率进行测定，通常采用技术测定法（计时观察法）、比较类推法、经验估工法、统计分析法等来确定，施工机械消耗量是指机械必须消耗时间，包括净工作时间（机械有效工作时间、不可避免的空转时间等）和辅助消耗时间（工人休息时不可避免的中断时间、准备与结束工作时的中断时间）。

2) 预算定额中的机械台班消耗量指标，是根据其施工定额各分项工程的机械台班耗用量，再考虑机械的幅度差来确定。施工机械通常包括主要机械和小型机具。

预算定额主要机械台班消耗量＝[Σ(施工定额该种机械台班消耗量×工程数量)]×该种机械幅度差系数

机械的幅度差是指在施工定额测定范围内未包括的，而又在预算定额中因必须考虑的因素而增加的机械台班数量。例如推土机、沥青混合料拌和设备及摊铺机的机械幅度差系数为1.25，铲运机、挖掘机、拖拉机、自卸汽车、稳定土厂拌设备幅度差系数为1.33，装载机、压路机幅度差系数为1.43，平地机、回旋钻机、稳定土拌和机幅度差系数为1.54，混凝土搅拌机（预制/现浇）幅度差系数分别为2.00/2.50。

小型机具使用费是指对工程造价影响不大、自重较小的机械，如电钻、电锯、刨床等。因小型机具的台班消耗量较少，定额中直接以费用计算。

3) 概算定额中的消耗量是在预算定额的基础上对项目进行了综合，计取了幅度差系数，计算规则差不多。机械幅度差主要是考虑工序间的衔接及机械的合理等待时间给出一个系数，一般为1.01~1.03，其中路基土石方工程、路基排水机械幅度差为1.01，路基防护、路面工程、隧道工程机械幅度差系数为1.02，涵洞工程、桥梁承台、临时工程机械幅度差系数为1.03等。

4. 定额基价

现行的定额基价就是完成定额单位的工程量，按人工、材料、机械台班基价（2007年北京地区的预算单价）及定额工、料、机消耗量计算出的人工费、材料费和机械使用费之和。定额基价的作用是为分项工程造价计算提供参考，并为施工方案选择提供依据。

【例3】 以机械碾压填方路基项目为例比较分项工程中预算定额和概算定额消耗量指标。比较结果如图3-4、图3-5所示。

(1) 预算定额。

(2) 概算定额。

1-1-18 机械碾压路基

工程内容 填方路基：①机械整平土方，人工解小并摊平石方；②拖式羊足碾回转碾压；③压路机前进、后退、往复碾压。
零填及挖方路基：①机械推松、整平土方；②压路机前进、后退、往复碾压。

I. 填方路基　　　　　　　　　　　　　　　　　　单位：1000m³ 压实方

顺序号	项目	单位	代号	碾压土方 高速、一级公路 光轮压路机			振动压路机		二级公路 光轮压路机		振动压路机		三、四级公路 光轮压路机		振动压路机
				机械自身质量/t											
				12~15	18~21	10以内	15以内	20以内	12~15	18~21	10以内	15以内	6~8	10~12	10以内
				1	2	3	4	5	6	7	8	9	10	11	12
1	人工	工日	1	3.0	3.0	3.0	3.0	3.0	3.0	3.0	3.0	3.0	3.0	3.0	3.0
2	75kW 以内覆带式推土机	台班	1003	(1.70)	(1.70)	(1.70)	(1.70)	(1.70)	(1.70)	(1.70)	(1.70)	(1.70)	(1.70)	(1.70)	(1.70)
3	120kW 以内自行式平地机	台班	1057	1.63	1.63	1.63	1.63	1.63	1.63	1.63	1.63	1.63	1.63	1.63	1.63
4	6t 以内拖式羊足碾（含拖头）	台班	1073	—	—	—	—	—	—	—	—	—	—	—	—
5	6~8t 光轮压路机	台班	1075	1.55	1.55	1.55	1.55	1.55	1.24	1.24	1.24	1.24	5.27	—	—
6	10~12t 光轮压路机	台班	1077	—	—	—	—	—	—	—	—	—	—	4.01	—
7	12~15t 光轮压路机	台班	1078	5.69	—	—	—	—	4.01	—	—	—	—	—	—
8	18~21t 光轮压路机	台班	1080	—	4.29	—	—	—	—	2.93	—	—	—	—	—
9	10t 以内振动压路机	台班	1087	—	—	3.23	—	—	—	—	2.27	—	—	—	1.99
10	15t 以内振动压路机	台班	1088	—	—	—	2.41	—	—	—	—	1.65	—	—	—
11	20t 以内振动压路机	台班	1089	—	—	—	—	1.76	—	—	—	—	—	—	—
12	基价	元	1999	4362	4299	4039	3884	3786	3592	3498	3361	3218	2954	3078	2874

图 3-4　预算定额

1-1-15 机械碾压路基

工程内容 填方路基：1) 机械整平土方，人工解小并摊平石方；2) 拖式羊足碾回转碾压；3) 压路机前进、后退、往复碾压。
零填及挖方路基：1) 机械推松、整平土方；2) 压路机前进、后退、往复碾压。

I. 填方路基　　　　　　　　　　　　　　　　　　单位：1000m³ 压实方

顺序号	项目	单位	代号	碾压土方 高速、一级公路 光轮压路机			振动压路机		二级公路 光轮压路机		振动压路机	
				机械自身质量/t								
				12~15	18~21	10以内	15以内	20以内	12~15	18~21	10以内	15以内
				1	2	3	4	5	6	7	8	9
1	人工	工日	1	3.0	3.0	3.0	3.0	3.0	3.0	3.0	3.0	3.0
2	75kW 以内覆带式推土机	台班	1003	(1.72)	(1.72)	(1.72)	(1.72)	(1.72)	(1.72)	(1.72)	(1.72)	(1.72)
3	120kW 以内自行式平地机	台班	1057	1.65	1.65	1.65	1.65	1.65	1.65	1.65	1.65	1.65
4	6t 以内拖式羊足碾（含拖头）	台班	1073	—	—	—	—	—	—	—	—	—
5	6~8t 光轮压路机	台班	1075	1.57	1.57	1.57	1.57	1.57	1.25	1.25	1.25	1.25
6	10~12t 光轮压路机	台班	1077	—	—	—	—	—	—	—	—	—
7	12~15t 光轮压路机	台班	1078	5.75	—	—	—	—	4.05	—	—	—
8	18~21t 光轮压路机	台班	1060	—	4.33	—	—	—	—	2.96	—	—
9	10t 以内振动压路机	台班	1087	—	—	3.26	—	—	—	—	2.29	—
10	15t 以内振动压路机	台班	1088	—	—	—	2.43	—	—	—	—	1.67
11	20t 以内振动压路机	台班	1089	—	—	—	—	1.78	—	—	—	—
12	基价	元	1999	4410	4343	4081	3923	3829	3629	3535	3394	3254

图 3-5　概算定额

由以上定额表可以得出：

1）每 1000m² 一级公路 15t 以内振动压路机碾压的预算消耗量指标为

人工：3 工日，平地机：1.63 台班，15t 振动压路机：2.41 台班。

2）每 1000m² 一级公路 15t 以内振动压路机碾压的概算消耗量指标为

人工：3 工日，平地机：1.65 台班，15t 振动压路机：2.43 台班。

概算人工幅度差系数 = 3/3 = 1；机械幅度差系数（平地机）= 1.65/1.63 = 1.012；机械幅度差系数（压路机）= 2.43/2.41 = 1.008；与路基土石方定额编制的规定幅度差系数一致。

随 堂 练 习

1. 判断题

（1）相同分项工程的施工定额值一般略大于或等于预算定额值。（   ）

（2）定额的编制是从施工定额编起，在此基础上再逐步扩大幅度差系数编制概算定额，再经过综合扩大得到预算定额。（   ）

（3）定额中人工消耗指标中应扣除施工中的休息时间和准备、结束工作阶段消耗的时间。（   ）

（4）定额中材料消耗量指标已经包含操作工艺损耗，如预制水泥混凝土构件每 10m³ 实体需要定额值为 10.10m³ 混凝土。因此说材料定额消耗值大于等于材料净用量。（   ）

（5）设备摊销费属于材料消耗量，而不是机械消耗量。（   ）

2. 问答题

已知某定额水泥净用量 4120t，损耗率 3%，那么水泥的定额消耗量应是多少？

3.3 预算定额总说明

在公路工程造价的编制过程中，定额是重要计价依据之一，测算费用所依据的工料机消耗量是通过查用定额来确定的，正确应用定额确定各分项工程工、料、机消耗量，是保障造价金额测算精度的重要环节。为了正确使用定额，必须熟悉定额组成与章节内容，明确分项工程施工工序，深刻理解定额说明的各项规定，熟练掌握定额使用要领，《公路工程预算定额》是全国通用的行业定额，是工程预决算及编制标底报价的依据，能基本准确地反映工料机消耗量。本章除特殊说明外，主要以《公路工程预算定额》为例来讲述定额的查用方法。

在《预算定额》的首页是"总说明"。总说明是对定额使用的全面规定和权威解释，只有正确理解、熟练记忆，才能为后面的应用提供依据，《预算定额》的"总说明"共 22 条。现就其重要内容介绍如下：

（1）《预算定额》的性质是生产要素消耗量定额，而非费用定额。总说明第二条：本定额是以人工、材料、机械台班消耗量表现的工程预算定额。定额表中的数值除了"其他材料费""小型机具使用费""基价"项目外，均是指工料机消耗量，而非消耗的费用。

（2）《预算定额》具有权威性和法定性。总说明第四条：本定额是按照合理的施工组织和一般正常的施工条件编制的。定额中所采用的施工方法和工程质量标准，是根据国家现行的公路工程施工技术及验收规范、质量评定标准及安全操作规程取定的，除定额中规定允许换算者外，均不得因具体工程的施工组织、操作方法和材料消耗与定额规定不同而变更定额。

(3) 工日规定的明确性。总说明第五条：每工日工作时间规定潜水工为 6h，隧道工为 7h，其余为 8h。

(4)《预算定额》中的材料定额值已包括正常的场内损耗，但不包括场外损耗。总说明第七条：本定额中的材料消耗量系按现行材料标准的合格料和标准规格料计算的。定额内材料、成品、半成品均已包括场内运输及操作损耗，编制预算时，不得另行增加。其场外运输损耗、仓库保管损耗应在材料预算价格内考虑。

(5)《预算定额》中的材料定额在一定条件下允许抽换，允许抽换的条件有以下四种。

1) 总说明第八条：本定额中周转性的材料：模板、支撑、脚手杆、脚手板和挡土板等的数量，已考虑了材料的正常周转次数并计入定额内。其中，就地浇筑钢筋混凝土梁用的支架及拱圈用的拱盔、支架，如确因施工安排达不到规定的周转次数时，可根据具体情况进行换算并按规定计算回收，其余工程一般不予抽换。

2) 总说明第九条：定额中列有混凝土、砂浆的强度等级和用量，其材料用量已按附录二中配合比表规定的数量列入定额，不得重算。如设计采用的混凝土、砂浆强度等级或水泥强度等级与定额所列强度等级不同时，可按配合比表进行换算。但实际施工配合比材料用量与定额配合比表用量不同时，除配合比表说明中允许换算者外，均不得调整。混凝土、砂浆配合比表的水泥用量，已综合考虑了采用不同品种水泥的因素，实际施工中不论采用何种水泥，不得调整定额用量。

3) 本定额中各类混凝土均未考虑外掺剂的费用，如设计需要添加外掺剂时，可按设计要求另行计算外掺剂的费用并适当调整定额中水泥用量。

4) 施工中商品混凝土材料处理办法。总说明第十一条：本额定中各类混凝土均按施工现场拌和进行编制，当采用商品混凝土时，可将相关定额中的水泥、中（粗）砂、碎石的消耗量扣除，并按定额中所列的混凝土消耗量增加商品混凝土的消耗。

(6)《预算定额》的定额表符号规定。总说明第十九条：定额表中注明"某数以下"者，均包括某数本身；而注明"某数以外"或"某数以上"者，则不包括某数本身。定额内数量带"( )"者，则表示基价中未包括其价值。定额表中"( )"的数量有两种可能性，一种是半成品的复合材料如砂浆、混凝土材料，其材料通过原材料计入基价，括号中的数值仅用作定额抽换，如 [172-2-2-17] 中混凝土数量有括号不计价；另一种是两种同类机械中选其一，根据施工现场情况具体选用，如 [40-1-1-18] 中推土机与平地机是并列关系，若实际施工时用推土机整平，则预算中就应计入推土机括号中的台班数，而去掉平地机的台班数。

(7)《预算定额》中的基价。总说明第二十一条：本定额的基价是人工费、材料费、机械使用费的合计价值。基价中的人工费、材料费基本上是按北京市 2007 年的人工、材料预算价格计算的（详见附录四），机械使用费是按 2007 年交通部公布的《公路工程机械台班费用定额》计算的。定额表的基价是各细目对应的北京地区 2007 年预算价，仅是预算参考价。

随堂练习

1. 判断题
(1) 预算定额是费用定额。（   ）
(2) 材料消耗量定额中已经包含材料的场内外运输损耗，在造价编制中不得另行增加。（   ）
(3) 定额内数量带"()"者，则表示施工中未用到，表中列出没有实质性意义。（   ）
(4) 设备摊销费和机具使用费都属于是材料费。（   ）
(5) 1工日是指工人正常工作8h时间。（   ）
(6) 基价的作用是实际预算的参考价，与预算费用计算没有实际关系。（   ）

2. 问答题
预算定额允许抽换的条件有哪些？

3.4 路基工程

路基是公路工程的重要组成部分，它是沿线修筑的有一定技术要求的带状构造物，尤其是山岭区公路的路基土石方工程量相当庞大，正确运用本章定额对造价测算具有重要的意义。

一、路基土石方名词

1) 断面方——包括挖方与填方。是指根据路线工程图的路基横断面，分别计算出来填方、挖方路段的土石方数量，称为断面方数量，即路线设计图上给出的"土石方数量表"中的数量。对于填方是指压实方，对于挖方是指天然密实方。

$$断面方 = 挖方(天然密实方) + 填方(压实方)$$

2) 利用方——利用路堑挖方填入路堤的方量，按照运距远近分为本桩利用和远运利用。利用方以压实方计算，即需要进行天然密实方和压实方之间的系数换算。

3) 借方——利用取土坑的外来土方填入路堤的方量。借方以压实方计算。

$$借方 = 填方(压实方) - 利用方(压实方)$$

4) 弃方——多余的土方或不适合作路基填料的土石方需要运到弃土场的方量。弃方以天然密实方计算。

$$弃方 = 挖方(天然密实方) - 利用方(天然密实方)$$

5) 计价方——路堑挖方和取土坑借土填筑路堤的填方之和。

$$计价方 = 挖方(天然密实方) + 填方(压实方) - 利用方(压实方)$$
$$= 挖方(天然密实方) + 借方(压实方)$$

土石方调配示意如图3-6所示。

在路基土石方工程填挖施工中，应考虑在经济合理的运距条件下尽可能移挖作填，以满足用最少的土石方数量达到路基工程快速施工和节约的目的。施工前的土石方调配，就是要确定路堑挖方用多少数量移挖作填，有多少数量运往弃土堆，还需要多少从路堤两侧取土坑或其他取土场挖运用作路堤填土的施工组织设计方法。

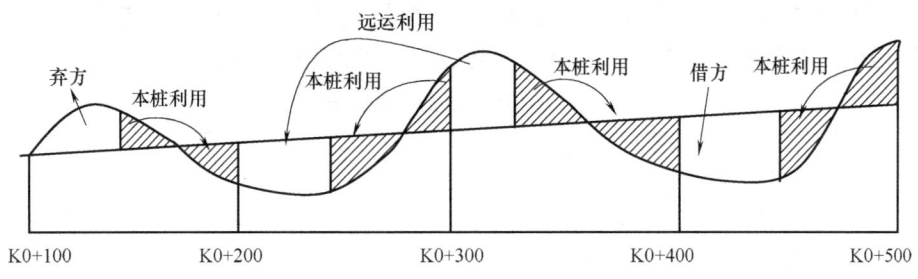

图 3-6 土石方调配示意图

【例 4】 某二级公路路基土方工程，挖方 30000m³ 天然密实方（普通土），填方 40000m³ 压实方，利用方 25000m³ 天然密实方（利用方和借方的压实方与天然密实方的换算系数从预算定额土石方章节说明中查取为 1.16），确定本路段断面方、利用方、借方、计价方、弃方数量。

解：断面方 = 30000 + 40000 = 70000（m³）

利用方 = 25000/1.16 = 21552（m³）（压实方）

借方 = 40000 − 21552 = 18448（m³）（压实方）

计价方 = 30000 + 18448 = 48448（m³）

弃方 = 30000 − 25000 = 5000（m³）（天然密实方）

二、路基常见分项工程施工

（1）清表。表层土含有容易腐蚀分解的有机物（如草、树根叶等），不利于道路地基的稳定性。路基清表是对路基施工范围内不适合作为路基填筑材料的腐殖土、树根路段、软基处理或特殊路基处理等路段均需要进行清除，一般是清除表土层 20～30cm。但对于开挖不可利用的弃方路段、沼泽地，需换填地段路基，桥梁路段可以不清除。

1）清表施工方案：包括推、运、压施工工序，常用机械包括推土机、装载机、自卸汽车、压路机、洒水车。一般采用推土机推挖表土，推出路基以外。清除的表土如用于后期绿化可以不用运输，如需远运，按土方运输定额另计运输定额。碾压采用夯实或压路机碾压。

2）清表分项定额模板［1-1-1］、［1-1-11］（若需要运输）、［1-1-5］或［1-1-18］（二级及二级以上公路）。

注意：清除表土和除草定额不可同时套用。

（2）路基填方。包括利用方填筑和借方填筑两类。

1）利用方填筑：利用路堑挖方填入路堤的方量。利用方的挖方和运输不计，施工工序就只计整平、洒水和碾压工序，定额套用应考虑夯实增加的工料机消耗。

利用方定额模板［1-1-5］、［1-1-18］，需要洒水时计入［1-1-22］。

2）借方填筑：利用取土坑的外来土方填入路堤的方量。利用方的施工工序包括挖、运和碾压夯实，定额套用应考虑开挖、从取土场到施工现场的运输、夯实碾压的消耗量，造价计算时还应考虑取土资源费用等。

借方定额模板［1-1-9］、［1-1-11］、［1-1-5］、［1-1-18］，需要洒水时计入［1-1-22］。

(3) 路基土方开挖。包括开挖、运输、人工修刷边坡三个工序。土方开挖机械包括推土机、铲运机、装载机、挖掘机、自卸汽车等,各机械的特点见表3-3。

表3-3 土方开挖机械特点

机械	工作内容	运输经济运距	适用范围	备注
推土机	平整场地、填埋沟槽、挖基坑	10~100m短距离推、运	土方开挖(本桩利用)	有履带式和轮胎式
铲运机	短距离、大规模土方转移	100~600m中长距离的挖土、运土、卸土、填筑、整平	土方开挖(中长距离挖+运)	有拖式和自行式两种,自行式效率高,注意机械换算
挖掘机(+装载机)+自卸汽车	长距离、大规模土方转移	>500m的长距离运输时应选自卸车	土方开挖(远运利用和弃方)、借方的开挖	挖掘机和装载机配合时,装土的环节重复
人工挖运	在机械操作达不到处	可以配套机动翻斗车、手扶拖拉机进行运输,运距<1000m	土方开挖(局部路段)	机械操作达不到处,人工定额消耗量需调整

土方开挖定额模板根据情况选用 [1-1-9]~[1-1-13]。对于装载机和自卸车的合理配合规定如下:$1m^3$斗容的装载车与3~6t自卸车配套;$2m^3$斗容的装载车与8~10t自卸车配套;$3m^3$斗容的装载车与12~20t自卸车配套。

(4) 路基石方开挖。对于石方开挖路段,常采用爆破法。当工程分散、石方量少时采用人工开炸石方,路基石方集中路段的坚石、次坚石多采用机械大眼开炸施工,适用于一般爆破的施工方法,而当施工条件复杂,如周围有临近的重要建筑物、营运的高铁、高压电力塔、水库等,需严格控制飞石距离,必须采取控制爆破技术开炸石方,半填半挖石方路段可以采用抛坍爆破施工。

石方开挖定额模板根据情况选用 [1-1-14]~[1-1-17]。

(5) 路基整修。包括整修路拱和整修边坡两项内容。

路基整修定额模板 [1-1-20]。

(6) 软基处理。包括各类软基处理方案,路基整修定额模板 [1-3-X],注意排水环节的处理。

(7) 路基排水。路基排水是防止路基水损害的重要因素。路基排水分排除地面水和排除地下水两大类。排除地面水设施有采用边沟、截水沟、排水沟、跌水与急流槽、拦水带、蒸发地等;排除地下水设施有排水沟、暗沟(管)、渗沟、渗井、检查井等。各类排水设施的布置如图3-7~图3-11所示。

路基排水工程的施工包括基坑开挖、垫层施工(如有)、砌筑或现浇衬砌等。其中边沟、排水沟、截水沟的挖基定额用 [1-2-1],急流槽、跌水等挖基定额套用路基土石方开挖定额。挖基工程量的计算是边沟只计砌筑部分体积,断面部分已经在路基挖方中算过,不能重复计算,其他挖基工程量应按照断面方和砌筑体积之和计算,砌筑定额用 [1-2-3]。如需考虑垫层,施工定额为 [4-11-5];砌筑或现浇分别按照相关定额计入。

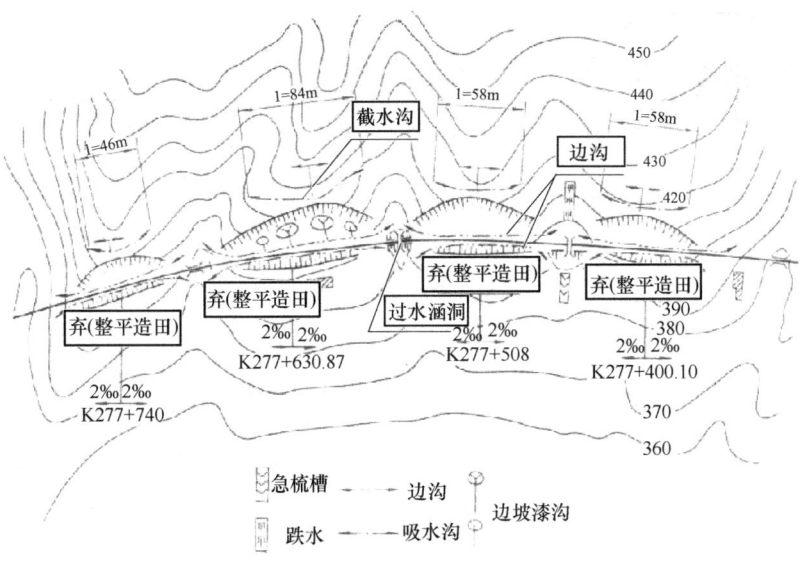

图 3-7 道路排水设施布置

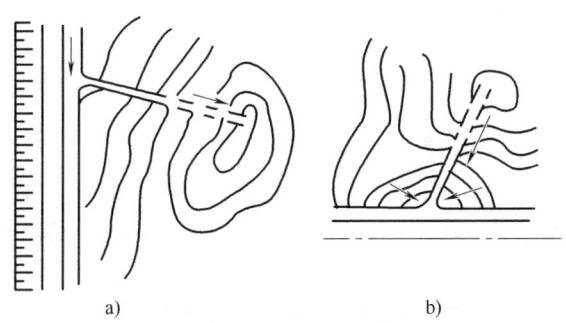

图 3-8 排水沟设置

a) 水排至低洼处 b) 水从盆地排走

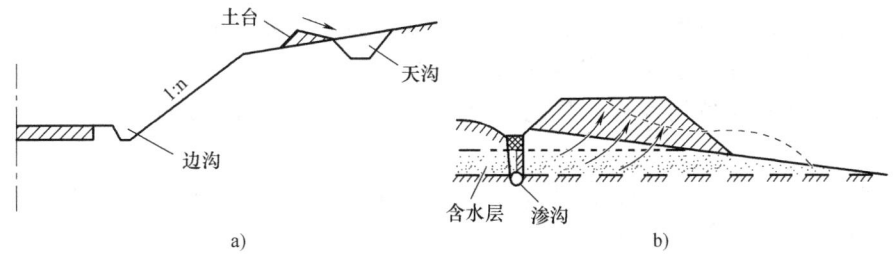

图 3-9 截水沟布置

a) 路堑天沟 b) 截水渗沟

三、路基定额应用要点

《预算定额》中"路基工程"的说明包括章说明 2 条和节说明 20 条,明确规定了路基工程的工程量计量方法和计算内容。学习时应特别注意以下内容:

图 3-10 渗沟布置
a) 条带形渗沟 b) 边坡渗沟 c) 引水渗沟

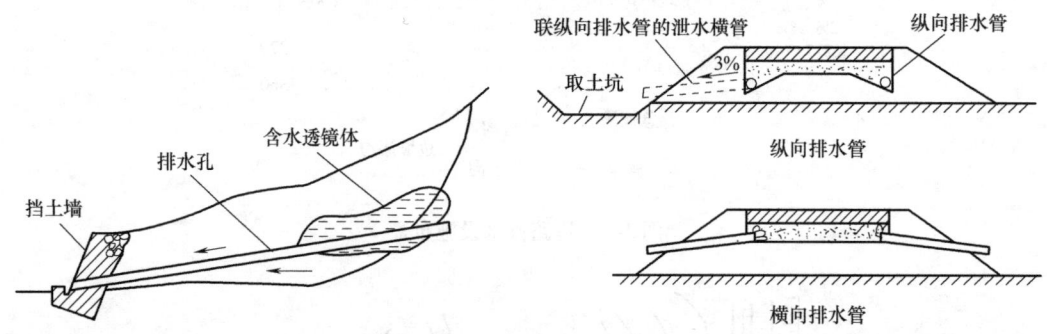

图 3-11 排水管布置

1. 路基土方与石方应分类计量（章说明 P1）

路基土、石方的开挖、压实工作对于不同类别的土壤和岩石，其施工的难易程度不同，所需的费用也不同。因此，编制概、预算时，应将不同类别的土壤和岩石分类统计，套用定额的栏目不同。

章说明第 1 条：按开挖的难易程度将土壤、岩石分为六类。

土壤分为三类：松土、普通土、硬土。

岩石分为三类：软石、次坚石、坚石。

2. 各类土石方的定额计价内容

挖方：按照土质分别套用相应的定额，定额单位为天然密实方。

填方：按照公路等级分类，选择路基碾压机械型号，定额单位为压实方。

本桩利用：不参与费用计算。其挖已经在"挖方"中计算，其填已经在"填方"内计算。

远运利用：只计算调配运输的费用，其挖已经在"挖方"中计算，其填已经在"填方"内计算，计算时注意土方运输损耗系数。

借方：需计算"挖、装、运"的费用，其填已经在"填方"内计算，计算时注意土方运输损耗系数。

弃方：只计算运输的费用，其挖已经在"挖方"中计算，弃土场需要费用另计，弃方计算不计土方运输损耗系数。

3. 路基土石方工程量计算规则

第 1 节说明第 8 条：

(1) 土石方体积的计算。除定额中另有说明者外，土方挖方按天然密实体积计算，填方按压（夯）实后的体积计算；石方爆破按天然密实体积计算。当以填方压实体积为工程量，采用以天然密实方为计量单位的定额时，所采用的定额应乘以表3-4的换算系数。

表3-4 天然密实方与压实方换算系数

土类　公路等级	土方			石方
	松土	普通土	硬土	
二级及以上等级公路	1.23	1.16	1.09	0.92
三、四级公路	1.11	1.05	1.00	0.84

其中：推土机、铲运机施工土方的增运定额按普通土栏目的系数计算；人工挖运土方的增运定额和机械翻斗车、手扶拖拉机运输土方、自卸汽车运输土方的运输定额在上表系数的基础上增加0.03的土方运输损耗，但弃方运输不计运输损耗。

（2）零填及挖方地段基底压实面积等于路槽底面的宽度（m）和长度（m）的乘积。

（3）抛坍爆破的工程量，按抛坍爆破设计计算。

（4）整修边坡的工程量，按公路路基长度计算。

4. 需要增补的辅助工程量

第1节说明第7条：下列数量由施工组织设计提出，并入路基填方数量内计算。

1）清除表土或零填方地段的基底压实、耕地填前夯（压）实后，回填至原地面标高所需土、石方数量。

2）因路基沉陷需增加填筑的土、石方数量。

3）为保证路基边缘的压实度需加宽填筑时，所需的土、石方数量。

【例5】 某一级公路路基工程全长28km，均为填方路段，路基平均填土高度为4.0m，边坡坡度1∶1.5，路基宽24m，为保证路基边缘压实度需加宽填筑，宽填宽度每边为0.25m，路基占地为耕地，土质为Ⅲ类土，填前用12t压路机压实耕地，填前压实沉降厚度为0.15m，土的压实干密度为1.4t/m³，自然状态土的含水率低于其最佳含水率2%。求该路段实际填方工程量。

分析：实际填方工程量 = 填土断面方 + 增加土方量，增加土方量 = 沉降土方量 + 宽填土方量，因断面为梯形断面，底宽 = 24 + 1.5 × 4 × 2 = 36m。

解：（1）填土断面方 = 28000 × [(24 + 36) × 4/2] = 3360000（m³）

（2）需增加的土方量：

路基填前压实沉降增加的土方量 = 28000 × 36 × 0.15 = 151200（m³）

宽填增加土方量 = 28000 × 0.25 × 4 × 2 = 56000（m³）

（3）实际填方工程量 = 3360000 + 151200 + 56000 = 3567200（m³）

5. 清表工程量

路基清表的工程量计算（m²） = （全路段长度 - 不需清表长度）× 清表宽度

路基清表运输的工程量计算（m³） = 清表工程量 × 清表厚度

砍树挖根的工程量计算（棵） = 胸径（离地面130cm处的直径）大于150mm的树木棵树

6. 需要调整的工程量

第1节说明第3条：机械施工土、石方，挖方部分机械达不到需由人工完成的工程量由施工组织设计确定。其中人工操作部分，按相应定额乘以1.15系数。

7. 定额表的"工作内容"及附"注"

在查用定额时,应注意对照定额表上方的"工作内容"与实际发生的操作内容是否一致,防止重算或漏算;定额表下方的附"注"对定额值起到修正、说明的作用。它们对定额值的确定至关重要。如:

(1) 定额表 1-1-1 "伐树、挖根、除草、清除表土"的附"注":

1) 砍挖灌木林,每 $1000m^2$ 220 棵以下为稀,220 棵以上为密。

2) 挖竹根按挖坑体积计算。

3) 挖芦苇根按挖竹根乘 0.73 的系数。

4) 清除表土和除草定额不可同时套用。清除的表土如需远运,按土方运输定额另行计算。

(2) 定额表 1-1-6 "人工挖运土方"的附"注":

1) 当采用人工挖、装,机动翻斗车运输时,其挖、装所需的人工按第一个 20m 挖运定额减去 30.0 工日计算。

2) 当采用人工挖、装、卸,手扶拖拉机运输时,其挖、装、卸所需人工按第一个 20m 挖运定额计算。

3) 如遇升降坡时,除按水平距离计算运距外,再按附表增加运距。

(3) 定额表 1-1-9 "挖掘机挖装土、石方"的附"注":土方不需装车时,应乘以 0.87 系数。

(4) 定额表 1-1-10 "装载机装土、石方"的附"注":

1) 装载机装土方如需推土机配合推松、集土时,其人工、推土机台班的数量按"推土机推运土方"第一个 20m 定额乘以 0.8 的系数计算。

2) 装载机与自卸汽车的常见配合见附表。

(5) 定额表 1-1-13 "铲运机铲运土方"的附"注":

1) 采用自行式铲运机铲运土方时,铲运机台班数量应乘以 0.7 系数。

2) 上坡推运的坡度大于 10% 时,按坡面的斜距乘以表列系数作为运距。

四、定额应用示例

1. 定额查用步骤

(1) 确定定额的编号。按照建设项目划分结果,确定末级分项工程的工作内容和施工工序,针对现场施工技术状况选择合理的施工方案,根据选定的施工方案确定定额编号,定额编号表示通常有 [页-表-栏] 或 [表-栏] 两种形式。如 [16-1-1-6-2] 表示《预算定额》P16 的 1-1-6 表的第 2 栏,即人工挖运普通土的预算定额。

(2) 正确进行定额调整。确定定额编号后,应仔细核对定额表左上方的"工作内容",检查所选用的定额表号是否有误。然后仔细阅读定额中与该分项有关的总说明、章说明、节说明及定额表下方的"小注",若分项工程的工作内容与所选定额完全吻合,则直接抄录人工、材料、机械的定额值;若分项工程的工作内容与定额中有出入,则依据相关规定调整确定人工、材料、机械的定额值。

(3) 核对工程量单位与数量。检查定额表的定额单位与工程量单位是否一致,实际工程量计量方法是否符合章节说明的要求,予以调整,如清表中的 m^2 与运输表土的 m^3 的换算等。

(4) 计算分项工程的实际工料机消耗量。

工程数量 = 实际工程量/定额单位

分项工程的实际工料机消耗量 = 定额值 × 工程数量

2. 定额应用示例

【例6】 某地区人工挖运普通土，平均运距为40m，试确定其预算定额和基价。

解：(1) 根据分项工程内容，有增运运距，查目录可知，人工挖运普通土的定额编号为 [9-1-1-6-2 +4]。

(2) 每1000m³ 天然密实方预算定额为：

人工： | 1 | 181.1 + 18.2 × (40 − 20)/10 = 217.5（工日）

基价： | 1999 | 8910 + 895 × 2 = 9080（元）

【例7】 某路基工程采用挖掘机挖装普通土方，但机械无法操作处，需由人工挖装，机动翻斗车运800m 的工程量为1500m³，确定预算定额。

解：(1) 根据分项工程内容，查目录可知：人工挖装、机动翻斗车运输对应的定额编号为 [9-1-1-6-2]、[11-1-1-8-1 +5]。

(2) 定额调整：

1) 按 P9 附注（1）当采用人工挖、装，机动翻斗车运输时，其挖、装所需的人工按第一个20m 挖运定额减30 工日计算，确定每1000m³ 挖普通土方预算定额为：

人工： | 1 | 181.1 − 30 = 151.1（工日）

2) 由 P2 第1节说明第3条：机械施工土、石方，挖方部分机械达不到需由人工完成的工程量由施工组织设计确定。其中人工操作部分，按相应定额乘以1.15系数。可知实际定额为：151.1 × 1.15 = 173.77（工日）

(3) 每1000m³ 天然密实方：

人工： | 1 | 173.77（工日）

机械： | 1408 | 1t 机动翻斗车   33.14 + 2.01 × (800 − 100)/50 = 61.28（台班）

(4) 实际消耗量：

工程数量 = 1500/1000 = 1.5

人工： | 1 | 173.77 × 1.5 = 260.66（工日）

机械： | 1408 | 1t 机动翻斗车   61.28 × 1.5 = 91.92（台班）

【例8】 试确定自卸汽车配合挖掘机装载机联合作业1000m³ 硬土的预算定额。（8t 自卸汽车运距2km，挖掘机挖斗容积1m³，装载机挖斗容积2m³）

解：(1) 根据分项工程内容，查目录可知：联合挖运硬土分项对应的定额编号为 [12-1-1-9-6]、[14-1-1-10-2]、[15-1-1-11-9 +10]。

(2) 定额调整：

分析 [12-1-1-9-6]、[14-1-1-10-2] 工作内容"装土"工作重复，按 P13 附"注"：不需装车时，应乘以0.87系数来计算。

人工： | 1 | 5.0 × 0.87 = 4.35（工日）

机械：	1003	75kW 推土机	0.53×0.87＝0.461（台班）
	1035	1m³ 挖掘机	2.46×0.87＝2.14（台班）

（3）每 1000m³ 硬土挖运预算定额为：

人工：	1		4.35（工日）
机械：	1003	75kW 推土机	0.461（台班）
	1035	1m³ 挖掘机	2.14（台班）
	1050	2m³ 装载机	1.42（台班）
	1385	8t 自卸汽车	10.18＋1.41×(2－1)/0.5＝13（台班）
基价：	1999		2602×0.87＋1001＋4952＋686×2＝9588.74（元）

【例9】 某二级公路路基工程填方总量为 2000m³，全部采用 1m³ 挖掘机挖，容积 2m³ 以内的装载机配合 10t 自卸汽车运 1.6km 从取土场借普通土，确定机械台班消耗量。并将结果填写在表 3-5 的分项工程预算表（08-2）。

解：（1）根据分项工程内容，查目录可知：1m³ 挖掘机挖土，10t 自卸汽车配合装载机运土对应的定额编号为 [12-1-1-9-5]、[14-1-1-10-2]、[15-1-1-11-13＋14]。

（2）定额调整：

① 根据 P3 第 1 节说明第 8 条，填方单位是压实方，应换算为天然密实方，开挖、装卸的换算系数为 1.16、运输的换算系数为 1.19，则：

开挖、装卸的土方量为：2000×1.16＝2320m³

运输的土方量为：2000×1.19＝2380m³

② 分析 [12-1-1-9-5]、[14-1-1-10-2]"工作内容""装土"工作重复，按 P13 附"注"：不需装车时，应乘以 0.87 系数来计算。

人工：	1		4.5×0.87＝3.915（工日）
机械：	1003	75kW 推土机	0.46×0.87＝0.400（台班）
	1035	1m³ 挖掘机	2.15×0.87＝1.871（台班）

（3）每 1000m³ 天然密实方预算定额为：

人工：	1		3.915（工日）
机械：	1003	75kW 推土机	0.400（台班）
	1035	1m³ 挖掘机	1.871（台班）
	1050	2m³ 装载机	1.42（台班）
	1386	10t 自卸汽车	7.58＋1.02×(1.6－1)/0.5＝8.6

注：按照 P5 第 5 条增运运距尾数不足增运运距半数时不计。

（4）实际机械台班消耗量：

挖、装土工程数量＝2320/1000＝2.32

运土工程数量＝2380/1000＝2.38

人工：	1		3.915×2.32＝9.083（工日）
机械：	1003	75kW 推土机	0.400×2.32＝0.928（台班）
	1035	1m³ 挖掘机	1.871×2.32＝4.341（台班）

| 1050 | 2m³ 装载机 | 1.42×2.32=3.294（台班） |
| 1386 | 10t 自卸汽车 | 8.6×2.38=20.468（台班） |

定额查用结果填写在下表 3-5（表 08-2）。

表 3-5 分项工程预算表

编制范围：××公路
工程名称：借土填方　　　　　　　　　　　第×页　　共×页　　08-2 表

序号	工程项目		挖掘机挖装土、石方			装载机装土、石方			自卸汽车运土、石方			合计	
	工程细目		1.0m³ 以内挖掘机挖装普通土			2m³ 以内装载机装土			10t 以内自卸汽车运土 2km				
	定额单位		1000m³ 天然密实方			1000m³ 天然密实方			1000m³ 天然密实方				
	工程数量		2.32			2.32			2.38				
	定额表号		1-1-9-5，定额×0.87			1~1-10-2			1-1-11-13+14×1.0				
	工料机名称	单位	单价/元	定额	数量	金额/元	定额	数量	金额/元	定额	数量	金额/元	数量	金额
1	人工	工日		0.395	9.083								9.083	
2	75kW 以内履带式推土机	台班		0.400	0.928								0.928	
3	1.0m³ 履带式单斗挖掘机	台班		1.871	4.341								4.341	
4	2m³ 轮胎式装载机	台班					1.420	3.294					3.294	
5	10t 以内自卸汽车	台班								8.600	20.468		20.468	
6	定额基价	台班												

编制：　　　　　　　　　　　　　　　　　　　　　复核：

【例 10】 某路基工程用 12m³ 以内的自行式铲运机铲运硬土，平均运距 500m，重力上坡 18%，确定预算定额。

解：（1）根据分项工程内容，查目录可知：12m³ 以内的自行式铲运机铲运硬土对应的定额编号为 [22-1-1-13-11+12]。

（2）定额调整：

1）按 P22 附注 2：上坡推运坡度大于 10% 时，应按坡面斜距乘以附表列系数作为运距，题中 500m 是水平距离，重力上坡 18%，则调整运距 $= \sqrt{500^2+(500\times 18\%)^2}\times 1.5 = 762$（m），增运单位 $=(762-100)/50=13.24$，按 13 个调整。

2）定额编制中采用的机械是"拖式铲运机"，应按 P22 附注 1：采用自行式铲运机铲运土方时，铲运机台班数量应乘以 0.7 系数来调整。

|1019| 12m³ 自行式铲运机　　(2.17 + 0.30 × 13) × 0.7 = 4.249（台班）

(3) 每 1000m³ 天然密实方预算定额为：

人工：|1|　　　　　　　　　　　　　5.0 工日
机械：|1003| 75kW 推土机　　　　　0.47 台班
　　　|1019| 12m³ 自行式铲运机　　4.249 台班

基价：|1999| 因定额中机械变化需要从《机械台班定额》查到 12m³ 以内拖式铲运机基价为 1395.59 元/台班；12m³ 以内自行式铲运机基价为 1418.04 元/台班；调整后基价 = 3495 + 419 × 13 − 1395.59 × 6.07 + 1418.04 × 4.249 = 8942 − 8471.23 + 6025.25 = 6496.02（元）。

五、综合应用案例

【例 11】 鹤壁地区有一山岭重丘区高速公路，路基土方为普通土，平均运距为 40m 的有 1500000m³，平均运距为 200m 的有 1000000m³，平均运距为 3000m 的有 1000000m³。

问题：(1) 计算该路段挖土方的平均运距。
(2) 确定路基挖方的合理化施工方案。
(3) 列出该路段路基土方施工的工程细目名称、预算定额表号。

分析：本案例考核了土石方工程机械的经济运距，一般而言，工程量较大的土石方施工应选择大功率或大吨位的施工机械。

解：(1) 挖土方平均运距 = (40 × 1500000 + 200 × 1000000 + 3000 × 1000000)/(1500000 + 1000000 + 1000000) ≈ 930（m）

(2) 合理的机械化施工方案。

平均运距为 40m 的采用推土机推运施工（135 ~ 240kW 均可）。

平均运距为 200m 的采用铲运机施工（10m³ ~ 12m³ 均可）。

平均运距为 3000m 的采用推土机、装载机、自卸汽车联合施工（1m³ ~ 2m³ 挖掘机自卸汽车 12 ~ 15t，装载机 2 ~ 3m³ 均可）。

(3) 预算定额见表 3-6：

表 3-6 路基工程定额列表

施工方式	预算定额项目名称	定额编号	工程数量	调整
推土机施工	165kW 以内推土机推土运距 40m	[20-1-1-12-18 + 20]	1500	增运系数 2.0
铲运机施工	10m³ 以内铲运机铲运土方运距 200m	[22-1-1-13-6 + 8]	1000	增运系数 2.0
推土机联合施工	165kW 以内推土机推土推松集土	[20-1-1-12-18]	1000	人工 × 0.8 推土机 × 0.8
	3m³ 以内装载机装土	[14-1-1-10-3]		
	15t 以内自卸汽车运输运距 3000m	[15-1-1-11-21 + 22]		增运系数 4.0

【例12】 列表填写某案例项目路基工程部分的预算定额(表3-7)。

表3-7 某案例项目预算定额表(路基工程部分)

项	目	节	细目	名　　称	单　位	工程量	备　　注
	……						
二				路基工程	km	6.5	
	1			场地清理	km	6.5	
		1		清理与掘除	m^2	4310.0	
			1	原地面处理	m^2	4310.0	
			1-1-1-11换	90kW以内推土机清除表土	$100m^3$	12.93	清表厚度30cm,注意工程量单位一致性
			1-1-5-4	填前12~15t光轮压路机压实	$1000m^2$	4.31	
			2	伐树、挖根、除草	棵	113.0	
			1-1-1-1	人工伐树及挖根(直径10cm以上)	10棵	11.3	
	2			挖方	m^3	144400.0	
		1		挖土方	m^3	109500.0	
			1	挖路基土方	m^3	109500.0	
			1-1-12-6	90kW以内推土机推普通土第一个20m	$1000m^3$ 天然密实方	25.0	本桩利用普通土(总共27500,按比例换算普通土25000)
			1-1-9-5	$1.0m^3$ 以内挖掘机挖装普通土	$1000m^3$ 天然密实方	80.0	远运利用普通土80000
			1-1-11-17换	12t以内自卸汽车运土0.4km	$1000m^3$ 天然密实方	82.4	+18×(-1.0) 工程量增加运输损耗0.03%
			1-1-12-7	90kW以内推土机推硬土第一个20m	$1000m^3$ 天然密实方	2.5	本桩利用硬土(总共27500,按比例换算普通土2500)
			1-1-9-6	$1.0m^3$ 以内挖掘机挖装硬土	$1000m^3$ 天然密实方	2.0	远运利用普通土2000
			1-1-11-17换	12t以内自卸汽车运土0.4km	$1000m^3$ 天然密实方	2.06	+18×(-1.0) 工程量增加运输损耗0.03%

（续）

项目	节	细目	名称	单位	工程量	备注
	2		挖石方	m³	34900.0	
		1	挖路基石方	m³	34900.0	
		1-1-9-10 换	1.0m³ 以内挖掘机挖装软石	1000m³ 天然密实方	2.0	本桩利用，不需装车 定额×0.870
		1-1-9-10	1.0m³ 以内挖掘机挖装软石	1000m³ 天然密实方	3.4	远运利用
		1-1-11-45 换	12t 以内自卸汽车运石 0.4km	1000m³ 天然密实方	3.4	+46×(-1.0)
		1-1-9-11	1.0m³ 以内挖掘机挖装次坚石	1000m³ 天然密实方	29.5	远运利用
		1-1-11-45 换	12t 以内自卸汽车运石 0.16km	1000m³ 天然密实方	29.5	+46×(-2.0)
	3		填方	m³	155239.5	总填方=断面方+附属工程量
		1-1-18-9	二级公路填方路基15t以内振动压路机碾压土方	1000m³ 压实方	120.946	
		1-1-18-20	二级公路填方路基15t以内振动压路机碾压石方	1000m³ 压实方	34.239	
		1-1-9-5	1.0m³ 以内挖掘机挖装普通土	1000m³ 天然密实方	30.509	借土挖方
		1-1-11-17 换	12t 以内自卸汽车运土 2km	1000m³ 天然密实方	31.298	+18×2.0
		1-1-22-5 换	6000L 以内洒水车洒水 2km	1000m³ 水	3.387	+6×2.0
	5		排水工程	km	6.5	
		1	边沟	m³/m	3258.99/4578.0	
		3	浆砌片石边沟	m³/m	3258.99/4578.0	
		1-2-3-1 换	边沟、排水沟、截水沟浆砌片石	10m³ 实体	325.899	M5 换 M7.5
		1-2-4-9 换	水沟盖板预制混凝土矩形带孔	10m³ 实体	12.08	普 C20-32.5-2 换普 C30-32.5-2
		1-2-4-5 换	边沟现浇混凝土	10m³ 实体	4.853	普 C20-32.5-2 换普 C25-32.5-2

(续)

项目	节	细目	名称	单位	工程量	备注
		1-2-4-10	水沟盖板预制钢筋	1t 钢筋	13.041	
		1-2-4-11	水沟盖板安装	10m³ 实体	12.08	
	2		排水沟	m³/m	419.085/632.0	
		3	浆砌片石排水沟	m³/m	419.085/632.0	
		1-2-3-1 换	边沟、排水沟、截水沟浆砌片石	10m³ 实体	41.909	M5 换 M7.5
	3		截水沟	m³/m	217.5/504.0	
		2	浆砌片石截水沟	m³/m	217.5/504.0	
		1-2-3-1 换	边沟、排水沟、截水沟浆砌片石	10m³ 实体	21.75	M5 换 M7.5
	4		急流槽	m³/m	89.392/47.0	
		2	浆砌片石急流槽	m³/m	89.392/47.0	
		1-2-3-3 换	急流槽浆砌片石	10m³ 实体	8.939	M5 换 M7.5
6			防护与加固工程	km	0.459	
	5		挡土墙	m³/m	1134.8/144.4	
		7	浆砌片石挡土墙	m³/m	1134.8/144.4	
		4-1-1-1	土方干处基坑深3m以内	1000m³	0.756	
		5-1-25-2	沙砾泄水层	100m³	0.072	
		5-1-15-7	浆砌片、块石墙身片石	10m³ 实体	113.48	
		1-1-7-1	人工夯实	1000m³ 压实方	0.504	
		4-11-2-1	锥坡填土	10m³ 实体	1.54	
	8		骨架护坡	m	315.0	
		4-1-1-1	土方干处基坑深3m以内	1000m³	0.708	
		1-1-7-1	人工夯实	1000m³ 压实方	0.054	
		5-1-2-7	机械液压喷播植草填方边坡	1000m²	1.268	
		5-1-6-4	菱形格护坡预制混凝土	10m³	1.962	
		5-1-6-6	菱形格护坡码砌	100m²	12.683	
		5-1-10-2	浆砌片石	10m³ 实体	42.494	

3.5 路面工程

路面是直接为汽车提供安全、经济、舒适服务的带状构造物,是公路工程的重要组成部分，路面材料单价高，施工技术复杂多样，尤其是高等级公路的路面工程造价占预算总造价的 50% 以上，正确运用定额对造价测算影响较大。

一、路面分类与结构组成

1. 路面按技术品质分类

路面按技术品质分为高级、次高级、中级和低级四种。

(1) 高级路面。沥青混凝土路面、水泥混凝土路面、厂拌沥青碎石路面、整齐石块或条石路面。

(2) 次高级路面。沥青贯入式碎、砾石路面，路拌沥青碎、砾石路面，沥青表面处治路面，半整齐石块路面。

(3) 中级路面。碎、砾石（级配或泥结）路面，不整齐石块路面，其他粒料路面。

(4) 低级路面。粒料加固土路面，其他当地材料加固或改善土路面。

2. 路面结构层位组成（图 3-12）

中、低级路面结构包括面层、基层和垫层。高级路面结构包括面层、联结层、基层、底基层、垫层等。

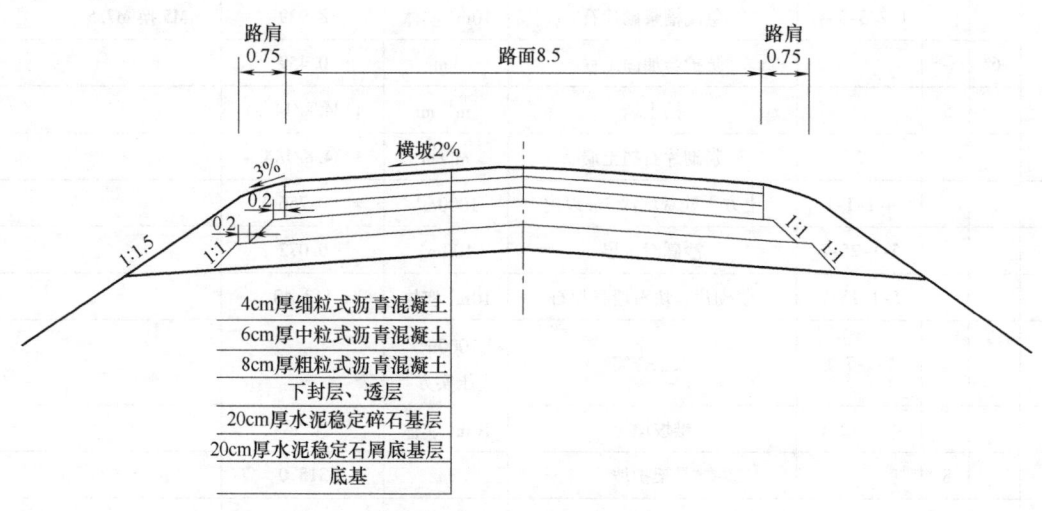

图 3-12 路面结构层位组成

(1) 垫层。垫层是路面与土基联结的一层，常铺设在土基水温状况不良地段，如潮湿地带、湿软土基（隔离层）、北方地区的冻胀土基（防冻层）等，并非所有道路都设。垫层用以排除路面、路基中滞留的自由水，确保路面结构处于干燥或中湿状态，保证面层和基层的强度稳定性和抗冻胀能力。垫层选用粗砂、沙砾、碎石、煤渣、矿渣等松散颗粒材料（需设反滤层），或采用水泥、石灰煤渣稳定的密实垫层，垫层宽度应宽出底基层 25cm 或与路基同宽。

(2) 基层。基层位于面层之下，垫层或路基之上。基层主要承受面层传递的车轮垂力的作用，并把它扩散到垫层和土基，基层还可能受到面层渗水以及地下水的侵蚀。故需选择强度较高，刚度较大，并有足够水稳性的材料，在重交通道路和高速公路的基层共分两层铺筑，其中对底基层材料的强度和刚度的要求可以略次于基层。基层宽度应宽出面层

30～50cm。

用来修筑基层和底基层的材料主要有：水泥、石灰等稳定土的半刚性基层或稳定粒料（如碎石、沙砾），工业废渣稳定土或稳定粒料，各种碎石混合料或天然沙砾的柔性基层。

（3）面层。面层位于整个路面结构的最上层。面层应具有较高的结构强度、刚度和稳定性，并且耐磨、不透水，其表面还应具有良好的抗滑性和平整度。修筑高等级道路面层所用的材料主要有沥青混凝土和水泥混凝土等，一般分上面层、中面层、下面层铺筑。

（4）联结层。联结层包括透层、黏层、封层等。透层是为使沥青面层与非沥青材料基层结合良好，在基层上浇洒乳化沥青、煤沥青或液体沥青而形成的透入基层表面的薄层，如在水稳碎石基层与沥青混凝土面层间铺透层；黏层是使上下层沥青结构层或沥青结构层与结构物（或水泥混凝土路面）完全黏结成一个整体，如在沥青混凝土的上面层与下面层间铺黏层；封层的作用一是封闭某一层起着保水防水作用；二是起基层与沥青表面层之间的过渡和有效联结作用；三是路的某一层表面破坏离析松散处的加固补强；四是基层在沥青面层铺筑前，要临时开放交通，防止基层因天气或车辆作用出现水毁。封层可分为上封层和下封层；就施工类型来分，可采用拌和法或层铺法的单层式表面处治，也可以采用乳化沥青稀浆封层。

（5）路面附属设施。路面附属设施包括路肩、路缘石等。

二、路面常见分项工程施工

1. 路拌施工（垫层、底基层、基层）

路拌施工指的是采用人工或利用拖拉机（带铧犁）或稳定土拌和机在路上（路槽中）或沿线就地拌和混合料的施工方法。路拌施工仅适用于二级及二级以下的公路，其中二级公路应采用稳定土拌和机制备混合料。一般而言，水泥土和石灰土底基层施工多采用路拌施工。

路拌施工的拌和、碾压、养护工作在一个定额中，因此路拌施工定额模板为［2-1-1］～［2-1-6］。底基层的路拌施工没有专门定额，当底基层使用基层定额时，需要对基层定额按照节说明进行调整。

2. 厂拌施工（基层、面层）

厂拌施工是指在固定的拌和工厂或移动式拌和站采用专用设备拌和混合料的施工方法。各类稳定碎石基层、底基层施工、水泥混凝土路面、沥青混合料路面施工均采用厂拌施工。

厂拌施工的施工工序包含混合料拌和、混合料运输、混合料摊铺等，各工序对应有专门定额。厂拌基层混合料施工定额模板为［2-1-7］～［2-1-9］，厂拌施工水泥混凝土路面施工定额模板为［2-2-17］～［2-1-19］，厂拌施工沥青混合料路面施工定额模板为［2-2-10］～［2-1-14］。另外，若要计入拌和站安拆，还需增加［2-1-10］（基层混合料拌和站）、［2-2-15］（沥青混合料拌和站）及［4-11-11］（水泥混凝土拌和站）。

3. 路面附属设施施工

路肩分硬路肩和土路肩，硬路肩施工方法同路面面层；土路肩施工分为挖路槽和培路肩（常用）两种；路缘石施工包括现浇和预制两种方法。

三、路面定额应用要点

《预算定额》中"路面工程"的章说明共 7 条,节说明 20 条,在学习时应特别注意以下内容:

1. 路面工程的定额计量单位规定

章说明第 1 条:本章定额包括各种类型路面以及路槽、路肩、垫层、基层等,除沥青混合料路面、厂拌基层稳定土混合料运输以 $1000m^3$ 路面实体为计算单位外,其他均以 $1000m^2$ 为计算单位。

垫层、基层、面层(沥青混合料面层除外)的计价工程量均指各层的设计顶面面积,沥青混合料路面、厂拌基层稳定土混合料运输的计价工程量是指设计路面混合料的实体体积。若需要进行混合料体积与质量换算,则各类压实混合料干密度应从 P993 附录一表中查取。

应注意工程量与定额单位之间的换算。

2. 路面混合料的运输定额规定

章说明第 7 条:自卸汽车运输稳定土混合料、沥青混合料和水泥混凝土定额项目,仅适用于平均运距在 15km 以内的混合料运输,当平均运距超过 15km 时,应按社会运输的有关规定计算其运输费用。当运距超过第一个定额运距单位时,其运距尾数不足一个增运定额单位的半数时不计,超过或等于半数时按一个增运定额运距单位计算。

3. 路面基层结构层厚度的规定

第 1 节说明第 1 条:各类稳定土基层、级配碎石、级配砾石基层的压实厚度在 15cm 以内,填隙碎石一层的压实厚度在 12cm 以内,垫层、其他种类的基层和底基层压实厚度在 20cm 以内,拖拉机、平地机和压路机的台班消耗按定额数量计算。如超过上述压实厚度进行分层拌和、碾压时,拖拉机、平地机和压路机的台班消耗按定额数量加倍计算,每 $1000m^2$ 增加 3 个工日。

4. 路面基层结构层材料的设计配合比与定额配合比不一致时的定额值抽换依据

第 1 节说明第 2 条:各类稳定土基层定额中的材料消耗系按一定配合比编制的,当设计配合比与定额标明的配合比不同时,有关材料可分别按下式换算:

$$C_i = [C_d + B_d \times (H - H_0)] \times L_i / L_d$$

式中 C_i——按设计配合比换算后的材料数量;

C_d——定额中基本压实厚度的材料数量;

B_d——定额中压实厚度每增减 1cm 的材料数量;

H_0——定额的基本压实厚度,单位为 m;

H——设计的压实厚度,单位为 m;

L_d——定额中标明的材料百分率;

L_i——设计配合比的材料百分比率。

5. 底基层定额值的调整规定

第 1 节说明第 6 条:各类稳定土底基层采用稳定土基层定额时,每 $1000m^2$ 路面减少 12~15t 光轮压路机 0.18 台班。

6. 路面面层结构层厚度的规定

第2节说明第1条：泥结碎石、级配碎石、级配砾石、天然沙砾、粒料改善土壤路面面层的压实厚度在15cm以内，拖拉机、平地机和压路机的台班消耗按定额数量计算。如超过上述压实厚度进行分层拌和、碾压时，拖拉机、平地机和压路机的台班消耗按定额数量加倍计算，每1000m² 增加3个工日。

7. 沥青混凝土的油石比换算

第2节说明第10条：沥青混合料的拌和定额［2-2-10］、［2-2-11］中，油石比均是按照《预算定额》P994附录一（4）的标准用量来计算的，若实际设计油石比与定额采用油石比不同时，可按设计中的油石比调整沥青用量，换算公式：

$$S_i = S_d \times L_i / L_d$$

式中　S_i——换算后的沥青用量；
　　　S_d——定额中沥青用量；
　　　L_i——设计油石比；
　　　L_d——定额油石比。

8. 平均运距的计算

在集中拌和的混合料运输中若需要多处设置拌和站，为简化问题就需要计算混合料的平均运距，才能进行定额查用，平均运距的计算多采用加权平均的办法。

$L_平 = (L_1 \times A_1 + L_2 \times A_2 + \cdots)/(A_1 + A_2 + \cdots)$，若各段运量A是均匀一致的，则可以省略运量直接进行距离计算。

示例1：某路段长30km，在路线中点离道路2km处设一基层混合料拌和站，则混合料的平均运距为多少？

解：$(15/2 \times 15 + 15/2 \times 15)/30 + 2 = 30/4 + 2 = 9.5(km)$

示例2：某路段长30km，在10km处、离道路2km处设基层混合料拌合场，则混合料的平均运距是多少？

解：$L_平 (10/2 \times 10 + 20/2 \times 20)/30 + 2 = (5 \times 10 + 10 \times 20)/30 + 2 = 10.33(km)$

其他部分说明和表后附注自行阅读。

四、定额应用示例

【例13】　某水泥、石灰稳定土底基层工程20000m²，路拌法施工（稳定土拌和机拌和），设计配合比为5∶3.5∶91.5，厚度22cm，确定预算定额。并将结果填写在分项工程预算表3-8（08-2）。

解：（1）根据分项工程内容，查目录可知：该工程对应的定额编号为［104-2-1-6-21+22］。

（2）定额调整

1）由于定额中标明的水泥∶石灰∶土的配合比是6∶4∶90，而设计要求水泥∶石灰∶土的配合比是5∶3.5∶91.5，根据P78第1节说明第2条规定，可以对水泥、石灰稳定土基层的材料定额用量进行调整，计算公式是：$C_i = [C_d + B_d \times (H_i - H_0)] \times L_i/L_d$。

832	32.5级水泥：	$[15.147 + 1.01 \times (22 - 15)] \times 5/6 = 18.514$ （t）
891	石灰	$[10.393 + 0.693 \times (22 - 15)] \times 3.5/4 = 13.339$ （t）

| 895 | 土 | $[195.29+13.02\times(22-15)]\times91.5/90=291.204$（$m^3$）|

2）本分项是稳定土底基层工程套用基层定额，根据P79第1节说明第6条规定，每1000m^2路面减少12~15t光轮压路机0.18台班。

| 1078 | 12~15t 光轮压路机： | $1.27-0.18=1.09$（台班）|

3）由于底基层厚度为22cm，根据P78第2节说明第1条规定，当压实厚度超过20cm，进行分层拌和、碾压时，拖拉机与压路机台班按定额数量加倍，且每1000m^2增加3工日。

人工：（压实厚度超标，需调整）

| 1 | | $18.5+0.9\times(22-15)+3=27.8$（工日）|

机械：（压实厚度超标，需调整）

1057	120kW 以内平地机	$0.37\times2=0.74$（台班）
1075	6~8t 压路机	$0.27\times2=0.54$（台班）
1078	12~15t 压路机	$1.09\times2=2.18$（台班）

4）基价调整：因定额消耗量变化，基价也需要调整，各类人工、材料的基价需要从《预算定额》P1032附录四查取，机械台班的基价从《公路工程机械台班费用定额》中查取。本案例基价调整需要查取以下工料机：人工49.2元；32.5级水泥320；生石灰105；土8.00；120kW推土机908.89；6~8t压路机251.49；12~15t压路机411.77。基价调整为：
$10282+600\times(22-15)+3\times49.2+(18.514-22.217)\times320+(13.339-15.244)\times105+(291.204-286.43)\times8+0.37\times908.89+0.27\times251.49+(2.18-1.27)\times411.77=14061$（元）

（3）每1000m^2水泥、石灰稳定土底基层实际预算定额为：

人工：	1		27.8 工日
材料：	832	32.5 级水泥	18.514t
	891	石灰	13.339t
	895	土	291.204m^3
机械：	1057	120kW 以内平地机	0.74 台班
	1075	6~8t 压路机	0.54 台班
	1078	12~15t 压路机	2.18 台班
	1155	235kW 稳定土拌和机	$0.29+0.02\times(22-15)=0.43$（台班）
	1405	6000L 以内洒水车	$0.85+0.04\times(22-15)=1.13$（台班）
	1999	基价	14061 元

（4）实际消耗预算定额值为：底基层工程数量 = 20000/1000 = 20

人工：	1		$27.8\times20=556$（工日）
材料：	832	32.5 级水泥	$18.514\times20=370.28$（t）
	891	石灰	$13.339\times20=266.78$（t）
	895	土	$291.204\times20=5824.08$（m^3）
机械：	1057	120kW 以内平地机	$0.74\times20=14.8$（台班）
	1075	6~8t 压路机	$0.54\times20=10.8$（台班）

1078	12~15t 压路机	2.18×20=43.6（台班）
1155	235kW 稳定土拌和	[0.29+0.02×(22-15)]×20=8.6（台班）
1405	6000L 以内洒水车	[0.85+0.04×(22-15)]×20=22.6（台班）
1999	基价	14061×20=281220（元）

定额查用结果填写在分项工程预算表 3-8（表 08-2）。

表 3-8 分项工程预算表

编制范围：××公路
工程名称：水泥石灰稳定类底基层　　　　　　　　　第×页　共×页　　　08-2 表

序号	工程项目		水泥、石灰稳定类						合计	
	工程细目		水泥石灰土压实厚度22cm 水泥：石灰：土=5:3.5:91.5							
	定额单位		1000m²							
	工程数量		20							
	定额表号		2-1-6-21+22×7.0，改							
	工料机名称	单位	单价/元	定额	数量	金额/元	定额	数量	金额/元	数量	金额
1	人工	工日		27.8	556					556	
2	32.5号水泥	t		18.514	370.28					370.28	
3	石灰	m³		13.339	266.78					266.78	
4	土	m³		291.204	5824.08					5824.08	
5	120kW 自行式平地机	台班		0.74	14.8					14.8	
6	6~8t 光轮压路机	台班		0.54	10.8					10.8	
7	12~15t 光轮压路机	台班		2.18	43.6					43.6	
8	235kW 稳定土拌和机	台班		0.43	8.6					8.6	
9	6000L 洒水汽车	台班		1.13	22.6					22.6	
10	基价	元		14061	281220					281220	

【例 14】 某三级公路路基宽 7.5m，长 5km，基层为 20cm 厚的水泥稳定碎石，厂拌法施工，用 8t 自卸汽车运输混合料 3km，试确定该分项工程的预算定额（不计基层稳定土拌和站建设）。

解：（1）根据工程内容，查目录可知：厂拌法施工对应的定额编号为 [109-2-1-7-5+6]（拌和）、[119-2-1-8-9+10]（运输）、[121-2-1-9-7]（摊铺）。

（2）定额调整：由于基层厚度为 20cm，根据第 2 节说明第 1 条规定，当压实厚度超过

15cm，进行分层拌和、碾压时，拖拉机与压路机台班按定额数量加倍，且每1000m² 增加3 工日。

人工： | 1 | 4.6 + 3 = 7.6（工日）
机械： | 1075 | 6～8t 压路机   0.14 × 2 = 0.28（台班）
       | 1078 | 12～15t 压路机   1.27 × 2 = 2.54（台班）
       | 1164 | 7.5m 以内稳定土摊铺机 0.35 × 2 = 0.7（台班）

（3）每1000m² 水泥稳定碎石基层预算定额为（拌和 + 摊铺）：

人工： | 1 | 2.8 + 0.2 × (20 - 15) + 7.6 = 11.4（工日）
材料： | 832 | 32.5 级水泥   16.755 + 1.117 × (20 - 15) = 22.34（t）
       | 866 | 水   21 + 1 × (20 - 15) = 26（m³）
       | 958 | 碎石   220.32 + 14.69 × (20 - 15) = 293.77（m³）
机械： | 1051 | 3m³ 以内轮胎式装载机   0.48 + 0.03 × (20 - 15) = 0.63（台班）
       | 1160 | 300t/h 稳定土厂拌设备   0.24 + 0.02 × (20 - 15) = 0.34（台班）
       | 1075 | 6～8t 压路机   0.28 台班
       | 1078 | 12～15t 压路机   2.54 台班
       | 1164 | 7.5m 以内稳定土摊铺机   0.7 台班
       | 1405 | 6000L 以内洒水车   0.31 台班

每1000m³ 水泥稳定碎石基层预算定额为（运输）：

机械： | 1385 | 8t 自卸汽车   10.79 + 1.33 × (3 - 1)/0.5 = 16.11（台班）

（4）实际预算定额值：

基层拌和、摊铺工程量 = 7.5 × 5000 = 37500m²，工程数量 = 37500/1000 = 37.5；基层运输工程量 = 7.5 × 5000 × 0.2 = 7500m³，工程数量 = 7500/1000 = 7.5。

则水泥稳定碎石基层预算定额为（拌和 + 摊铺）：

人工： | 1 | 11.4 × 37.5 = 427.5（工日）
材料： | 832 | 32.5 级水泥   22.34 × 37.5 = 837.75（t）
       | 866 | 水   26 × 37.5 = 975（m³）
       | 958 | 碎石   293.77 × 37.5 = 11016.375（m³）
机械： | 1051 | 3m³ 以内轮胎式装载机   0.63 × 37.5 = 23.625（台班）
       | 1160 | 300t/h 稳定土厂拌设备   0.34 × 37.5 = 12.75（台班）
       | 1075 | 6～8t 压路机   0.28 × 37.5 = 10.5（台班）
       | 1078 | 12～15t 压路机   2.54 × 37.5 = 95.25（台班）
       | 1164 | 7.5m 以内稳定土摊铺机   0.7 × 37.5 = 26.25（台班）
       | 1405 | 6000L 以内洒水车   0.31 × 37.5 = 11.625（台班）

水泥稳定碎石基层预算定额为（运输）：

| 1385 | 8t 自卸汽车   16.11 × 7.5 = 120.825（台班）

【例15】 某二级公路水泥混凝土路面厚27cm，拌和站到施工现场平均运距为2.3km，试确定水泥混凝土路面的预算定额。

解：(1) 根据分项工程内容，查目录可知：该工程对应的定额编号为 [172-2-2-17- -3 +4]。

(2) 定额调整：由于混凝土平均运距为 2.3km，而 P176 的定额表小注中规定，摊铺机铺筑定额中仅包括第 1km 的水泥混凝土运输，需要增运应另行增加运输定额。

根据 [172-2-2-17-3 +4] 可知，第 1km 的运输机械是 6m³ 以内的混凝土搅拌车，故增运定额应选用 [699-4-11-11-21]（如果采用自卸汽车运输，则应扣除混凝土搅拌运输车台班数，再增加自卸汽车的运输台班数）。

每 100m³ 混凝土增运 1.3km，需增加：

| 1307 | 6m³ 以内的混凝土搅拌运输车 | $0.08 \times (2.3-1)/0.5$（取整为3）=0.24（台班）

每 1000m² 水泥混凝土面层需混凝土 $204 + 10.2 \times (27 - 20) = 275.4$（m³），故需增加台班数为：

| 1307 | 6m³ 以内的混凝土搅拌运输车 | $0.24 \times 275.4/100 = 0.66$（台班）

(3) 每 1000m² 水泥混凝土路面预算定额为（混凝土施工）：

分类	编号	名称	计算式
人工：	1		$82.6 + 2.2 \times (27 - 20) = 98$（工日）
材料：	102	锯材	$0.058 + 0.003 \times (27 - 20) = 0.079$（m³）
	111	光圆钢筋	0.003t
	182	型钢	0.001t
	832	32.5 级水泥	$76.908 + 3.845 \times (27 - 20) = 103.823$（t）
	851	石油沥青	$0.099 + 0.004 \times (27 - 20) = 0.127$（t）
	864	煤	$0.020 + 0.001 \times (27 - 20) = 0.027$（t）
	866	水	$30 + 2 \times (27 - 20) = 44$（m³）
	899	中粗砂	$93.84 + 4.69 \times (27 - 20) = 126.67$（m³）
	952	碎石（4cm）	$169.32 + 8.47 \times (27 - 20) = 228.61$（m³）
	996	其他材料费	$273.3 + 3.9 \times (27 - 20) = 300.6$（元）
机械：	1051	3m³ 以内轮胎式装载机	$1.26 + 0.06 \times (27 - 20) = 1.68$（台班）
	1235	轨道式摊铺机	$0.47 + 0.02 \times (27 - 20) = 0.61$（台班）
	1243	混凝土刻纹机	8.91 台班
	1245	混凝土切缝机	3.38 台班
	1307	6m³ 以内混凝土运输车	$2.74 + 0.14 \times (27 - 20) + 0.66 = 4.38$（台班）
	1325	4m³/h 混凝土搅拌站	$1.00 + 0.05 \times (27 - 20) = 1.35$（台班）
	1405	6000L 以内洒水汽车	1.90 台班

【例16】 某路段路面长 8.5km，宽 10m，上面层是厚 8cmAC-10 Ⅰ 细粒式沥青混凝土，油石比为 5.5%，试编制拌制上面层的材料预算定额。

解：(1) 根据分项工程内容，查目录可知：该工程定额编号为 [153-2-2-11-Ⅲ-15]。

(2) 定额调整：因该分项的沥青混凝土油石比为 5.5%，而通过查定额 P993 附录一第 4 表可知细粒式沥青混凝土的定额油石比为 5.22%，需要对沥青用量进行换算。

每 1000m³ 路面实体： | 851 | 石油沥青 $122.536 \times 5.5\%/5.22\% = 129.11$（t）

(3) 每 1000m³ 路面实体的材料预算定额为：

材料：（油石比不同，需调整）

851	石油沥青	129.11t
897	砂	471.22m³
949	矿粉	128.404m³
961	石屑	261.18m³
965	路面用碎石（1.5cm）	723.22m³
996	其他材料费	287.5元

（4）实际预算定额值：

沥青混凝土工程量 = 8500×10×0.08 = 6800（m³）

工程数量 = 6800/1000 = 6.8

材料：	851	石油沥青	129.11×6.8 = 877.94（t）
	897	砂	471.22×6.8 = 3204.30（m³）
	949	矿粉	128.404×6.8 = 873.15（m³）
	961	石屑	261.18×6.8 = 1776.02（m³）
	965	路面用碎石（1.5cm）	723.22×6.8 = 4917.90（m³）
	996	其他材料费	287.5×6.8 = 1955（元）

五、综合应用案例

【例17】 某二级公路，长20km，路面宽为10m，土路肩宽1.5m。基层结构为20cm 8%石灰土底基层+20cm水泥稳定碎石基层，面层结构为4cm AC-16 I 沥青混凝土上面层+6cm AC-25 II 沥青混凝土下面层。列出本路段路面工程施工图预算所需的全部工程细目名称、单位、定额编号、工程量、定额调整等内容，并填写下列表格。

解：（1）计算路面各层工程量：

底基层、基层工程量： 20000×(10+1.5×2) = 260000（m²）

基层运输工程量： 20000×(10+1.5×2)×0.2 = 52000（m³）

上面层工程量： 20000×10×0.04 = 8000（m³）

下面层工程量： 20000×10×0.06 = 12000（m³）

培路肩工程量： 20000×1.5×2 = 60000（m³）

（2）拟定施工方案：

底基层为石灰土，拟用路拌法（稳定土拌和机）施工。

基层为水泥稳定碎石，拟用厂拌法施工，拌和站一座建在路段中部，运距=20/4=5km。

面层为沥青混凝土，拟用厂拌法施工，拌和站一座建在路段中部，运距=20/4=5km。

（3）本路段路面工程施工图预算所需定额见表3-9：

表3-9 路面工程定额套用表

工程细目		定额编号	单 位	工程数量	定 额 调 整
底基层（路拌法）	石灰土	2-1-3-19+20	1000m²	260	石灰剂量由10%调为8%；底基层采用基层定额调整12~15t光轮压路机台班-0.18

(续)

工程细目		定额编号	单 位	工程数量	定额调整
基层 (厂拌法)	水泥稳定 碎石	2-1-7-5+6	1000m²	260	
		2-1-8-21+22	1000m³	52	运距为5km
		2-1-9-11	1000m²	260	增厚需要分层摊铺碾压,压机×2,人工+3
		2-1-10-4	1座	1	
面层 (厂拌法)	沥青混凝土	2-2-11-10	1000m³	8	AC-16Ⅰ为中粒式沥青混凝土
		2-2-11-4	1000m³	12	AC-25Ⅱ为粗粒式沥青混凝土
		2-2-13-21+22	1000m³	20	运距为5km
		2-2-14-43	1000m³	8	
		2-2-14-42	1000m³	12	
		2-2-15-4	1座	1	
路肩	培路肩	2-3-3-5	1000m²	60	
透层		2-2-16-4	1000m²	260	
黏层		2-2-16-6	1000m²	200	
封层	石油沥青 上封层	2-2-16-9	1000m²	200	

3.6 隧道工程

隧道是公路工程的重要构筑物,尤其是山岭区高速公路占有较大比例,其建筑单价远高于路线部分,应正确运用定额确定其工程造价。

一、隧道的组成及作用

隧道结构构造,由主体构造物和附属构造物两大类组成,如图3-13所示。主体构造物是为了保持岩体的稳定和行车安全而修建的人工永久建筑物,通常指洞身衬砌和洞门构造物。附属构造物是主体构造物以外的其他建筑物,是为了运营管理、维修养护、给水排水、供配发电、通风、照明、通信、安全等建造的。

(1)洞身:隧道结构的主体部分,是车辆通行的通道,其长度由两端洞门的位置来决定。洞身衬砌承受地层压力,维持岩体稳定,阻止坑道周围地层变形的永久性支撑物。它由拱圈、边墙、托梁和仰拱组成。拱圈位于坑道顶部,至半圆形,为承受地层压力的主要部分。边墙位于坑道两侧,承受来自拱圈和坑道侧面的土体压力,可分为垂直形和曲线形两种。托梁位于拱墙和边墙之间,为防止拱圈底部挖空时发生松动开裂,用来支承拱圈。仰拱位于坑底,形状与一般拱圈相似,但弯曲方向与拱圈相反,用来抵抗土体滑动和防止底部土

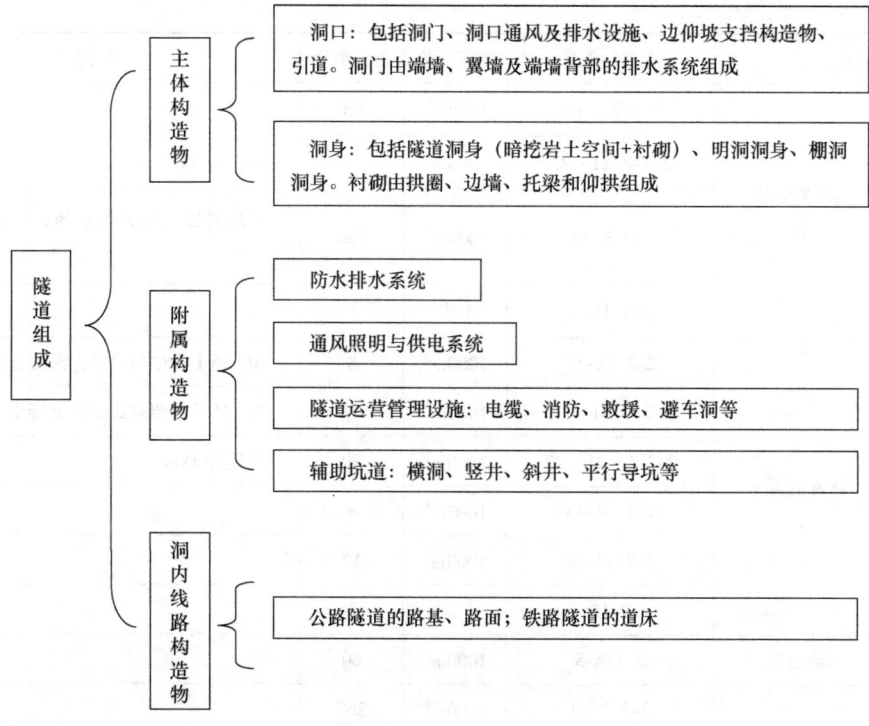

图 3-13 隧道组成

体隆起。

（2）洞门位于隧道出入口处，用来保护洞口土体和边坡稳定，排除仰坡流下的水。它由端墙、翼墙及端墙背部的排水系统所组成。洞门类型有：端墙式洞门、翼墙式洞门、环框式洞门、遮光式洞门等，如图 3-14 所示。

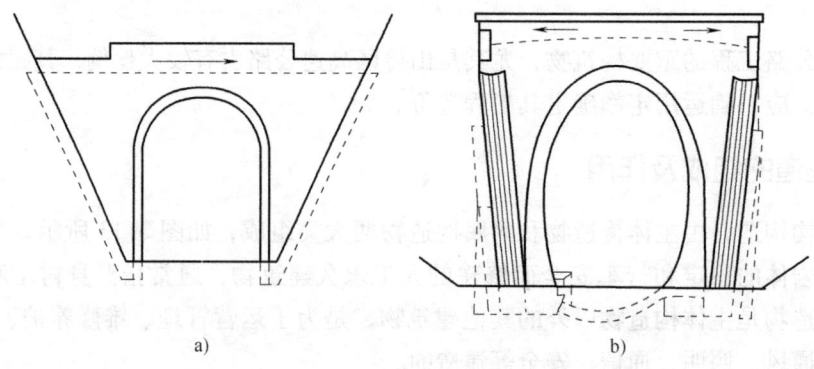

图 3-14 隧洞洞门
a）端墙式洞门　b）翼墙式洞门

（3）附属建筑物：为工作人员、行人及运料小车避让车辆而修建的避人洞和避车洞；为防止和排除隧道漏水或结冰而设置的排水沟和盲沟；为机车排出有害气体的通风设备；电气化铁道的接触网、电缆槽等。

二、隧道工程主要分项工程施工

1. 隧道施工流程

施工准备——超前支护和地层改良——洞口截水沟、洞口土方及边仰坡防护施工——洞身开挖+运输——初期支护——防水隔离层施工——二次支护——装饰——竣工。

2. 隧道施工方法

（1）新奥法：是以喷射混凝土和锚杆作为主要支护方式，通过监测控制围岩的变形，便于发挥围岩自承能力的施工方法。新奥法施工的基本原则："少扰动、早喷锚、勤量测、紧封闭"。主要过程包括：开挖、喷锚（初期支护）、模筑混凝土（二次衬砌）、装饰四个。

（2）矿山法：是以木或钢构件作为临时支撑，待隧道开挖成型后，逐渐将临时支撑撤换，而代之以整体式厚衬砌作为永久性支护的施工方法。矿山法施工的基本原则："少扰动、早支撑、慎撤换、快衬砌"。主要过程包括：开挖、临时支撑、整体衬砌（二次支护）、装饰四个。

（3）明挖法：是指挖开地面，自上而下开挖至设计高程后，自基底由下而上顺序施工，完成隧道主体结构，最后回填基坑或恢复地面的施工方法。明洞和棚洞隧道都是采用明挖法施工的。通常有先墙后拱法、先拱后墙、拱墙交替法。

（4）盾构法：是将盾构机在地中推进，通过盾构外壳和管片支承四周围岩，防止发生往隧道内的坍塌，同时在开挖面前方用切削装置进行土体开挖，通过出土机械运出洞外，靠千斤顶在后部加压顶进，并拼装预制混凝土管片，形成隧道结构的一种机械化施工方法。一般适用于松软含水地层，或地下线路等设施埋深较深的情况，地铁修筑多采用盾构法。

3. 洞门施工

隧道开挖前，首先完成洞口截水沟、洞口土方及边仰坡防护施工。洞口土方采用挖掘机配合装载机自上而下分层施工，大型自卸汽车运输，并及时做好坡面防护，开挖一段（台阶）防护一段（台阶），洞口先做护拱混凝土，然后做超前大管棚，开始洞身开挖。定额选用路基截水沟、路基土方、边坡防护定额。

洞门墙的施工可以采用砌筑或现浇，定额选用[3-2-1]~[3-2-3]。

4. 洞身开挖与运输

洞身开挖与运输的常见施工方法包括人工开挖手推车运输、机械开挖轻轨斗车运输、机械开挖自卸汽车运输。其中前两种方法是针对矿山法施工，定额选用[3-1-1]、[3-1-2]；机械开挖自卸汽车运输是针对新奥法施工，定额选用[3-1-3]，运距超出洞外500m需要补充定额[1-1-11]。石质隧道施工均采用钻爆法开挖，出碴采用装载机配合大型或中型自卸汽车无轨运输。

5. 支护措施

土质隧道易坍塌，成洞困难，施工中常采用预加固、超前支护措施，如超前小导管、管棚等；石质隧道稳定性好，常采用喷锚支护；软岩隧道需要多采用超前支护、分部开挖、复合衬砌等措施。定额选用[3-1-4]~[3-1-10]。

6. 辅助设施

隧道内标志、信号、通风、照明等配电洞室施工，应由测量放样人员在开挖时标出准确位置，由钻工负责开挖好。风机预埋板、穿线管、接线盒应根据设计要求在二次衬砌前将其预埋在准确位置,为日后机电工程打下良好的基础。隧道内通风及消防安全定额选用见 [3-4-1]~[3-4-13];隧道内防水、排水设施、管线安装定额选用 [3-1-12]~[3-4-22]

三、定额应用要点

《预算定额》中"隧道工程"的章说明 8 条和节说明 21 条,在学习时应特别注意以下内容:

(1) 章说明第 1 条。本章定额按现行隧道设计、施工技术规范将围岩分为六级即 I 级~VI 级。

(2) 章说明第 4 条。洞内出渣运输定额已综合洞门外 500m 运距,当洞门外运距超过此运距时,可按照路基工程自卸汽车运输土石方的增运定额加计增运部分的费用。

(3) 第 1 节第 7 条。本定额中凡是按不同隧道长度编制的项目,均只编制到隧道长度在 4000m 以内。但隧道长度超过 4000m 时,应按以下规定计算:

1) 洞身开挖:以隧道长度 4000m 以内定额为基础,与隧道长度 4000m 以上每增加 1000m 定额叠加使用。

2) 正洞出渣运输:通过隧道进出口开挖正洞,以换算隧道长度套用相应的出渣定额计算。换算隧道长度计算公式为:

$$换算隧道长度 = 全隧长度 - 通过辅助坑道开挖正洞的长度$$

当换算隧道长度超过 4000m,以隧道长度 4000m 以内定额为基础,与隧道长度 4000m 以上每增加 1000m 定额叠加使用。

3) 通风、管线路定额,按正洞隧道长度综合编制,当隧道长度超过 4000m 时,以隧道长度 4000m 以内定额为基础,与隧道长度 4000m 以上每增加 1000m 定额叠加使用。

(4) 第 1 节第 11 条:洞身工程的工程量计算规则如下。

1) 本定额所指隧道长度均指隧道进出口(不含与隧道相连的明洞)洞门端墙面之间的距离,即两端墙面与路面的交线同路线中线交点间的距离。双线隧道按上、下行隧道长度的平均值计算。

2) 洞身开挖、出渣工程量按设计断面数量(成洞断面加衬砌断面)计算,包含洞身及所有附属洞室的数量,定额中已考虑超挖因素,不得将超挖数量计入工程量。

3) 现浇混凝土衬砌中浇筑、运输的工程数量,均按设计断面衬砌数量计算,包含洞身及所有附属洞室的衬砌数量。定额中已综合因超挖及预留变形需回填的混凝土数量,不得将上述因素的工程量计入计价工程量中。

四、定额应用示例

【例 18】 某隧道工程全长 1460m,设计开挖断面面积为 150m^2,开挖土石方数量为 221780m^3,其中IV级围岩 40%,V级围岩 60%,洞外出渣运距为 1500m,确定隧道洞身开挖的工料机消耗量。

解:(1) 根据工程内容,隧道洞身开挖包括洞身开挖、洞外运输两个环节。查目录可知:IV级围岩开挖自卸汽车运输工程对应的定额编号为 [200-3-1-3-10+41],V级围岩开挖自卸汽车运输对应的定额编号为 [200-3-1-3-11+41]。

(2) 定额调整:由于洞外出渣长度为 1500m,根据章说明第 4 条:洞内出渣运输定额已综合洞门外 500m 运距,当洞门外运距超过此运距时,可按照路基工程自卸汽车运输土石方的增运定额加计增运部分的费用,应补充路基工程自卸汽车运输定额[15-1-1-11-46],故每1000m³天然密实方土石,Ⅳ级围岩对应增运定额为:$1.38 \times (1500 - 500)/500 = 2.76$(台班)。洞身开挖定额的定额单位为100m³,增运定额调整:12t自卸汽车$2.76 \times 100/1000 = 0.276$(台班)。

(3) 每100m³天然密实方土石,Ⅳ级围岩对应定额为:

人工:	1		$57 + 7.9 = 64.9$(工日)
材料:	101	原木	0.022m³
	102	锯材	0.020m³

其他材料见定额表,不需调整

机械:	1102	气腿式凿岩机	3.56 台班
	1837	10m³/min 空压机	0.23 台班
	1838	20m³/min 空压机	1.13 台班
	1998	小型机具使用费	57.7 元
	1050	2m³以内装载机	0.35 台班
	1387	12t以内自卸汽车	$1.10 + 0.276 = 1.376$(台班)

每100m³天然密实方土石,Ⅴ级围岩对应定额为定额值,略。

(4) 实际预算定额值:

题目中给定的洞身开挖土石方数量221780m³,而计算洞身开挖工程量:$150 \times 1460 = 219000$m³,说明题目中给定的洞身开挖土石方数包含有超挖数量,根据第1节节说明第11条(2),超挖部分不能计价。因此Ⅳ级围岩的工程量为$219000 \times 40\% = 87600$m³,工程数量$= 87600/100 = 876$;Ⅴ级围岩的工程量为$219000 \times 60\% = 131400$m³,工程数量为$131400/100 = 1314$。

Ⅳ级围岩开挖工料机实际预算消耗量为:

人工:	1		$64.9 \times 876 = 56852.4$(工日)
材料:	101	原木	$0.022 \times 876 = 19.272$(m³)
	102	锯材	$0.020 \times 876 = 17.52$(m³)

其他材料类似处理。

机械:	1102	气腿式凿岩机	$3.56 \times 876 = 3118.56$(台班)
	1837	10m³/min 空压机	$0.23 \times 876 = 201.48$(台班)
	1838	20m³/min 空压机	$1.13 \times 876 = 989.88$(台班)
	1998	小型机具使用费	$57.7 \times 876 = 50545.2$(元)
	10502	m² 装载机	$0.35 \times 876 = 306.6$(台班)
	1387	12t 自卸汽车	$1.376 \times 876 = 1205.376$(台班)

Ⅳ级围岩开挖工料机消耗量为定额值乘以1314可得。

3.7 桥涵工程

桥涵是公路工程的重要构筑物,构件结构复杂,类型多,施工方法多样,是预算定额中内容最多,篇幅最长的一章,本章定额包括开挖基坑,围堰、筑岛及沉井工程,打桩工程,灌注桩工程、砌筑工程、现浇混凝土及钢筋混凝土、预制、安装混凝土及钢筋混凝土构件、构件运输、拱盔、支架工程、钢结构工程和杂项工程等共十一节，每节都包含若干条款的节说明，学习时应注意准确理解和正确运用。

一、桥涵分类与结构组成

1）桥梁按照受力结构划分：梁式桥、拱式桥、刚构桥、悬索桥、组合桥梁五类。

梁式桥：以梁作为承重结构以抗弯能力承受荷载。目前工程中常见的有箱梁、T梁。

拱式桥：以拱肋作为承重结构以抗压来承受荷载。一般外形美观，要求地基基础好。

刚构桥：由上部的受弯梁板结构和承压的下部柱墩整体刚性结合的承压结构，施工复杂，一般用于跨径不大的公路高架桥和立交桥等。

悬索桥：是以悬索为主要承重结构的桥梁，适合于建造大跨径的桥梁。

组合桥：如连续钢构、梁拱组合结构、斜拉桥等。

2）桥梁组成：五大件＋五小件，如图3-15所示。

五大件
- 桥跨结构：上部结构，跨越障碍，承受活载
- 支座系统：支承上部结构并传递荷载至桥梁墩台上，它应保证上部结构在荷载、温度变化或其他因素作用下的位移功能
- 桥墩：是在河中或岸上支承两侧桥跨上部结构的建筑物，传递上部结构荷载
- 桥台：设在河岸的两端，一端与路堤相接防止路堤滑塌，另一端则支承桥跨上部结构的端部。桥台的锥形护坡、挡土墙等保护桥台和路堤填土
- 墩台基础：是保证桥梁墩台安全并将荷载传至地基的结构

五小件
- 桥面铺装：铺装的平整、耐磨性、不翘曲、不渗水是保证行车舒适的关键
- 排水防水系统：应能迅速排除桥面积水，并使渗水的可能性降至最小限度
- 栏杆（或防撞栏杆）：它既是保证安全的构造措施，又是装饰件
- 伸缩缝：桥跨上部结构之间或桥跨上部结构与桥台端墙之间所设的缝隙，以保证结构的变位。为使行车顺适、不颠簸，桥面上要设置伸缩缝构造
- 灯光照明

图3-15 桥梁的组成

3）涵洞按照受力结构分为圆管涵、石拱涵、盖板涵、箱涵等，常见组成分为进口段、洞身段、出口段。

二、桥涵常见分项工程施工方法

1. 桥涵施工流程（图3-16）

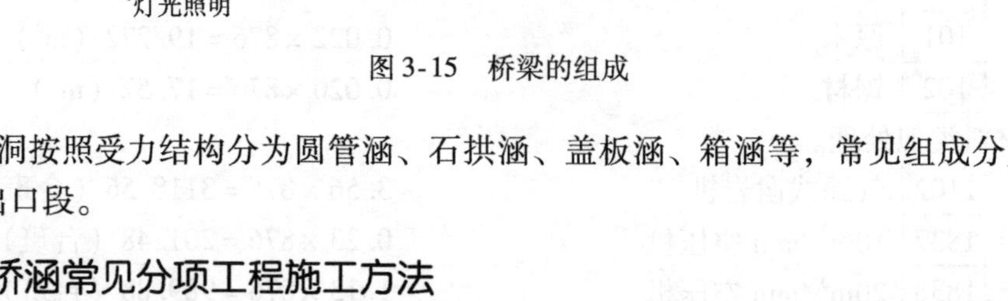

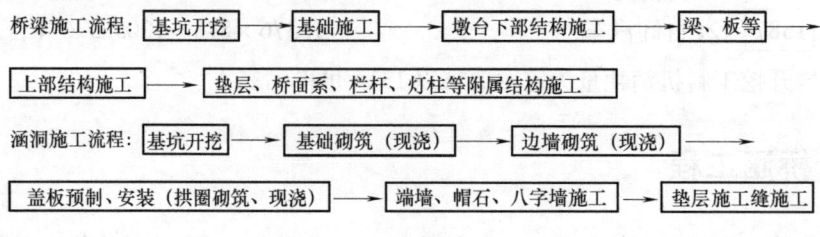

图3-16 桥涵施工流程

2. 基坑开挖

定额中基坑开挖方法包括人工开挖和机械开挖两种：一般小桥涵基础工程量不大的基坑，可采用人力开挖的方法；大、中桥涵基础工程，基坑深，开挖量不大的基坑，可采用机械开挖的方法，基坑的开挖按土方、石方、深度、干处或湿处等不同情况，分别统计其数量，并结合施工期内河床水位的高低，注意合理确定辅助工程如围堰的数量，基坑排水台班消耗标准，以及必须采取的技术安全措施等；了解挖基废方的远运等情况。以上各项均需按照实际情况，将所需费用计入工程造价内。

基坑开挖定额套用 [4-1-1]～[4-1-3]，若是基坑土远运则增加 [1-1-11]；若是湿处开挖需排水需要增加水泵台班数见第四章第一节的节说明第 11 条；若需修筑围堰增加 [4-2-1]～[4-2-6]。

3. 基础施工

桥梁基础包括扩大基础、桩基础、管柱基础、沉井基础、地下连续墙基础等。

扩大基础属于浅基础，施工常采用明挖法，定额选用包括开挖、排水、砌筑或浇筑，需要时还要辅助地基处理；定额选用 [4-1-1～3]、[4-5-1～3，4-5-7]、[4-6-1]。

桩基础分为沉入桩、钻孔灌注桩、挖孔桩等。其中钻孔灌注桩施工流程为安放护筒、挖孔、钢筋笼制作、混凝土浇筑等。若水中作业还需要修筑围堰或搭设工作平台，灌注桩施工定额选用 [4-4-1]～[4-4-9]；围堰定额见 [4-2-1]～[4-2-6]；沉入桩为安装预制桩或钢管桩，选用定额见 [4-3]。

沉井施工包括沉井制作、拼接、运输、下沉、填塞等工序，对应定额为 [4-2-7]～[4-2-10]。

地下连续墙包括成槽、安放钢筋笼、浇筑混凝土，作为基础开挖的支撑结构，对应定额为 [4-2-11]。

4. 桥梁下部结构施工

桥梁下部结构包括承台、墩台，墩台分为实体式墩台、柱式墩台、埋置式桥台、空心墩、Y 形墩、薄壁墩、悬索桥的索塔等。桥梁墩台多采用现浇混凝土的施工方法，对应定额选用 [4-6-1]～[4-6-7]，小跨径的墩台也可以采用砌筑的施工方法，对应定额选用 [4-5-1]～[4-5-7]，桥梁桩、墩台若采用预制的施工方法，对应定额选用 [4-7-1]～[4-7-3]。

5. 桥梁上部结构施工

桥梁上部结构主要是指桥梁的承重结构，常见的承重类型有板梁、T 梁、箱梁、拱圈、桁架、悬索等。上部结构的施工分为预制安装和现浇两大类。

1）预制施工工序包括预制场建设、构件预制（包括混凝土和钢筋）、构件运输、构件安装（起重机架设、跨墩龙门架、架桥机架设、悬臂拼装、顶推施工）等工作，构件预制和安装定额多选用 [4-7-9]～[4-7-26]，构件运输选用定额 [4-8-1]～[4-8-6]，预制场建设选用定额 [4-11-1]、[4-11-5]、[4-11-6]。

2）现浇施工包括固定支架法、逐孔现浇法（移动模架施工、悬臂挂篮施工等）、转体施工法、劲性骨架施工法，上部结构现浇定额选用 [4-6-8]～[4-6-12]。

3）支座是桥梁上部结构的支承部分，其作用是将上部结构的支承反力（包括竖向力、水平力）传递给桥梁墩台，并保证上部结构在荷载的作用和温度变化的影响下，具有设计要求的静力条件。支座有活动支座和固定支座两种，可用钢、橡胶或一定标号的钢筋混凝土制作，支座安装定额为 [4-7-30]。

6. 桥梁附属结构施工

桥梁附属结构包括桥面铺装、锥形护坡、桥头搭板、灯柱等。

1）桥面是供车辆和行人直接行走的部分，由三角垫层、防水混凝土或沥青混凝土面层、泄水管、伸缩缝等组成，对应定额为［4-6-13］、［2-2-17］、［2-2-19］或［2-2-10］～［2-1-14］。

2）桥头搭板是减缓桥头跳车的构件，常采用现浇施工，对应定额为［4-6-14］。其他锥坡填土、台背填筑、伸缩缝安装等定额均在［4-11-2］、［4-11-7］等。

7. 涵洞施工

涵洞施工包括开挖基坑、基础砌筑、翼墙砌筑、盖板预制与安装、伸缩缝处理等，如钢筋混凝土圆管涵施工常用定额为［4-1-3］（基坑开挖，需要增运另行增加运输）、［4-5-2-1］（进口段截水墙、铺砌砌筑）、［4-5-2-5］（八字墙墙砌筑）、［4-5-2-9］（锥坡砌筑）、［4-7-28-11］（帽石钢筋绑扎）、［4-7-28-2］（预制帽石）、［4-7-29-1］（安装帽石）、［4-7-4-2］（预制圆管涵混凝土）、［4-7-4-3］（预制圆管涵钢筋）、［4-7-4-4］、［4-7-5-4］（安装圆管涵）、［4-7-5-5］（现浇管座）、［4-11-5-2］（涵洞碎石垫层）、［4-11-5-6］（混凝土垫层）、［4-11-4］（防水层）、［4-11-7］（沥青麻絮伸缩缝），现浇箱涵定额为［4-6-7］、预制安装箱涵定额为［4-7-7］、［4-7-8］。

三、桥涵定额应用要点

《预算定额》中"桥涵工程"的章说明共 5 条，节说明 117 条，在学习时应特别注意以下内容：

1. 混凝土工程的定额施工规定

章说明第 1 条：（1）定额中混凝土强度等级均为按一般图样选用，其施工方法除小型构件采用人拌人捣外，其他均按机拌机捣计算。

（2）定额中混凝土工程除小型构件、大型预制构件底座、混凝土搅拌站安拆和钢桁架桥式码头项目中已考虑混凝土的拌和费用外，其他混凝土项目中均未考虑混凝土的拌和费用，应按混凝土拌和定额［4-11-11］另行计算。

（3）定额中混凝土均按露天养生考虑，如采用蒸汽养生时，应从各有关定额中扣减人工 1.5 个日及其他材料费 4 元，并按蒸汽养生有关定额计算。

（4）定额中混凝土工程均已包括操作范围内混凝土运输。现浇混凝土工程的混凝土平均运距超过 50m 时，可根据施工组织设计的混凝土平均运距，按第十一节杂项工程混凝土运输定额增列混凝土运输。

（5）定额中采用泵送混凝土的项目均已包括水平和向上垂直泵送所消耗的人工、机械，当水平泵送距离超过定额综合范围时，可按附表增列人工及机械消耗量。向上垂直泵送不得调整。

（6）施工中若将普通混凝土改为商品混凝土，则需要将普通混凝土的消耗量变为 0，同时增加商品混凝土，商品混凝土的消耗量除了要保持与普通混凝土的消耗量相等，同时还要考虑商品混凝土的运输损耗（经验调整：商品混凝土运输损耗大可以考虑介于泵送混凝土与普通混凝土之间，每立方米损耗率按 2.0% 计算）；另外还要扣掉原普通混凝土的水泥、碎石、中粗砂、搅拌用水量（用商品混凝土代替普通混凝土，无须再搅拌），搅拌用水量是按照水灰比计算的（一般取水灰比为0.4~0.5左右）。

2. Ⅰ、Ⅱ级钢筋定额消耗的区分

一般的工程量清单中都按国际惯例将钢筋分为Ⅰ级钢筋和Ⅱ级钢筋，而定额中是合在一起的，没有按Ⅰ、Ⅱ级钢筋分开，在套用这样的定额时就要做一些技术处理。现举现浇简支T梁上部构造钢筋为例，确定Ⅰ、Ⅱ级钢筋的定额消耗，见表3-10。

表3-10 Ⅰ、Ⅱ级钢筋的定额消耗

序号	项目	单位	代号	原钢筋 定额消耗	Ⅰ级钢调整后定额消耗	Ⅱ级钢调整后定额消耗
4	Ⅰ级钢筋	T	16	0.205	1.025	0.00
5	Ⅱ级钢筋	T	17	0.820	0.00	1.025
8	电焊条	kg	42	0.9	0.00	1.125
12	20-22号铁丝	kg	154	5.1	5.1	5.1
21	30kVA以内交流电焊机	台班	866	0.41	0.00	0.513
22	150kVA以内交流电焊机	台班	880	0.29	0.00	0.363
23	小型机具使用费	元	998	14.4	14.4	14.4
24	基价	元	999	1.994		

说明：交通部颁布的《公路工程预算定额》中，大部分定额工料机的消耗量是比较稳定的，如表Ⅰ中的钢筋定额，每吨钢筋考虑加工损耗以后，其定额的消耗量为1.025t，损耗为2.5%。所以，无论是计算Ⅰ级钢筋还是计算Ⅱ级钢筋，其单位定额消耗量都应该是1.025t。

在定额中，我们根据专业知识可以得出判断，电焊条消耗量、电焊机的台班消耗量均是针对Ⅱ级钢筋发生的，Ⅰ级钢筋是不用电焊或对焊的。因此，我们在计算Ⅰ级钢筋时就要将其消耗去掉，而在计算Ⅱ级钢筋时则要加上。如对于Ⅱ级钢筋消耗的30kVA以内交流电焊机台班的计算式为：(0.41/0.82)×0.205+0.41=0.513。显然，在定额中的20-22号铁丝和小型机具使用费，即是针对Ⅰ级钢筋的，也是针对Ⅱ级钢筋的。

3. 工程量计算一般规则

章说明第五条：

（1）现浇混凝土、预制混凝土、构件安装的工程量为构筑物或预制构件的实际体积，不包括其中空心部分的体积，钢筋混凝土项目的工程量不扣除钢筋（钢丝、钢绞线）、预埋件和预留孔道所占的体积。

（2）构件安装额中在括号内所列的构件体积数量，表示安装时需要备制的构件数量。

（3）钢筋工程量为钢筋的设计质量，定额中已计入施工操作损耗，一般钢筋因接长所需增加的钢筋质量已包括在定额中，不得将这部分质量计入钢筋设计重量内。但对于某些特殊的工程，必须在施工现场分段施工采用搭接接长时，其搭接长度的钢筋质量未包括在定额中，应在钢筋的设计质量内计算。

4. 各分项工程的增运运距处理规定

第1节说明第2条：开挖基坑土、石方运输按弃于坑外10m范围内考虑，如坑上水平

运距超过 10m 时，另按土石方增运定额计算。

第 2 节说明第 2 条：草土、草（麻）袋、竹笼、木笼铁丝围堰定额中已包括 50m 以内人工挖运土方的工日数量，定额中括号内所列"土"的数量不计价，仅限于取土运距超过 50m 时，按人工挖运土方的增运定额，增加运输用工。

第 8 节说明第 1 条：构件运输中，各种运输距离以 10m、50m、1km 为计算单位，不足第一个 10m、50m、1km 者，均按 10m、50m、1km 计，超过第一个定额运距单位时，其运距尾数不足一个定额单位的半数时不计，超过半数时按一个定额运距单位计算。

5. 辅助设备的定额规定

第 1 节说明第 4 条：电动卷扬机配抓斗及人工开挖配卷扬机吊运基坑土、石方定额中，已包括移动摇头扒杆用工，但摇头扒杆的配置数量应根据工程需要按吊装设备定额另行计算。

6. 基坑排水台班的补充

第 1 节说明第 1 条：干处挖基指开挖无地面及地下水位以上部分的土壤，湿处挖基指开挖在施工水位以下部分的土壤。挖基坑石方、淤泥、流沙不分干处、湿处均采用同一定额。

第 1 节说明第 9 条：挖基定额中未包括水泵台班，挖基及基础、墩台修筑需要的水泵台班按"基坑水泵台班消耗"表的规定计算，并计入挖基项目中。

第 1 节说明第 11 条：基坑水泵台班消耗，可根据覆盖层土壤类别和施工水位高度采用表列数值计算：

（1）墩（台）基坑水泵台班消耗 = 湿处挖基工程量 × 挖基水泵台班 + 墩（台）座数 × 修筑水泵台班。

（2）基坑水泵台班消耗表中水位高度栏中"地下水"适用于岸滩湿处的挖基，水位高度指施工水位至坑底的高度，其工程量应为施工水位以下的湿处挖基工程数量，施工水位至坑顶部分的挖基，应按干处挖基对待，不计水泵台班。

（3）表列水泵台班均为 $\phi 150mm$ 水泵。

7. 拱盔、支架的工程计量规定

第 9 节说明第 1 条：桥梁拱盔、木支架及简单支架均按有效宽度 8.5m 计，钢支架按有效宽度 12.0m 计，如实际宽度与定额不同时可按比例换算。

第 9 节说明第 8 条：涵洞拱盔支架、板涵支架定额单位的水平投影面积为涵洞长度乘以净跨径。

第 9 节说明第 9 条：桥梁拱盔定额单位的立面积系指起拱线以上的弓形侧面积，其工程量按下式（表）计算：$F = K(表列系数) \times (净跨径)^2$。

第 9 节说明第 10 条：桥梁支架定额单位的立面积为桥梁净跨径乘以高度，拱桥高度为起拱线以下至地面的高度，梁式桥高度为墩、台帽顶至地面的高度，这里的地面指支架地梁的底面。

第 9 节说明第 12 条：钢管支架定额指采用直径大于 30cm 的钢管作为立柱，在立柱上采用金属构件搭设水平支撑平台的支架，其中下部指立柱顶面以下部分，上部指立柱顶面以上部分。下部工程量按立柱重量计算，上部工程按支架水平投影面积计算。

其他部分说明和表后附注自行阅读。

四、定额应用示例

【例19】 某桥梁的草袋围堰工程，装草袋的土人工挑抬运距220m，围堰高2.2m。确定该工程的预算定额和基价。

解：（1）根据分项工程内容，查目录可知：该工程对应的定额编号为［287-4-2-2-6］。

（2）根据第2节说明第2条，草土、草（麻）袋、竹笼、木笼铁丝围堰定额中已包括50m以内人工挖运土方的工日数量，取土运距超过50m时，按人工挖运土方的增运定额，增加运输用工。应补充人工挖运的增运定额［9-1-1-6-4］：

每1000m³ 天然密实方：人工 ｜1｜ 18.2×(220−50)/10=309.4（工日）

因此，每10m围堰的预算定额为：

人工： ｜1｜ 38.8+309.4×68.41/1000（定额单位不同的换算）=59.97（工日）
材料： ｜819｜ 草袋 1139个
｜895｜ 土 （68.41m³）（计量不计价）（注：每10m围堰用土68.41m³）

（3）基价调整

当项目中定额值被调整时，其基价也应做相应调整。

基价=3150+增列超距运输基价=3150+895×(220−50)/10×6841/1000=3150+1041=4191（元）

【例20】 试确定浇筑C25水泥混凝土搭板预算定额。

解：（1）根据分项工程内容，查目录可知：该工程定额编号为［507-4-6-14-1］，

（2）定额调整：

1）由于定额所列混凝土强度等级C30与设计强度等级C25不符，故混凝土材料定额值应予以调整抽换。但混凝土设计强度等级为C25时，每10m³实体所需混凝土数量仍为10.2m³。根据P995基本定额（二）中混凝土配合比表知：每立方米（碎石最大粒径为4cm）的C25普通混凝土需要32.5号水泥335kg；中（粗）砂0.48m³；碎石0.83m³。

因此每10m³实体需C25混凝土的材料定额抽换值（即采用值）为：

｜832｜ 32.5号水泥：0.335×10.2=3.417（t）
｜899｜ 中（粗）砂：0.48×10.2=4.896（m³）
｜952｜ 碎石（4cm）：0.83×10.2=8.47（m³）

2）按P269章说明第一条（2），应增加混凝土拌和费用，定额为［699-4-11-11-11］，

每100m³混凝土：

机械： ｜1003｜ 75kW推土机： 0.42台班
｜1048｜ 1.0m³装载机： 0.42台班
｜1325｜ 40m³/h混凝土拌合站： 0.49台班

定额中需要拌和10.2m³混凝土：

机械： ｜1003｜ 75kW推土机： 0.42×10.2/100=0.0431（台班）
｜1048｜ 1.0m³装载机： 0.42×10.2/100=0.0431（台班）
｜1325｜ 40m³/h混凝土拌合站： 0.49×10.2/100=0.050（台班）

3) 每 $10m^3$ 实体的预算定额：

	编号	项目	数量
人工：	1	人工：	13.2 工日
材料：	101	原木：	$0.001m^3$
	102	锯材：	$0.003m^3$
	182	型钢：	0.006t
	272	组合钢模板：	0.008t
	651	铁件：	1.8kg
	832	32.5 号水泥：	3.417t
	866	水：	$12m^3$
	899	中（粗）砂：	$4.896m^3$
	952	碎石（4cm）：	$8.47m^3$
	996	其他材料费：	23.2 元
机械：	1408	1t 以内机动翻斗车：	0.89 台班
	1998	小型机具使用费：	14.1 元
	1003	7.5kW 推土机：	0.043 台班
	1048	$1.0m^3$ 装载机：	0.043 台班
	1325	$40m^3/h$ 混凝土拌和物：	0.050 台班

【例 21】 确定预制 3-25m 双曲拱桥 C30 钢筋混凝土拱肋（共计 $120m^3$ 混凝土，Ⅰ级钢筋 15t，Ⅱ级钢筋 25t）的预算定额。已知：碎石 $D\max=40mm$，42.5 号水泥，人拌人捣现浇混凝土，蒸汽养生。

解：(1) 根据分项工程内容，查目录可知：该工程对应的定额编号为［573-4-7-22-1］（混凝土工程）、［573-4-7-22-6］（钢筋工程）。

(2) 定额调整。

根据章说明第 1 条的混凝土施工条件，结合本题目实际工作条件，应进行如下调整：

1) 人拌人捣，不抽换。

2) 应补充蒸汽养生的定额［693-4-11-8-2］：

每 $10m^3$ 构件消耗：		编号	项目	数量
	人工：	1		8.1 工日
	材料：	996	其他材料费	18.8 元
	机械：	1499	卷扬机	0.71 台班
		1848	工业锅炉	1.70 台班

3) 蒸汽养生从定额中减 1.5 工日，其他材料费减 4 元。

人工：	1		39.8 - 1.5 = 38.3（工日）
材料：	996	其他材料费	28.2 - 4 = 24.2（元）

4) 定额中采用 C25 混凝土，而设计为 C30 混凝土，应按总说明九条进行定额抽换。抽换依据见 P995 附录二基本定额的（二）2、混凝土配合比表，最大粒径为 40mm（P1011 的 23 栏），每立方米 C30 混凝土需 42.5 号水泥 355kg，中砂 $0.46m^3$，碎石 $0.84m^3$。又根据 P1014 表后附注 2：当采用人工捣固时，每立方米混凝土应增加水泥用量 25kg。所以，每立方米 C30 号混凝土的 42.5 号水泥（355 + 25）kg = 380kg，中砂 $0.46m^3$，碎石 $0.84m^3$。而由

定额 [573-4-7-22-1] 序号 4 可知，10m³ 实体中共需混凝土 10.10m³，所以各相应材料调整用量：42.5 号水泥 = 10.10 × 380kg = 3838kg = 3.84t；中砂 = 10.10 × 0.46m³ = 4.65m³；碎石 = 10.10 × 0.84m³ = 8.48m³。

5) 同上题增加拌和定额 [699-4-11-11-11]，每 100m³ 混凝土：

机械：	1003	7.5kW 推土机	0.42 台班
	1048	1.0m³ 装载机	0.42 台班
	1325	40m³/h 混凝土拌和料	0.49 台班

(3) 每预制 10m³ 钢筋混凝土拱肋实体的混凝土（含蒸汽养生）预算定额为：

人工：	1		38.3 + 8.1 = 46.4（工日）
材料：	102	锯材	0.575m³
	651	铁件	11kg
	653	铁钉	6.6kg
	666	铁皮	14kg
	833	42.5 号水泥	3.84t
	866	水	16m³
	899	中砂	4.65m³
	952	碎石	8.48m³
	996	其他材料费	24.2 + 18.8 = 43（元）
机械：	1499	卷扬机	0.71 台班
	1848	工业锅炉	1.7 台班
	1003	75kW 推土机	0.42 × 10.1/100 = 0.042 台班
	1048	1.0m³ 装载机	0.42 × 10.1/100 = 0.042 台班
	1325	40m³/h 混凝土拌和物	0.49 × 10.1/100 = 0.049 台班
	1998	小型机具使用费	16.5 元

(4) 预制拱肋钢筋工作，每 1t Ⅰ 级钢筋的预算定额为：

人工：	1		7.28 工日
材料：	111	光圆钢筋	1.025t（仅考虑 Ⅰ 级钢筋时的抽换）
	112	带肋钢筋	0t
	656	20～22 号铁丝	3.2kg
机械：	1998	小型机具使用费	19.2 元

预制拱肋 1t Ⅱ 级钢筋工作的预算定额为：

人工：	1		7.2 工日
材料：	111	光圆钢筋	0t（仅考虑 Ⅱ 级钢筋时的抽换）
	112	带肋钢筋	1.025t
	231	电焊条	3.1kg
	656	20～22 号铁丝	3.2kg
机械：	1726	电焊机	0.58 台班
	1998	小型机具使用费	19.2 元

【注】 3、4 分项不能累加，二者的定额单位不一致。

(5) 预制 120m³ 钢筋混凝土拱肋实体的混凝土（含蒸汽养生）实际消耗量为：
混凝土工程数量 = 120/10 = 12

人工：	1		46.4 × 12 = 556.8（工日）
材料：	102	锯材	0.575 × 12 = 6.9（m³）
	651	铁件	11 × 12 = 132（kg）
	653	铁钉	6.6 × 12 = 79.2（kg）
	666	铁皮	14 × 12 = 168（kg）
	833	42.5级水泥	3.84 × 12 = 46.1（t）
	866	水	16 × 12 = 192（m³）
	899	中砂	4.65 × 12 = 55.8（m³）
	952	碎石	8.48 × 12 = 101.76（m³）
	996	其他材料费	43 × 12 = 516（元）
机械：	1499	卷扬机	0.71 × 12 = 8.52（台班）
	1848	工业锅炉	1.7 × 12 = 20.4（台班）
	1003	75kW 推土机	0.42 × 12 = 0.504 台班
	1048	1.0m³ 装载机	0.42 × 12 = 0.504 台班
	1325	40m³/h 混凝土拌和物	0.49 × 12 = 0.588 台班
	1998	小型机具使用费	16.5 × 12 = 198（元）

(6) Ⅰ级钢筋 15t，Ⅱ级钢筋 25t，则Ⅰ级钢筋工程数量 = 15/1 = 15，Ⅱ级钢筋工程数量 = 25/1 = 25。

预制拱肋Ⅰ级钢筋工作的消耗量为：

人工：	1		7.2 × 15 = 108（工日）
材料：	111	光圆钢筋	1.025 × 15 = 15.375（t）
	656	20~22 号铁丝	3.2 × 15 = 54（kg）
机械：	1998	小型机具使用费	19.2 × 15 = 288（元）

预制拱肋Ⅱ级钢筋工作的消耗量为：

人工：	1		7.2 × 25 = 180（工日）
材料：	112	带肋钢筋	1.025 × 25 = 25.625（t）
	231	电焊条	3.1 × 25 = 77.5（kg）
	656	20~22 号铁丝	3.2 × 25 = 80（kg）
机械：	1726	电焊机	0.58 × 25 = 14.5（台班）
	1998	小型机具使用费	19.2 × 25 = 480（元）

【例 22】 某河中桥墩挖基工程，施工地面水位深 1m，确定人工挖基，摇头扒杆卷扬机吊运普通土的预算定额。

解：(1) 根据分项工程内容，查目录可知：人工挖基摇头扒杆卷扬机吊运普通土对应

的定额编号为 [277-4-1-2-2]。

（2）定额调整：

1）对照"工作内容"，缺少隐含的"排水"环节，根据第1节节说明第9条，挖基定额中未包括水泵台班。挖基及基础、墩台修筑所需的水泵台班按基坑水泵台班消耗表的规定计算。应补充基坑水泵排水的定额 P274 附表，确定每 10m³ 墩台基础开挖的排水水泵定额为：

　　　　　1653　　φ150mm 水泵　　0.11 台班

2）对照"工作内容"，缺少"扒杆"制作，根据第一节节说明第4条，电动卷扬机配抓斗及人工开挖配卷扬机吊运基坑土、石方定额中，已包括移动摇头扒杆用工，但摇头扒杆的配置数量应根据工程需要按吊装设备定额另行计算，应补充定额 [605-4-7-33-3]。

（3）每 1000m³ 桥墩基础开挖的预算定额为：

人工：　1　　　　　　　　　593.8 工日
机械：　1499　卷扬机　　　13.28 台班
　　　　1653　φ150mm 水泵　0.11×1000/10 = 11（台班）（定额单位不同换算）

补充：每 1 个摇头扒杆制作的预算定额为：

人工：　1　　　　　　　　　22.7 工日
材料：　101　原木　　　　　1.316m³
　　　　221　钢丝绳　　　　0.020t
　　　　……
机械：　1499　卷扬机　　　2.4 台班
机械：　1998　小型机具使用费　5.5 元

【例23】　某 3 孔跨径为 30m 的混凝土拱桥，拱盔宽 18m，拱矢比为 1/5，起拱线至地面的高度为 10m，制备 1 孔满堂式木拱盔和支架，试确定该桥的拱盔立面积、支架立面积和拱盔的预算定额。

解：（1）拱盔立面积（1 孔）：

根据《公路工程预算定额》第四章"桥涵工程"第9节节说明第9条：桥梁拱盔定额单位的立面积系指起拱线以上的弓形侧面积，其工程量按下式（表）计算：$F = K \times$（净跨径）^{2}，K 由 P629 附表查得为 0.138，故：$F = 1$（孔）$\times 0.138 \times 30^2 = 124.2$（m²）。

（2）支架立面积（1 孔）：

根据"桥涵工程"第9节节说明第10条：桥梁支架定额单位的立面积为桥梁净跨径乘以高度，拱桥高度为起拱线以下至地面的高度，梁式桥高度为墩、台帽顶至地面的高度，这里的地面指支架地梁的底面。故：$F = 1$（孔）$\times 30 \times 10 = 300$（m²）。

（3）根据分项工程内容，满堂式木拱盔制作对应的定额编号为 [631-4-9-2-3]。

（4）定额调整：

1）根据第9节节说明第1条：桥梁拱盔、木支架及简单支架均按有效宽度 8.5m 计，钢支架按有效宽度 12.0m 计，如实际宽度与定额不同时，可按比例换算。故每 10m² 立面满堂式木拱盔的定额值为：

人工:	1		37.9×18/8.5=80.26（工日）
材料:	101	原木	0.954×18/8.5=2.020（m³）
	102	锯材	0.566×18/8.5=1.199（m³）
	651	铁件	35×18/8.5=74.12（kg）
	653	铁钉	0.9×18/8.5=1.91（kg）
机械:	848	木工圆锯机	0.83×18/8.5=1.76（台班）
	1998	小型机具使用费	18.4×18/8.5=38.96（元）

2）由已知条件知，拱盔的实际周转次数是 3 次，由 P1024 的附录三（一）-1，查得制作木拱盔的各类周转性材料的规定周转次数是：木料 5 次，铁件 5 次，铁钉 4 次。故应对定额值进行抽换 $E_1=E×K$。$K=n/n_1$；E_1：实际周转次数的周转性材料定额；E：定额规定的周转性材料定额；K：换算系数；n：定额规定的材料周转次数，n_1：实际的材料周转次数。

则实际材料定额应抽换为：原木 = 2.020×5/3 = 3.367（m³）

锯材 = 1.199×5/3 = 1.998（m³）

铁件 = 74.12×5/3 = 123.53（kg）

铁钉 = 1.91×4/3 = 2.54（kg）

（5）制备 1 孔满堂式木拱盔的消耗量为：

工程量 = 124.2/10 = 12.42

人工:	1		80.26×124.2/10=996.83（工日）
材料:	101	原木	3.367×124.2/10=41.82（m³）
	102	锯材	1.998×124.2/10=24.82（m³）
	651	铁件	123.53×124.2/10=1534.24（kg）
	653	铁钉	2.54×124.2/10=31.56（kg）
机械:	848	木工圆锯机	1.76×124.2/10=21.86（台班）
	1998	小型机具使用费	38.96×124.2/10=483.88（元）

制备 1 孔支架的消耗量步骤同上，本题略。

五、综合应用案例

【例 24】 某平原区高速公路，新建预应力连续梁桥 1 座，上部结构采用 40m×9（孔）预制 T 梁，每孔 14 片梁，梁高 2.4m，梁宽 1.6m，梁底宽 50cm，每片梁用混凝土 25m³，T 梁预制周期为 8 天，计划预制和安装的总工期为 8 个月；基础采用灌注桩：其中每个桥墩处采用直径 1.8m、孔深 40m 的桩 6 根，水中施工水深 5m，桥台处采用直径 1.5m、孔深 40m 的桩共 8 根，干处施工，砂土层平均厚 10m，黏土层平均厚度 30m。请列出该桥梁上部构造和基础工程相关的施工图预算定额的名称、单位、定额编号、工程数量、定额调整。

（1）预制底座：

预制 T 梁数量 = 14×9（孔）= 126（片）

8 天出 1 片梁，因考虑安装需要 1 个月，所以预制工期为 7 个月，预制需要底座数量 =

$126 \times 8/210 = 4.8$（个），即预制底座数量不少于 5 个。

根据 P679 "桥涵工程" 第 11 节节说明第 2 条：1 个底座面积 $= (40 + 2) \times (0.5 + 1) = 63(m^2)$。总的底座面积 $= 5 \times 63 = 315(m^2)$。

（2）T 梁施工：

$$T 梁混凝土工程量 = 126 \times 25 = 3150(m^3)$$

与 T 梁预制相关的辅助工作还包括预制场的场地平整、T 梁的运输（如跨墩龙门架）、T 梁的架设（如架桥机）、临时轨道等。本题目暂不计算辅助工程量。

（3）灌注桩钢护筒数量计算：

根据 P340 "桥涵工程" 第 4 节节说明第 11 条说明：

拟定 1.5m 桩护筒平均长 2.5m，考虑周转需要 4 个，护筒重量 $= 2.5m/根 \times 4 \times 289.3 kg/m = 2.893 t$。

拟定 1.8m 桩护筒平均长 8m（考虑水深 5m），考虑周转需要 12 个：$8m/根 \times 12 \times 415.2 kg/m$（内插法得到）$= 39.96 t$。

（4）灌注桩工程量：

$$混凝土工程量 = (1.8/2)^2 \times \pi \times 40 \times 48 + (1.5/2)^2 \times \pi \times 40 \times 8 = 4885.82 + 565.49$$
$$= 5451.31(m^3)$$

该桥梁上部构造和基础工程相关的施工图预算定额的名称、单位、定额编号、工程数量、定额调整见表 3-11。

表 3-11 桥梁基础定额表

项目	细目	定额代号	定额单位	工程数量	调整
灌注桩	1.5m 桩径灌注桩成孔（砂土）	359-4-4-5-41	10m	8	
	1.5m 桩径灌注桩成孔（黏土）	359-4-4-5-42	10m	24	
	1.8m 桩径灌注桩成孔（砂土）	359-4-4-5-273	10m	48	×0.89 桩径不同
	1.8m 桩径灌注桩成孔（黏土）	359-4-4-5-274	10m	144	×0.89 桩径不同
	灌注桩混凝土浇筑	429-4-4-7-15	10m³	56.55	
	灌注桩混凝土浇筑	429-4-4-7-18	10m³	488.58	
	灌注桩钢筋	432-4-4-7-22	1t	待定	
	钢护筒埋设（干处）	433-4-4-8-7	1t	2.893	
	钢护筒埋设（湿处）	433-4-4-8-8	1t	39.96	
	施工平台搭建	436-4-4-9-1	100m²	待定	
	水上泥浆循环系统	708-4-11-14-1	1套	待定	

（续）

项 目	细 目	定额代号	定额单位	工程数量	调 整
预制安装T梁	T梁预制	539-4-7-14-2	10m³	315	
	T梁预应力钢绞线	567-4-7-20-29	1t	待定	+4-7-20-30
	T梁安装	541-4-7-14-7	10m³	315	
	现浇湿接缝	541-4-7-14-8	10m³	按图纸确定	
	现浇横隔板	541-4-7-14-13	10m³	按图纸确定	
	双导梁	599-4-7-31-2	10t	按施工组织确定	
	预制场龙门吊	599-4-7-31-3	10t	按施工组织确定	
	预制底座（假定厚度1m）	697-4-11-9-1	10m²	31.5	
构件运输	轨道运输（第一个50m）	614-4-8-2-21	100m³	按施工组织确定	
临时轨道	临时轨道安设	950-7-1-4-3		按施工组织确定	
预制场、拌和站	预制场场地平整压实	681-4-11-1-2	1000m²	按场地布置需要	
	场地碎石垫层	685-4-11-5-2	1000m²	按场地布置需要	
	拌和站安拆	700-4-11-11-8	1座	1	
	混凝土搅拌	702-4-11-11-12	100m³	54.51+3.15+31.5	×1.01
	混凝土运输	704-4-11-11-20	100m³	54.51+3.15+31.5	×1.01

【例25】 教材项目案例：新建1道钢筋混凝土盖板涵，标准跨径4.0m，涵高3.0m，涵长42.00m，进口形式为边沟跌井，出口形式为八字墙，其施工图预算工程量统计见表3-12。

表3-12 盖板涵工程量统计表

桩 号	涵型	涵长/m	洞 身						
			盖板			帽石	铺砌	台身	基础
			钢筋/t	混凝土/m³		C25混凝土/m³	M7.5浆砌片石涵底/m³	C20片石混凝土/m³	C20片石混凝土/m³
				C30混凝土/m³	锚栓/kg				
K12+641.9	1-4.0×3.0	42.00	0.845	12.66	0.77	5.95	19.2	100.5	45.61

(续)

洞口				抹面	涵底铺砌	沥青麻絮沉降缝 /m	回填 /m	挖基土方 /m³
八字墙身	八字墙基	截水墙	洞口铺砌	水泥砂浆 /m²	砂砾垫层 /m³			
M7.5 浆砌片石/m³								
12.43	8.87	1.37	3.2	22	6.4	74.9	23.7	420

请用表格列出该盖板涵相关的施工图预算定额的名称、单位、定额编号、工程数量、定额调整见表 3-13。

解：

表 3-13　盖板涵定额表

顺序号	项目	定额	定额单位	工程量	定额调整
1	基坑开挖	278-4-1-3-3	1000m³	0.42	根据运距增加增运定额
2	砂砾垫层	685-4-11-5-1	10m³	0.64	
3	基础、截水墙、铺砌	440-4-5-2-1	10m³	1.344	工程量累加
4	八字墙墙身与基础	440-4-5-2-5	10m³	1.243	
5	水泥砂浆抹面	686-4-11-6-17	100m²	0.22	
6	涵底及洞口铺砌	440-4-5-3-9	10m³	2.24	M5 换 M7.5
7	台身基础	452-4-6-1-3	10m³	4.56	C15 换 C20
8	台身混凝土	457-4-6-2-4	10m³	10.05	C15 换 C20
9	预制矩形板（跨径4m以内）	526-4-7-9-1	10m³ 实体	1.266	
10	矩形板钢筋	526-4-7-9-3	1t	0.845	
11	锚栓钢筋	480-4-6-4-14	1t	0.77	
12	汽车式起重机运输构件	618-4-8-3-7	100m³ 实体	0.126	
13	起重机安装矩形板	530-4-7-10-2	10m³ 实体	1.266	
14	帽石混凝土	477-4-6-3-2	10m³	0.595	C30 换 C25
15	沉降缝	689-4-11-7-13	1m²	7.49	沉降缝深度按10cm计入
16	混凝土拌和	699-4-11-11-1	10m³	11.316	

3.8　防护工程

防护工程是公路工程的重要构筑物，路基防护工程包括挡土墙、护岸、护坡等构造。学习时应注意正确运用定额。

一、定额应用要点

《预算定额》中"防护工程"的章说明共8条，在学习时应特别注意以下内容：

(1) 章说明第 1 条：本章定额中未列出的其他结构形式的砌石防护工程，需要时按桥涵工程项目的有关定额计算。

(2) 章说明第 2 条：本章定额中除已注明者外，均不包括挖基、基础垫层的工程内容，需要时按桥涵工程项目的有关定额计算。

(3) 工程量计量规则：

章说明第 8 条：

1）铺草皮工程量按所铺边坡的坡面面积计算。

2）护坡定额中以 $100m^2$ 或 $1000m^2$ 为计量单位的子目的工程量按设计需要防护的边坡坡面面积计算。

3）木笼、竹笼、铁丝笼填石护坡的工程量按填石体积计算。

4）本章定额砌筑工程的工程量为砌体的实际体积，包括构成砌体的砂浆体积。

5）本章定额预制混凝土构件的工程量为预制构件的实际体积，不包括预制构件中空心部分的体积。

6）预应力锚索的工程量为锚索（钢绞线）长度与工作长度的质量之和。

7）抗滑桩挖孔工程按护壁外缘所包围的面积乘设计孔深计算。

二、定额应用示例

【例 26】 某浆砌块石挡土墙工程，设计采用 10 号水泥砂浆，42.5 级水泥，试确定挡土墙砌筑的预算定额。

解：(1) 根据工程内容，本项目应划分为挡土墙基础砌筑和墙身砌筑两个子目。查目录可知：挡土墙基础砌筑对应的定额编号为 [748-5-1-15-6]，挡土墙墙身砌筑对应的定额编号为 [748-5-1-15-8]。

(2) 由定额表可知，砌筑需 M5 水泥砂浆，而设计采用 10 号水泥砂浆（42.5 级水泥），其强度等级不同，对其组成原材料 32.5 级水泥和中粗砂应抽换。抽换依据见 P995 附录二基本定额的（二）1、砂浆配合比表（P1009 的 3 栏），每 $1m^3$ 10 号水泥砂浆需 32.5 级水泥 311kg，中砂 $1.07m^3$，42.5 级水泥不予抽换。

(3) 砌筑基础定额中，每 $10m^3$ 实体需 M5 水泥砂浆 $2.7m^3$，即需 10 号水泥砂浆 $2.7m^3$，需 42.5 级水泥 $2.7 \times 311kg = 839.7kg = 0.840t$，中（粗）砂 $2.7 \times 1.07 = 2.889$（m^3）。

则基础砌筑每 $10m^3$ 实体的定额为：

人工：	1		8.1 工日
材料：	833	42.5 级水泥	0.840t
	866	水	$7m^3$
	899	中（粗）砂	$2.889m^3$
	911	黏土	$0.03m^3$
	981	块石	$10.5m^3$
	996	其他材料费	2.3 元

(4) 砌筑墙身定额中，每 $10m^3$ 实体砌筑需 M5 水泥砂浆 $2.7m^3$，勾缝用 10 号水泥砂浆 $0.04m^3$，共需砂浆 $2.74m^3$。即 10 号水泥砂浆应抽换为 $2.74m^3$，需 42.5 级水泥 $2.74 \times 311kg =$

852.14kg = 0.852t，中（粗）砂 2.74×1.07 = 2.932(m³)。故每 10m³ 实体的定额为：

人工：	1	14.2 工日
材料：	101	原木　　　　　　　　0.03m³
	……	
	833	42.5 级水泥　　　　　0.852t
	866	水　　　　　　　　　7m³
	899	中（粗）砂　　　　　2.932m³
	……	

其他材料用量同定额值，不变。

3.9 交通工程及沿线设施

公路工程的"交通工程及沿线设施"主要包括沿线安全设施、监控收费系统、通信系统、供电照明系统、光缆电缆敷设、配线及接地工程、绿化工程等安装工程。随着人们对道路服务功能要求的提高，所需沿线设施在公路工程中占有一定比例。学习时应注意正确运用定额。

一、定额应用要点

《预算定额》中交通工程及沿线设施的章说明共 4 条，在学习时应特别注意以下内容：

（1）章说明第 1 条：本章定额包括交通安全设施、服务设施和管理设施等项目。

（2）各节说明中均包括本节的子项项目、工程量的计量规则等，在定额使用时应仔细阅读。

（3）定额表的重要"附注"，如表 6-1-5 的"注"：

1）中间带的绿化，可按设计另行计算；填土如需远运时，可按"路基工程"项目的土方运输定额另行计算。

2）隔离墩上如不安装钢管栏杆或防眩板时，应在钢筋子目中扣除人工 4 工日，钢板 0.081t，电焊条 7.7kg，30kVA 交流电焊机 2.3 台班。

其他内容自行阅读。

二、定额应用示例

【例 27】 某高速公路隔离栅工程，设计为钢筋混凝土柱上挂刺铁丝网形式，柱距为 2m，确定该工程的预算定额。

分析：本隔离栅工程项目应包括钢筋混凝土立柱安装和网面编织两个工序，分混凝土、钢筋、刺铁丝三个子目。因各子目的定额单位各不相同，所以三子目定额值应分别单列。

解：（1）根据分项工程内容，查目录可知：该工程三个子目对应的定额编号分别为 [783-6-1-4-1]、[783-6-1-4-2]、[783-6-1-4-6]。

（2）根据第 1 节说明第 3 条（3）的工程量计算规则，分别计算各子目工程量。

（3）每 10m³ 混凝土定额值为

人工： | 1 |　　　　　　　　　　78.9 工日
材料： | 101 | 原木　　　　　　　0.019m³
　　　　……其他材料略
机械： | 1272 | 250L 混凝土搅拌机　0.43 台班
　　　　……其他机械略

同理，每 1t 钢筋和 1t 刺铁丝的定额值如表 [783-6-1-4-2] [783-6-1-4-6] 中所列，无抽换。

3.10 临时工程

临时工程是形成公路工程建筑必须的工程设施，学习时应注意正确运用定额。

一、定额应用要点

《预算定额》中"临时工程"的章说明共 7 条，在学习时应特别注意以下内容：

（1）章说明第 2 条：汽车便道按路基宽度为 7.0m 和 4.5m 分别编制，便道路面宽度按 6.0m 和 3.5m 分别编制，路基宽度 4.5m 的定额中已包括错车道的设置。汽车便道项目中未包括便道使用期内养护所需的工、料、机数量，如便道使用期内需要养护，编制预算时，可根据施工期按附表增加工料机数量。

（2）章说明第 3 条：临时汽车便桥按桥面净宽 4m、单孔路径 21m 编制。

（3）章说明第 4 条：重力式砌石码头定额中不包括拆除的工程内容，需要时可按桥涵工程项目的拆除旧建筑物定额另行计算。

（4）材料回收的规定，章说明第 7 条：本章定额中便桥、输电、电信线路的木料、电线的材料消耗均按一次使用量计划，编制预算时应按规定计算回收；其他各项定额分不同情况，按其周转次数摊入材料数量。

二、定额应用示例

【例 28】 某平原微丘区临时汽车便道工程，长 1.5km，路基宽度为 4.5km，天然沙砾路面宽 3.5km，压实厚度 15cm，使用养护期为 8 个月，确定该工程的工料机消耗量。

解：（1）根据分项工程内容，查目录可知：该工程对应的定额编号为 [944-7-1-1-3+6]，根据章说明第 2 条，汽车便道项目中未包括便道使用期内养护所需的工、料、机数量，如便道使用期内需要养护，编制预算时，可根据施工期按 P942 附表增加工料机数量。

（2）每 1km 临时汽车便道的定额为：

人工： | 1 |　　　　　　　　　　28.8 + 167.3 + 2×8 = 212.1（工日）
材料： | 866 | 水　　　　　　　67m³
　　　| 908 | 天然级配　　　　716.04 + 10.8×8 = 802.44（m³）
机械： | 1003 | 75kW 推土机　　7.46 台班
　　　| 1075 | 6~8t 压路机　　0.64 + 1.32×8 = 11.2（台班）
　　　| 1076 | 8~10t 压路机　　0.48 + 0.97 = 1.45（台班）

| 1078 | 12～15t 压路机 | 1.86+1.94=3.8（台班） |
| 1083 | 手扶式振动碾 | 5.65 台班 |

（3）1.5km 临时汽车便道的工料机消耗量为：

人工： | 1 | | 212.1×1.5=318.15（工日）
材料： | 866 | 水 | 67×1.5=100.5（m³）
| 908 | 天然级配 | 802.44×1.5=1203.66（m³）
机械： | 1003 | 75kW 推土机 | 7.46×1.5=11.19（台班）
| 1075 | 6～8t 压路机 | 11.2×1.5=16.8（台班）
| 1076 | 8～10t 压路机 | 1.45×1.5=2.175（台班）
| 1078 | 12～15t 压路机 | 3.8×1.5=5.7（台班）
| 1083 | 手扶式振动碾 | 5.65×1.5=8.475（台班）

3.11 材料采集及加工

在公路工程施工中，有些材料如自采的砂、黏土、草皮、碎石等可以由施工单位自行采集和加工，称之为自采性材料。在材料采集和加工过程中工料机的消耗量应以本章定额为依据，按照《公路基本建设工程概、预算编制办法》中的相关规定可以计算自采性材料的料场单价。

一、定额应用要点

《预算定额》中"材料采集及加工"的章说明共3条，在学习时应特别注意以下内容：

（1）章说明第1条：材料计量单位标准，除有特别说明者外，土、黏土、砂、石屑、碎（砾）石、碎（砾）石土、煤渣、矿渣均按堆方计算；片石、块石、大卵石均按码方计算；料石、盖板石均按实方计算。

（2）章说明第2条：开炸路基石方的片（块）石如需利用时，应按本章捡清片（块）石项目计算。

（3）章说明第3条：材料采集及加工定额中，已包括采、筛、洗、堆及加工等操作损耗在内。

（4）定额表的"工作内容"及附"注"，重要的附"注"如：

1）定额表 8-1-1 "开挖盖山土、石"的附"注"：盖山土石厚度超过1m时，按"路基工程"项目开挖（炸）土、石方定额计算。

2）定额表 8-1-4 "采筛洗砂及机制砂"的附"注"：

① 需要清除表土及备水时，其工日另计（每 1m³ 砂按 0.5m³ 用水量计）。

② 如人工采、筛、洗、堆联合作业时，按"采、筛、堆"及"洗、堆"工日之和扣减一次堆方，每 100m³ 扣减 3 个工日计算，其中洗堆定额中的砂不计价。

③ 定额中砂系自然砂。

3）定额表 8-1-5 "采砂砾、碎（砾）石土、砾石、卵石"的附"注"如需备水洗石时，每 1m³ 石料用水量按 0.3m³ 计算，运水工另行计算。

二、定额应用示例

【例29】 某工地用砂,其成品率为80%,试确定其人工采筛洗堆联合作业的预算定额和基价。

解:(1)根据分项工程内容,查目录可知:该人工"采筛洗堆"砂对应的定额编号为[957-8-1-4-5+6],对照工作内容,多一次堆方。根据附"注"(2):如采、筛、洗、堆联合作业时,按"采、筛、堆"及"洗、堆"工日之和扣减一次堆方,每100m³扣减3工日计。故该项目每100m³堆方的定额值:

人工: | 1 |　　　　21.3 + 45.2 − 3 = 63.5(工日)
材料: | 897 | 砂　　115.0m³

(2)基价调整:

① 原基价 1999 为 1048 + 2224 = 3272(元)
② 人工基价的调整:−3 × 49.2 = −147.6(元)
③ 调整后的基价为:3272 − 147.6 = 3124.4(元)

3.12　材料运输

在公路工程施工过程中,根据施工组织设计,有些材料是施工单位自行运输,工程上称为自办运输。自办运输的单程运距在5km以上的汽车运输应按照当地交通部门规定的运费计算办法执行,而单程运距在5km及以内的汽车运输、场外人力运输、装卸车等,应以本章定额为依据计算其工料机消耗量,按照《公路基本建设工程概、预算编制办法》中的相关规定计算自办运输材料的运杂费。材料自办运输的形式包括:人工挑抬、手推车、人工装卸机动翻斗车运、人工装卸手扶拖拉机运、人工装卸载重汽车运、装载机装自卸汽车运等,根据施工单位具体情况综合确定。

一、定额应用要点

《预算定额》中"材料运输"的章说明共4条,在学习时应特别注意以下内容:

(1)章说明第4条:本章定额中未列名称的材料,可按下列规定执行,其中不是以质量计量的应按单位质量进行换算。

1)水按运输沥青、油料定额乘以0.85系数计算。
2)与碎石运输定额相同的材料有:天然级配、石渣、风化石。
3)定额中未列的其他材料,一律按水泥运输定额计算。

(2)定额表的"工作内容"及附"注",重要的附"注"如:

1)定额表9-1-1"人工挑抬运输"的附"注":遇有升降坡时,除按水平距离计算运距外,并按附表增加运距;

2)定额表9-1-2"手推车运输"的附"注":遇有升降坡时,除按水平距离计算运距外,并按附表增加运距。

二、定额应用示例

【例30】 某工地距料场350m，采用人工装卸手扶拖拉机运输片石，确定其预算定额。

解：（1）根据分项工程内容，查目录可知："手扶拖拉机运输"对应的定额编号为[975-9-1-4-7+8]，确定每100m³的片石运输定额为：

机械： $\boxed{1415}$　　　　$5.36+0.37\times(350-100)/100=6.285$（台班）

（2）根据分项工程内容，应补充"人工装卸手扶拖拉机"对应的定额编号为[988-9-1-8-4]，确定每100m³的片石装卸定额为：

人工： $\boxed{1}$　　　　11 工日

3.13 附录

《预算定额》共包括四个附录，依次为：路面材料计算基础数据表、基本定额、材料的周转及摊销以及"定额基价人工、材料单位质量、单价表"。其中附录四执行的是2007年北京地区的预算单价标准。

一、附录一　路面材料计算基础数据表

该附录主要是提供定额所用各种路面组成材料的压实混合料干密度数据（t/m³），为预算过程中进行体积与质量的换算提供依据。

二、附录二　基本定额

基本定额是指在正常的施工技术与组织条件下，为生产单位数量的半成品、中间产品所规定的各种人工、材料、机械等消耗量标准。

1. 基本定额组成（图3-17）

2. 作用

（1）若水泥混凝土、水泥砂浆等半成品材料的设计强度等级与定额强度等级不一致时，基本定额的砂浆及混凝土材料配合比表是进行原材料定额值抽换的依据。如前面例11和例14等。

（2）当设计中出现定额表中查不到的模板等工作时，基本定额的桥涵模板工作、脚手架、踏步、井字架工料消耗表是分析分项工程或半成品所需工料机消耗量的依据。

3. 应用示例

【例31】 试确定预制T梁木模板工作的预算定额。

解：T梁是桥梁上部桥面系的重要组成，预制T梁的木模板定额应在附录二基本定额（一）-4. 预制木模板工作（P1003第11栏），由表可知，每10m²模板接触面积的预制T梁木模板的预算定额为：

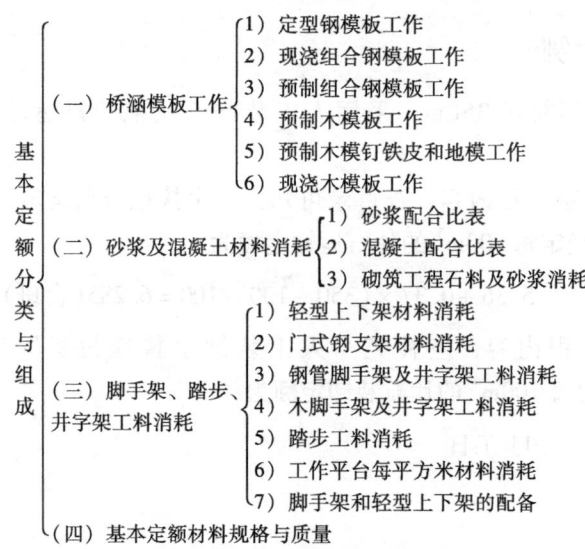

图 3-17 基本定额组成

人工:	1		2.73 工日
材料:	102	锯材	0.089m³
	651	铁件	2.85kg
	653	铁钉	0.98kg
机械:	1998	小型机具使用费	1.47 元

三、附录三　材料周转与摊销

在公路工程中使用的材料，按照使用次数的多少可以分为两类：一类是一次性消耗的材料，如水泥、砂、石等；另一类是可以重复使用的材料，如模板、拱盔、支架等，我们称之为周转性材料。周转性材料的定额值是按照正常周转次数经过摊销后而制定的。本附录主要规定了周转材料在施工中合理使用的周转或摊销的次数。

1. 周转材料的摊销分类（图 3-18）

材料周转与摊销
1. 混凝土及钢筋混凝土构件、块件模板材料周转及摊销次数
　　1) 现浇混凝土的模板及支架、拱盔、隧道支撑
　　2) 预制混凝土构件的木模板
　　3) 组合钢模板材料的周转次数
　　4) 定型钢模板材料的周转次数
2. 脚手架、踏步、井字架、金属门式吊架、吊盘等摊销次数
3. 临时轨道铺设材料摊销
4. 基础及打桩工程材料摊销次数
5. 灌注桩设备材料摊销
6. 吊装设备材料摊销次数
7. 预制构件和块件的堆放、运输材料的摊销次数

图 3-18　周转材料的摊销分类

2. 作用

（1）规定各种周转性材料的周转、摊销次数。

（2）根据总说明第 8 条，如就地浇筑钢筋混凝土梁用的支架及拱圈用的拱盔、支架，

如确因施工安排达不到规定的周转次数时,可根据附录三进行换算并按规定计算回收。

抽换的方法是实际定额用量＝图样一次使用量×(1＋场内运输及操作损耗)/实际周转次数(或摊销次数)＝规定的周转次数/(实际的周转次数×规定定额用量)。

3. 应用示例

【例32】 某跨径16m的石拱桥,制备1孔木拱盔,满堂式,周转2次。确定按实际周转次数的周转性材料预算定额。

解:(1)根据分项工程内容,查目录可知:制备拱盔对应的定额编号为［631-4-9-2-2］,每制作10m² 立面积的拱盔的材料定额为:

101	原木	0.471m³
102	锯材	1.625m³
651	铁件	41.8kg
653	铁钉	1.1kg

(2)由P1024的附录三(一)-1,查得木拱盔的周转性材料的规定周转次数是:木材5次,铁件5次,铁钉4次。而实际周转次数为2次。本例符合抽换条件,应对定额值进行抽换 $E_1 = E \times K$。$K = n/n_1$;E_1:实际周转次数的周转性材料定额;E:定额规定的周转性材料定额;K:换算系数;n:定额规定的材料周转次数,n_1:实际的材料周转次数。

则实际定额用量为:原木＝0.471×5/2＝1.178 (m³)

$$锯材 = 1.625 \times 5/2 = 4.06 \; (m^3)$$

$$铁件 = 41.8 \times 5/2 = 104.5 \; (kg)$$

$$铁钉 = 1.1 \times 4/2 = 2.2 \; (kg)$$

【例33】 试确定跨径 $L=2m$ 的拱涵拱盔及支架周转使用3次时的实际定额用量。

解:(1)根据分项工程内容,查目录可知:该工程定额编号为［630-4-9-1-1］,由定额表"涵洞拱盔、支架"内容可知:跨径 $L=2m$ 的拱涵拱盔及支架,每100m² 水平投影面积需:

101	原木	3.250m³
102	锯材	1.712m³
651	铁件	87.1kg
653	铁钉	3.3kg

(2)由P1024的附录三(一)-1查得各种材料的周转次数分别为:木料:5次,铁件:5次,铁钉:4次。而实际周转次数为3次。

则实际定额用量为:

101	原木	3.250×5/3＝5.417 (m³)
102	锯材	1.712×5/3＝2.853 (m³)
651	铁件	87.1×5/3＝145.2 (kg)
653	铁钉	3.34×4/3＝4.45 (kg)

四、附录四 定额基价人工、材料单位质量、单价表

附录四的作用如下。

(1)在《预算定额》的定额表中,为了便于工料机的检索与对照,对工料机进行了编

号,其中:人工代号为 1~2,混凝土及砂浆代号为 11~87,原材料代号为 101~995,机械代号为 1002~1993;其他表中未列工料机代号可以根据需要补充。

(2) 表内所列原材料的单位质量(kg),为预算过程中体积与质量的换算、个数与质量的换算提供依据。

(3) 表内所列各类材料的单价,是 2007 年北京地区的预算单价,是定额表内基价计算的依据,同时也是定额基价调整的依据。

3.14 定额查用总结

一、定额查用注意事项

1. 项目划分

项目划分要与《公路基本建设工程概算、预算编制办法》的项、目、节的内容相一致;每一节工程内容所套用的定额要依据一定的施工方法、步骤和完成的先后顺序,这样不至于漏项和重计。如桥梁工程,一般从挖基开始依次套用如下的定额:筑捣、围堰、埋护筒、挖(钻)孔、浇筑桩混凝土、桩钢筋、挖基坑、承台、柱混凝土、柱钢筋、盖梁混凝土、盖梁钢筋、耳背墙混凝土、耳背墙钢筋、支座、预制上部结构混凝土、上部结构钢筋、运输、吊装、安装伸缩缝、泄水管、护栏混凝土、护栏钢筋、扶手、水泥桥面铺装、桥面铺装钢筋、沥青混凝土铺装。同时还要考虑的一些辅助工作,如拌合站、设备安拆、张拉台座底座、现浇混凝土的支架、预压基底处理等。套用定额时,对每一项定额的工程内容要进行分析和研究,以避免重计定额中已经综合的工程量。

2. 各章节定额使用细节

(1) 路基工程:清除表土定额和除草的定额不能同时使用;整修边坡定额不能与刷坡定额同时使用;对于零填方和挖方地段应增列零增方和挖方地段的碾压台班;人工、施工机械之间的相互协调和配合;由施工组织设计提出的需增加的路基填方数量。

(2) 路面工程:路面基层混合料的比例抽换;人工和压实台班的调整;拌和料场的设置数量和增运距的调整方法;透层油、黏层泊、封层的洒布部位。

(3) 隧道工程:如工作面的长度不同时,套用相应定额,洞内的工程采用洞外工程定额时,人工和机械台班数量及小型机具的使用费应乘以 1.26 系数;临时钢支撑根据岩石级别是否回收计算。

(4) 桥梁工程:工程量的单位和定额单位的统一;混凝土标号的抽换和抽换方法;钢筋类别的抽换;预制场地平整面积;大型预制构件平面底座的个数;吊装设备和预制场的门架设备一般可根据施工组织设计进行确定;拱桥和现浇上部工程的支架地梁基础工程,要根据河床的地形情况,由设计提出并计列各项的工程量,支架宽度的调整;钢筋类别按实际的设计数量的比例进行调整,钢铰线束数的确定、计算和调整方法。

(5) 防护工程:注意现浇混凝土防护的工程数量单位和定额单位的一致;均不包括挖基和垫层的工程内容。

(6) 房建工程:按建筑工程定额和编制办法进行编制。

二、定额查用步骤

1. 确定定额编号

按照分项工程的工作内容，选择合理的施工方案，根据选定的施工方案确定定额编号。定额编号通常有［页-表-栏］或［表-栏］两种形式。

2. 正确进行定额调整

仔细核对分项工程的实际工作内容与定额表规定的工作内容是否相同。然后仔细阅读定额中与该分项有关的总说明、章说明、节说明及定额表下方的"小注"，若分项工程的工作内容与所选定额完全吻合，则直接抄录人工、材料、机械的定额值；若分项工程的工作内容与定额中有出入，则依据相关规定调整确定人工、材料、机械的定额值。

3. 确定单位工程量对应的定额值

按照第2步骤的调整结果，汇总一个定额单位对应的工料机消耗量。

4. 核对工程量单位与数量，计算分项工程的实际工料机消耗量

核对工程量单位与数量，确定定额值：检查定额表的定额单位与工程量单位是否一致，实际工程量计量方法是否符合章节说明的要求，予以调整，如清表中的平方米与运输表土的立方米的换算等。

工程数量 = 实际工程量/定额单位。

分项工程的实际工料机消耗量 = 定额值 × 工程数量。

项 目 训 练

1. 判断题

（1）预算定额的材料用量已经包括了场内运输和操作消耗，但不包括场外运输损耗和仓库保管损耗。

（2）在公路工程预算中，工程数量就是工程量，二者是相同的。

2. 确定下列分项的定额编号

（1）浆砌片石锥形护坡

（2）浆砌片石挡土墙

（3）人工开挖盖山土

（4）人工开挖基坑土

（5）人工挑抬土

（6）人工挖运普通土土方

3. 简述《预算定额》的四个附录的作用

4. 确定下列分项工程的预算定额

（1）某人工挖运硬土，重力上坡10%，运距60m，试确定其预算定额。

（2）求$1m^3$以内挖掘机挖方、$2m^3$以内装载机装车、10t自卸汽车运输3km，联合作业$1000m^3$普通土的预算定额。

（3）求设计配合比为10:36:54，设计厚度为24cm的石灰粉煤灰土底基层（拖拉机带铧犁拌和）的预算定额。

（4）某二级公路路面，采用厚22cm 4%的水泥稳定碎石基层（厂拌法，8t自卸汽车运

4km），120kW 平地机摊铺。试确定其预算定额。

（5）某级配碎石路面，压实厚度为 18cm，人工摊铺集料，拖拉机带铧犁分层拌和碾压，试确定其预算定额。并将结果填写在分项工程预算表（08-2）。

（6）某浆砌块石挡土墙工程，设计采用 10 号砂浆，42.5 号水泥，试确定挡土墙墙身砌筑的预算定额。

（7）试确定某桥梁工程的预制钢筋混凝土 T 型梁的预算定额。已知混凝土为 30 号，32.5 号水泥，采用蒸汽养生（计蒸汽养生室的建筑）。

（8）周转材料。

5. 案例分析题

（1）已知某二级公路的路基土石方工程量统计如表 3-14 所示，其中挖方和利用方均为天然密实方，填方为压实方。

表 3-14 路基土石方工程量表

项目	挖方/m³				利用方/m³				填方/m³
	普通土	硬土	石方	合计	普通土	硬土	石方	合计	
工程量	1500000	1000000	1000000	3500000	1200000	500000	300000	2000000	4000000

问题：1）计算本路段的挖方、填方、借方、弃方数量。

2）假设本桩利用方运距为 30m，远运利用运距为 800m，借土为普通土运距为 5.3km，弃方运距为 3.2km，列出本路段土石方工程施工图预算所需的全部工程细目名称、单位、定额编号、工程量、定额调整等内容，并填写表 3-15。

表 3-15 二级公路路基工程定额套用表

工 程 细 目	定 额 编 号	单 位	数 量	定 额 调 整
挖方				

（2）列出案例中路面工程的施工图预算所需的全部工程细目名称、单位、定额编号、工程量、定额调整等内容，并填写表 3-16。

表 3-16 案例项目路面工程定额套用表

工程细目	定额编号	单 位	数 量	定额调整

(3) 确定案例涵洞对应的定额编号。

表 3-17 案例项目涵洞工程定额套用表

工程细目	定额编号	单 位	数 量	定额调整
挖方				

第4章 预算单价计算,填09、10、11表,汇总07表

任务目标

(1) 熟悉人工预算单价的计算办法。
(2) 掌握外购材料和自采材料的预算单价计算办法。
(3) 掌握机械台班预算单价的计算办法。

4.1 人工预算单价

人工预算单价是指列入概预算定额的直接从事建筑安装施工的生产工人一个工日(一般按8h计,隧道工为7h,潜水工为6h)应计入的各项费用,包括生产工人的基本工资、辅助工资、工资性津贴、福利性津贴等。以上各项工资、补助标准按照项目所在地的各省、自治区、直辖市公路(交通)工程造价(定额)管理站根据当地人民政府的有关规定核定后公布执行,并抄送交通部公路司备案。

一、公式法

人工预算单价(元/工日)由基本工资、工资性补贴、生产工人辅助工资、职工福利费构成。计算办法如下:

人工预算单价(元/工日) = [基本工资(元/月) + 地区生活补贴(元/月) + 工资性津贴(元/月)] × (1 + 14%) × 12(月)/240

(1) 生产工人基本工资:按不低于工程所在地政府主管部门发布的最低工资标准的1.2倍计算。
(2) 地区生活补贴:指国家规定的边远地区生活补贴、特区补贴。
(3) 工资性津贴:指物价补贴,煤、燃气补贴,交通费补贴等。
(4) 14%:是指国家规定的福利津贴标准。
(5) 12:指每年12个月。
(6) 240:指全年365天中扣除节假日、双休日、生产工人辅助工资所列内容折算天数后的有效劳动天数。

【例1】 经调查:河南省开封地区的最低工资标准是1450元/月,生产工人基本工资按最低工资标准的1.2倍计算,地区生活补贴和工资性津贴按355.76元/月计取,试确定河南省开封地区的人工预算单价,并将结果填写在表4-1(07表)中。

解：人工预算单价(元/工日) = [(1450×1.2) + 355.76] × (1 + 14%) × 12/240 = 119.46 元/工日。

表 4-1 人工预算单价结果填表
人工、材料、机械单价汇总表

建设项目名称：××二级公路
编制范围：第二标段　　　　　　　　　　　　　　第1页　共1页　　07表

序号	名称	单位	代号	预算单价/元	备注	序号	名称	单位	代号	预算单价/元	备注
1	人工	工日	1	119.46							

二、规定法

各省市对人工单价有规定数值，编制概预算时可直接取用。具体标准由各省交通厅关于《公路基本建设工程概算预算编制办法》补充规定（2007）或是交通厅办公室关于人工费工日单价调整的相关文件确定。图4-1是新疆地区公路工程造价计算人工单价的规定文件。

但需注意，人工单价仅作为编制概预算的依据，不作为施工企业实发工资的依据。

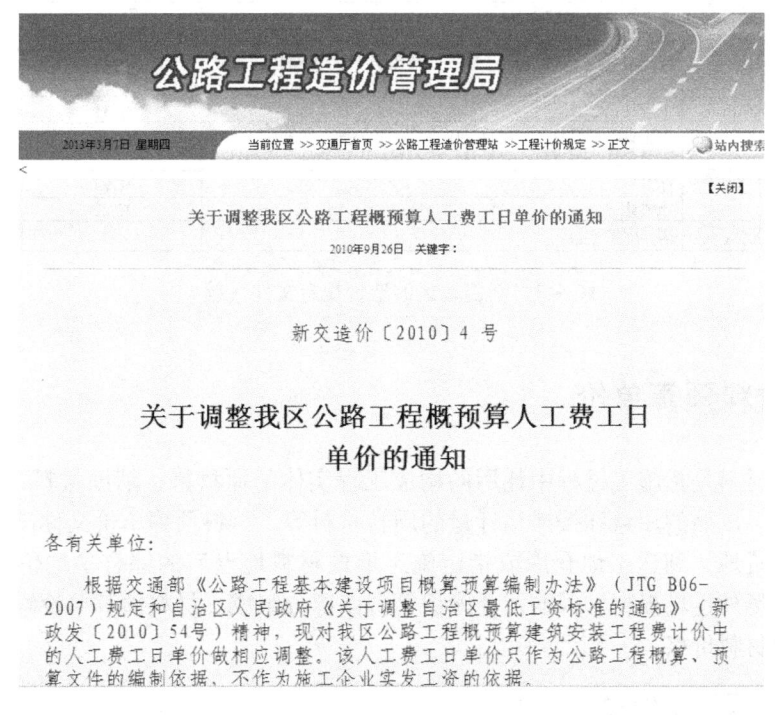

图 4-1　新疆地区的造价规定文件

新疆公路工程概预算人工费工日单价表

类别	地区	工日单价（元/日）
一类	乌鲁木齐市、石河子市	59.79
二类	奎屯市	61.88
二类	吐鲁番市、沙湾县、乌苏市	65.12
二类	五家渠市	71.59
二类	乌鲁木齐市（达阪城区、乌鲁木齐县、米东新区）、昌吉市、蚌埠市、玛纳斯县、呼图壁县	67.49
二类	克拉玛依市	72.50
三类	温宿县、沙雅县、新和县、拜城县、阿瓦提县、博乐市、精河县、托克逊县、轮台县、尉犁县、和硕县、博湖县、焉耆县	72.33
三类	阿克苏市、库尔勒市、库车县	70.53
三类	阿拉尔市、塔城市、额敏县	67.29
三类	豪布查尔县	64.06
三类	伊宁市、伊宁县、霍城县、巩留县、新源县	64.97
三类	鄯善县、哈密市	68.07
三类	奇台县、吉木萨尔县	68.48
四类	和田市、和田县、昌玉县、洛浦县、温泉县、柯坪县、乌什县、和静县、和布克赛尔县	81.17
四类	托里县、裕民县	77.63
四类	阿勒泰市、布尔津县、富蕴县、福海县、哈巴河县、吉木乃县、阿图什市	80.01
四类	特克斯县、尼勒克县	76.54
四类	图木舒克市、英吉沙县、喀什市、疏勒县、泽普县、莎车县、麦盖提县、巴楚县、疏附县、岳普湖县、伽师县	83.47
四类	木垒县	77.31
五类	皮山县、策勒县、于田县、民丰县、若羌县、且末县、阿合奇县、阿克陶、乌恰县、伊吾县、巴里坤县、清河县	95.40
五类	昭苏县	91.93
五类	叶城县	97.22
六类	塔什库尔干县	119.81

图 4-1 新疆地区的造价规定文件（续）

4.2 材料预算单价

工程所用材料是指施工过程中耗用的构成工程实体的原材料、辅助材料、构（配）件、零件、半成品、成品的用量和按摊销计量的周转材料等，材料预算单价又称出库价，是材料由来源地或交货地，到达工地仓库或指定施工堆放材料地点后的综合平均价格，由材料原价、运杂费、场外运输损耗、采购及仓库保管费四部分组成。材料预算单价均指预算编制年项目所在地的材料价格。

一、材料预算单价确定方法

1. 调查法

由各省公路工程造价管理站中发布的材料价格信息直接选用计算。

2. 计算法

计算公式：材料预算价格 =（材料原价 + 运杂费）×（1 + 场外运输损耗率）×（1 + 采购及保管费率）- 包装品回收价值。

材料原价——材料的出厂价格、进口材料抵岸价、销售部门的批发价、市场采购价或料场价格。

运杂费——指材料自供应地点至工地仓库（施工地点存放材料的地方）的运杂费用，包括装卸费、运费等费用，但不包含场内运输和场内二次搬运费用。

场外运输损耗——有些材料（散体材料如砂石、液体材料如石油等）在正常的运输过程中发生的损耗费用。

采购及保管费——工地仓库以及各级材料管理部门在组织采购、供应和保管材料过程中，所需的各项费用及工地仓库的材料储存损耗费用。

二、材料的预算单价计算，填写 09 表

工程所用材料按照材料不同来源方式分为外购材料、地方性材料、自采材料等，其预算单价计算办法汇总见表4-2。

表4-2 材料的预算单价计算办法

材料	原价	运杂费		场外运输损耗费	采购保管费	预算单价
		运费	杂费			
外购材料	出厂价或当地规定的价格	运价率×运距×毛重系数/单位（毛）重,毛重系数/单位（毛）重,见表4-3	单位杂费×毛重系数/单位（毛）重,毛重系数/单位（毛）重,见表4-3	散粒材料和液体材料按表4-4计取	原材料按2.5%；半成品材料按1%，商品混凝土不计	计算得到
地方性材料	—	—	—	—	—	物价部门或市场调查得到
自采材料	根据《预算定额》第8章"材料采集及加工"定额并加计辅助生产间接费计算得到	根据《预算定额》第9章"材料运输"运输定额加计辅助生产间接费计算得到	根据《预算定额》第9章"材料运输"的装卸定额并加计辅助生产间接费计算得到	散粒材料和液体材料按表4-4计取	原材料按2.5%	计算得到

1. 外购材料

国家或地方的工业产品，主要指三大材（钢材、水泥、木材）及沥青、油燃料、爆破器材、五金等，材料预算单价计算过程填写在09表。

(1) 材料原价。按工业产品出厂价格或供销部门的供应价格计算,并根据情况加计供销部门手续费和包装费,具体信息由市场调查得到。

(2) 运杂费。通过铁路、水路和公路运输部门运输的材料,按铁路、航运和当地交通部门规定的运价计算运费。单位运杂费=单位运费+单位装卸费+单位杂费。

① 单位运费=运价率×运距×毛重系数/单位(毛)重。

运价率——由当地交通运输部门确定执行,单位为元/(t·km)。

单位重——由《预算定额》附录四查取,用于计算计价单位为 m^3 的材料。

毛重系数/单位(毛)重——按照《编办》规定执行,分别计算单位为 t 和 m^3 的长大、轻浮、易爆等的特殊材料,具体数量见表4-3。

表4-3 材料毛重系数和单位(毛)重表

材料名称	单位	毛重系数	单位(毛)重
爆破材料	t	1.35	—
水泥、块状沥青	t	1.01	—
铁钉、铁件、焊条	t	1.10	—
液体沥青、液体燃料、水	t	桶装1.17,油罐车装1.00	—
木料	m^3	—	1.000t
草袋	个	—	0.004t

② 单位杂费=(装卸费+杂费)×毛重系数/单位(毛)重。

(3) 场外运输损耗。一般松散粒状或流体材料在场外运输过程中按照损耗率及损耗费用,需要计入此项费用的材料见表4-4,未列材料不计。

表4-4 场外运输操作损耗率表

材料名称		场外运输(一次装卸)/%	每增加一次装卸
块状沥青		0.5	0.2
石屑、碎砾石、沙砾、煤渣、工业废渣、煤		1.0	0.4
砖、瓦、桶装沥青、石灰、黏土		3.0	1.0
草皮		7.0	3.0
水泥(袋装、散装)		1.0	0.4
砂	一般地区	2.5	1.0
	多风地区	5.0	2.0

(4) 采购保管费。材料采购及保管费系指材料供应部门(包括工地仓库以及各级材料管理部门)在组织采购、供应和保管材料过程中,所需的各项费用及工地仓库的材料储存损耗。

材料采购及保管费,以材料的原价加运杂费及场外运输损耗的合计数为基数,乘以采购保管费率计算。材料的采购及保管费费率为2.5%。

外购的构件、成品及半成品的预算价格,其计算方法与材料相同,但构件(如外购的钢桁梁、钢筋混凝土构件及加工钢材等半成品)的采购保管费率为1%。

商品混凝土预算价格的计算方法与材料相同,但其采购保管费率为0。

【例2】 某42.5级水泥,原价为350元/t,汽车运距30km,运价率为0.6元/(t·km),装卸费为2元/(t·次),囤存费2元/t,计算水泥的预算单价。

解:本材料为外购、长途运输材料,计算办法见表4-2的外购材料。
(1) 原价 = 350 元/t。
(2) 运费 = 0.6 × 30 × 1.01(查表4-3) = 18.18(元/t)。
    杂费 = (2 + 2) × 1.01 = 4.04(元/t)。
(3) 查表4-4,水泥的场外损耗率为1%。
(4) 采购保管费率为2.5%。
(5) 水泥预算单价 = (350 + 18.18 + 4.04) × (1 + 1%) × (1 + 2.5%) = 385.34(元/t)。
计算结果见表4-5。

【例3】 某水泥稳定石屑基层工程,外购石屑原价30元/m^3,汽车运距25km,运价率为0.6元/(t·km),装卸费为2.5元/(t·次),中途需要转运一次,计算石屑的预算单价。

解:本材料为外购、长途运输材料,但计价单位为m^3,运费和装卸费计算需要进行质量与体积的换算;因转运一次,装卸费加倍,损耗增大。
(1) 原价 = 30 元/m^3。
(2) 运费 = 0.6 × 25 × 1.5 (单位重,由《预算定额》附录四查表) = 22.5 (元/m^3);
    装卸费 = 2.5 × 1.5 × 2 = 7.5 (元/m^3)。
(3) 查表4-4,石屑的场外损耗率为1% + 0.4% = 1.4%。
(4) 采购保管费率为2.5%。
(5) 石屑预算单价 = (30 + 22.5 + 7.5) × (1 + 1.4%) × (1 + 2.5%) = 62.361(元/m^3)。
计算结果见表4-5。

表4-5 材料预算单价计算填表

建设项目名称:
编制范围: 第1页 共1页 09表

序号	规格名称	单位	原价/元	供应地点	运杂费 运输方式、比重及运距/km	运杂费 毛重系数或单位毛重	运杂费 运杂费构成说明或计算式	单位运费/元	原价运费合计/元	场外运输损耗 费率/%	场外运输损耗 金额/元	采购及保管费 费率/%	采购及保管费 金额/元	预算单价/元
1	42.5级水泥	t	350.000	—	汽车、1.0、30.0	1.01	(0.6 × 30.0 + 4.0 × 1.0) × 1 × 1.01	22.22	372.22	1.0	3.722	2.5	9.399	385.34
2	石屑	m^3	30.000	—	汽车、1.0、25.0	1.50	(0.6 × 25.0 + 2.5 × 2.0) × 1 × 1.5	30	60.00	1.4	0.84	2.5	1.521	62.361

【例4】 某桥梁施工采用商品混凝土,因用量较大共由两家混凝土拌和站供料,其中A家运距为8km,供料为40%,B家运距为12km,供料为60%,已知该商品混凝土的供货价均为310元/m^3,运价率为3元/(m^3·km),计算商品混凝土的预算单价。

解：商品混凝土预算价格的计算方法与材料相同，但其采购保管费率为0；该材料由两处料场供料，运距应采用平均运距 = $(8 \times 40\% + 12 \times 60\%)/(40\% + 60\%) = 11(km)$。

(1) 原价 = 310 元/m^3。

(2) 运费 = $3 \times 11 = 33$（元/m^3）。

(3) 按照经验，混凝土的场外损耗率为2%。

(4) 采购保管费率为0。

(5) 商品混凝土预算单价 = $(310 + 33) \times (1 + 2\%) = 349.86$(元/$m^3$)。

2. 地方性材料

是指当地乡镇等企业统一开采加工出售的石灰、砂、石等建筑材料包括外购的砂、石材料等，按实际调查价格或当地主管部门规定的预算价格计算。

3. 自采材料

是施工单位作为公路工程施工自行组织生产加工的砂、石等材料，一般采用施工企业自办运输。

(1) 材料原价。自采材料原价即料场价，按《公路工程预算定额》中第8章"材料采集及加工"的开采单价加辅助生产间接费和矿产资源税（如有）计算。辅助生产间接费通常按开采定额人工费的5%计算，计算过程填入10表。

(2) 运杂费。施工单位自办的运输，单程运距15km以上的长途汽车运输按上述方法计算运杂费；单程运距5～15km的汽车运输按当地交通部门规定的统一运价计算运费，当工程所在地交通不便时，允许适当加50%计算运费；单程运距5km及以内的汽车运输以及人力场外运输，按预算定额计算运费，其中人力装卸和运输另按人工费加计辅助生产间接费。

(3) 场外运输损耗费。自采的砂石料在场外运输过程中按照表4-4所列损耗率计算损耗费用。

(4) 采购保管费。自采材料的采购保管费率一律为2.5%。

【例5】 某施工企业自采碎石，已知料场距施工现场2km，采用机械轧制碎石（最大粒径为4cm），未筛分，装载机（1m^3）装自卸汽车（6t）运输，试求该碎石的预算价格。

已知：人工预算单价是45.45元/工日，片石为30元/m^3，400×250电动碎石机148元/台班，1m^3以内的装载机405元/台班，6t以内自卸汽车410元/台班。

分析：本题碎石为自采自办材料，料场原价需加计辅助生产间接费，但运输和装卸非人工操作，故不需加计辅助生产间接费。料场原价 = 人工费×(1+5%) + 材料费 + 机械使用费、装卸费 = 人工费 + 机械使用费、运费 = 人工费 + 机械使用费，均应通过相应定额确定工料机消耗量计算得到。

解：(1) 材料原价：由《预算定额》第8章 [964-8-1-9-5] 得知：每100m^3粒径为4cm碎石定额为：人工45工日，片石114.9m^3，破碎机3.42台班。

料场价格 = $[45 \times 45.45 \times (1+5\%) + 114.9 \times 30 + 3.42 \times 148]/100$(元/$m^3$) = 6100.67 (元/100$m^3$) = 61.01(元/$m^3$)（人工费的5%为辅助生产间接费）

结果见表4-6：

第 4 章 预算单价计算，填 09、10、11 表，汇总 07 表

表 4-6　自采材料料场价格计算填表

建设项目名称：
编制范围：

10 表

序号	定额号	材料规格名称	单位	料场价格/元	人工/劳务工 45.45 元/工日		间接费 /元	250×400mm 电动颚式破碎机 148.0 元/台班		开采片石 30.0 元/m³		
					定额	金额	占人工费 5.0%	定额	金额	定额	金额	定额
1	8~1~9~5	碎石（4cm）	m³	61.01	0.450	20.453	1.023	0.0342	5.062	1.149	34.470	

（2）运费：

由《预算定额》第 9 章［981-9-1-6-23+24］得知：每 100m³ 碎石运 2km 定额为：自卸汽车为 1.03+0.27=1.3（台班）。

则运费 =1.3×410=533 元/100m³ =5.33 元/m³。

（3）装卸费：

由《预算定额》第 9 章［990-9-1-10-1］得知：每 100m³ 碎石定额为：装载机为 0.26 台班。

则装卸费 =0.26×405 元/m³ =105.3 元/100m³ =1.05 元/m³。

（4）查表 4-4，碎石的场外损耗率为 1%。

（5）采购保管费率为 2.5%。

碎石预算单价 =(61.01+5.33+1.05)×(1+1%)×(1+2.5%) =69.77(元/m³)，

结果填写在表 4-7（09 表）。

表 4-7　自采材料预算单价计算表

建设项目名称：
编制范围：

第 1 页　共 1 页　09 表

序号	规格名称	单位	原价/元	供应地点	运杂费				原价运费合计/元	场外运输损耗		采购及保管费		预算单价/元
					运输方式、比重及运距/km	毛重系数或单位毛重	运杂费构成说明或计算式	单位运费/元		费率/%	金额/元	费率/%	金额/元	
1	碎石（4cm）	m³	61.010	自办运输、1.0、2.0	—		(1.3×410+0.26×405)/100	6.38	67.39	1.0	0.674	2.5	1.702	69.77

4.3　机械台班单价

一、机械台班单价费用组成

机械台班预算单价是指施工机械一个施工台班内（一般按 8h 计）应计入的各项费用之和，各类机械台班单价费用包括不变费用和可变费用两类。

1. 不变费用

不变费用是指机械台班单价中的摊销费用。包括各类机械的折旧费、大修理费、经常性修理费、安装拆卸及辅助设施费等，此类费用的计算通常直接从交通部颁布的《公路工程机械台班费用定额》中查取，样表见表4-8。但是项目所在地为青海、新疆、西藏的工程预算时需要按照当地交通厅的规定在表列基础上进行调整。

表4-8 公路机械台班费用计算样表

序号	代号	机械名称	主机型号	不变费用/元					可变费用					定额基价/元	备注
				折旧费	大修理费	经常修理费	安拆及辅助设施费	小计	人工/工日 49.20元/工日	汽油/kg 5.20元/kg	柴油/kg 4.90元/kg	……	养路费及车船使用税/元		
一、土、石方工程机械															
1	1002	60kW以内推土机履带式	T80	54.40	21.53	55.98	0.59	132.50	2		43.68			444.93	
2	1003	75kW以内推土机履带式	TY100	101.41	39.73	103.30	0.70	245.14	2		54.97			612.89	
3	1004	90kW以内推土机履带式	T120A	128.75	50.44	131.14	0.81	311.14	2		65.37			729.85	
4	1005	105kW以内推土机履带式	T140-1带松土器	136.68	53.55	139.23	0.95	330.41	2		76.52			803.76	
5	1006	135kW以内推土机履带式	T180带松土器	250.44	98.11	255.09	1.05	604.69	2		98.06			1183.58	

（1）折旧费。折旧费是指机械设备在规定的使用期限内陆续收回其原值及偿付贷款利息等的费用。

（2）大修理费。指机械设备按规定的大修理间隔台班必须进行大修理，以恢复其正常功能所需的费用。

（3）经常修理费。指机械设备除大修理以外必须进行的各级保养（包括一、二、三级保养）及临时故障排除所需费用；为保障机械正常运转所需替换设备、随机使用工具、附具摊销和维护的费用；机械运转与日常保养所需润滑油脂、擦拭材料费用和机械在规定年工作台班以外的维护、保养费用等。

（4）安装拆卸及辅助设施费。指机械在施工现场进行安装、拆卸所需的人工费、材料费、机械费、试运转费以及安装所需的辅助设施费。辅助设施费包括安置机械的基础、底座及固定锚桩等费用。

【例6】 90kW履带式推土机的台班单价的不变费用由查表可知：折旧费128.75元，大修理费50.44元，经常修理费131.14元，安装拆卸及辅助设施费0.81元，共计311.14元。

2. 可变费用

是指机械台班单价中的实物消耗费用。包括在机械台班中消耗的人工费、燃油费、车船使用税等费用之和。表4-8中仅列出了各机械台班所需实物消耗量，此类费用应按照定额规定的实物消耗量和项目所在地的人工、燃油等预算单价计算得到。

（1）人工费。指随机操作人员的工作日工资（包括基本工资、各类津贴、补贴、辅助工资、劳动保护费以及各类保险和住房公积金等）。

（2）动力燃料费。指机械在运转施工作业中所耗用的电力、固体燃料（煤、木柴）、液体燃料（汽油、柴油）和水等费用。

（3）养路费及车船使用税。指机械按国家规定应交纳的机械养路费（目前已计入燃油税）和车船使用税等。

【例7】 90kW履带式推土机的台班单价的可变费用由查表可知：每个台班需要司机2

名,柴油 65.37kg,暂不计其他消耗。则可变费用 = 2 × 人工预算单价 + 65.37 × 柴油预算单价。

【例 8】 确定 90kW 以内推土机的台班单价并填写 11 表。已知该工程柴油预算价格为 4.2 元/kg,人工单价 45 元/工日。

解:查《公路工程机械台班费用定额》代号 1004:
不变费用:311.14 元　可变费用:人工　2 工日柴油:65.37kg
机械台班单价 = 311.14 + 2 × 45 + 65.37 × 4.2 = 675.69(元/台班)
计算结果填写在 4-9 (11 表)。

表 4-9　机械台班单价计算表　　　　　　　　　　　　11 表

序号	定额号	机械规格名称	台班单价/元	不变费用/元		可变费用/元									
				调整系数		机械工		重油		汽油		柴油		养路费及车船税	合计
				1.0		45.0/工日		元/kg		元/kg		4.2/kg			
				定额	调整值	定额	费用	定额	费用	定额	费用	定额	费用		
1	1004	90kW 推土机	675.69	311.14	311.14	2.0	90.00					65.37	274.55		298.89

项目训练

1. 某地区已知生产工人的基本工资为 680 元/月,物价地区补贴 150 元/月,交通补贴 50 元/月,试确定其人工预算单价。

2. 已知中粗砂的原价为 80 元/m³,运距 15km,运价率 0.8 元/(t·km),装卸费 4 元/(t·次),求中粗砂的材料预算单价。

3. 某钢材供应价为 3500 元/t,运价率为 0.8 元/(t·km),运输距离为 50km,装卸费为 5 元/(t·次),求钢材的预算单价,并将计算结果填写表 4-10 (09 表)。

表 4-10　材料预算单价计算表

建设项目名称:
编制范围:　　　　　　　　　　　　　　　　　　　　　第 页 共 页　　09 表

序号	规格名称	单位	原价/元	运杂费					原价运费合计/元	场外运输损耗		采购及保管费		预算单价/元
				供应地点	运输方式、比重及运距	毛重系数或单位毛重	运杂费构成说明或计算式	单位运费/元		费率/%	金额/元	费率/%	金额/元	

4. 某工地距料场300m，采用人工开采，手扶拖拉机运输（配合人工装卸）片石。已知拖拉机130.23元/台班，人工单价48元/工日，钢钎5.5元/kg，硝铵炸药5.8元/kg，导火线0.7元/m，普通雷管0.6元/个，煤255元/t，求片石的预算单价。并将计算结果填写表4-11（10表）、表4-12（09表）。

表4-11 自采材料料场价格计算表

建设项目名称：
编制范围： 第 页 共 页　　10表

序号	定额号	材料规格名称	单位	料场价格/元	人工/工日 单价/元		间接费/元（占人工费%）	（ ）单价/元		（ ）单价/元		（ ）单价/元		（ ）单价/元	
					定额	金额		定额	金额	定额	金额	定额	金额	定额	金额

表4-12 材料预算单价计算表

建设项目名称：
编制范围： 第 页 共 页　　09表

序号	规格名称	单位	原价/元	运杂费					原价运费合计/元	场外运输损耗		采购及保管费		预算单价/元
				供应地点	运输方式、比重及运距	毛重系数或单位毛重	运杂费构成说明或计算式	单位运费/元		费率/%	金额/元	费率/%	金额/元	

5. 已知人工50元/工日，柴油6.50元/kg，求9~16t轮胎式压路机的台班单价。并将计算结果填写表4-13（11表）。

表4-13 机械台班单价计算表　　11表

序号	定额号	机械规格名称	台班单价/元	不变费用/元		可变费用/元								合计
				调整系数		机械工		重油		汽油		柴油		养路费及车船税	
				1.0		50元/工日		元/kg		元/kg		6.50元/kg			
				定额	调整值	定额	费用	定额	费用	定额	费用	定额	费用		

6. （判断）机械台班单价的不变费用在施工图预算时不允许调整。

7. （判断）材料预算单价就是指材料从来源地到工地仓库的出库价，包括原价、运杂费、场外运输损耗、采购及仓库保管费用等。

8. （判断）人工预算单价是编制概预算的依据，也是施工企业实发工资的依据。

9. （判断）所有施工单位自采材料的料场价和自办运输的装卸费、运费计算均应按定额中的开采单价计算，并加计辅助生产间接费。

第5章 施工图预算费用计算，填08、03、05、06、01表

> **任务目标**

(1) 熟悉施工图预算的费用组成。
(2) 理解工程类别的划分。
(3) 掌握直接费、间接费、利润与税金的计算方法。
(4) 掌握设备工具器具购置费的计算方法。
(5) 掌握工程建设其他费用的计算方法。
(6) 掌握预备费及回收金额的计算方法。
(7) 掌握施工图预算编制步骤。

5.1 施工图预算的编制方法

土建工程类的施工图预算费用计算办法包括单价法和实物法。目前，公路工程施工图预算编制常用实物法，土建工程施工图预算编制常用工料单价法，装饰工程施工图预算编制常用综合单价法。

一、单价法

1. 工料单价法

分部（分项）工程的工料单价为直接费。直接费以人工、材料、机械的消耗量及其相应价格由各地统一的单位估价表查取并调价来确定。间接费、利润、税金按照有关规定另行计算。

单位工程施工图预算价 =（∑分部（分项）工程工程量×分项工程工料单价）×（1 + 综合间接费率）+ 独立费 + 税金

2. 综合单价法

分部（分项）工程的综合单价为全费用单价。全费用单价综合计算完成分部（分项）工程所发生的直接费、间接费、利润、税金，由各地统一的单位估价表查得并调价来确定。

单位工程施工图预算 =（∑分部（分项）工程工程量×分项工程综合单价）+ 独立费 + 税金

二、实物法

为方便调整人工、材料、机械台班单价，适应建筑市场价格波动的情况，引入实物法编制施工图预算。

人工费 = ∑工程量×人工定额用量×当时当地人工预算单价

材料费 = ∑工程量×材料定额用量×当时当地材料预算价格

机械费 = ∑工程量×机械台班定额用量×当时当地机械台班单价

单位工程施工图预算 =（人工费＋材料费＋机械费）×（1＋综合间接费率）＋独立费＋税金

实物法与单价法相比，实物法计算所用工料单价均为当时当地实际价格，因此编得的施工图预算可较为准确反映实际水平，适应市场经济特点，但该办法计算时的工料和消耗量需查定额统计较为繁琐，实际价格需要做大量调整，工程量大，随着计算机信息手段普及，这种方法是适应市场发展趋势；单价法计算简便，但调价过程繁杂，是过渡性的计算办法。

5.2 施工图预算费用组成

公路施工图预算费用是指建设一条公路或一座独立大桥或隧道，使其达到设计要求所花费的全部费用。公路工程属建设工程，建设内容包括土建工程、沿线设施安装工程、设备购置工作、相关的征地拆迁工作灯，其预算造价相应的由建筑安装工程费、设备工具器具及家具购置费、工程建设其他费用及预备费四大部分组成。其具体费用构成如图5-1所示。

1. 建筑安装工程费

建筑安装工程费指建筑物的建造费用和设备安装费用两部分。

建筑物的建造又称土建工程，是建筑业按照预定的建设目的直接完成的施工生产成果，是一种创造价值和转移价值的施工生产活动，它必须通过兴工动料才能实现。公路工程项目的土建工程包括路基土方施工、路面铺筑、桥涵修建、边坡防护等工作。

公路建设项目中设备安装工程主要指高等级公路中的管理设施的安装，如收费站的收费设施安装、通信系统的设施安装、监控系统的设施安装、供电系统的设备安装，以及某些隧道的通风设备、供电设备的安装等。但桥涵工程及其他混凝土工程中的预制构件的安装不属于设备安装工程，而是建筑工程中混凝土工程施工的一种方法。

建筑安装工程费由直接费、间接费、利润、税金等四部分组成。

（1）直接费。是直接用于工程形体施工消耗的费用，由直接工程费、其他工程费组成。

直接工程费是指现场一线施工过程中耗费的构成工程实体和有助于工程形成的各项费用，包括按定额施工条件下消耗的人工费、材料费、施工机械使用费之和。

其他工程费是指直接工程费以外现场施工过程中发生的直接用于工程的费用。如由于项目所在地气温等因素不同于定额施工条件，而造成现场施工费用增加的补偿费用，包括冬期施工增加费、雨期施工增加费、夜间施工增加费、特殊地区（高原、沿海、风沙地区）施工增加费、行车干扰工程施工增加费、安全及文明施工增加费、临时设施费、施工辅助费、工地转移费九项内容。

（2）间接费。是辅助工程形体施工的相关费用，由规费、企业管理费组成。

规费系指依据政府和有关权力部门规定施工企业必须缴纳的费用，即保障企业职工利益的"四险一金"：养老保险费、失业保险费、医疗保险费、工伤保险费、住房公积金。

企业管理费是指施工企业为组织施工生产经营活动所发生的管理费用。包括企业施工现场管理的费用，如项目部管理费用、职工探亲、取暖费用，为现场施工筹措流动资金花费的费用。

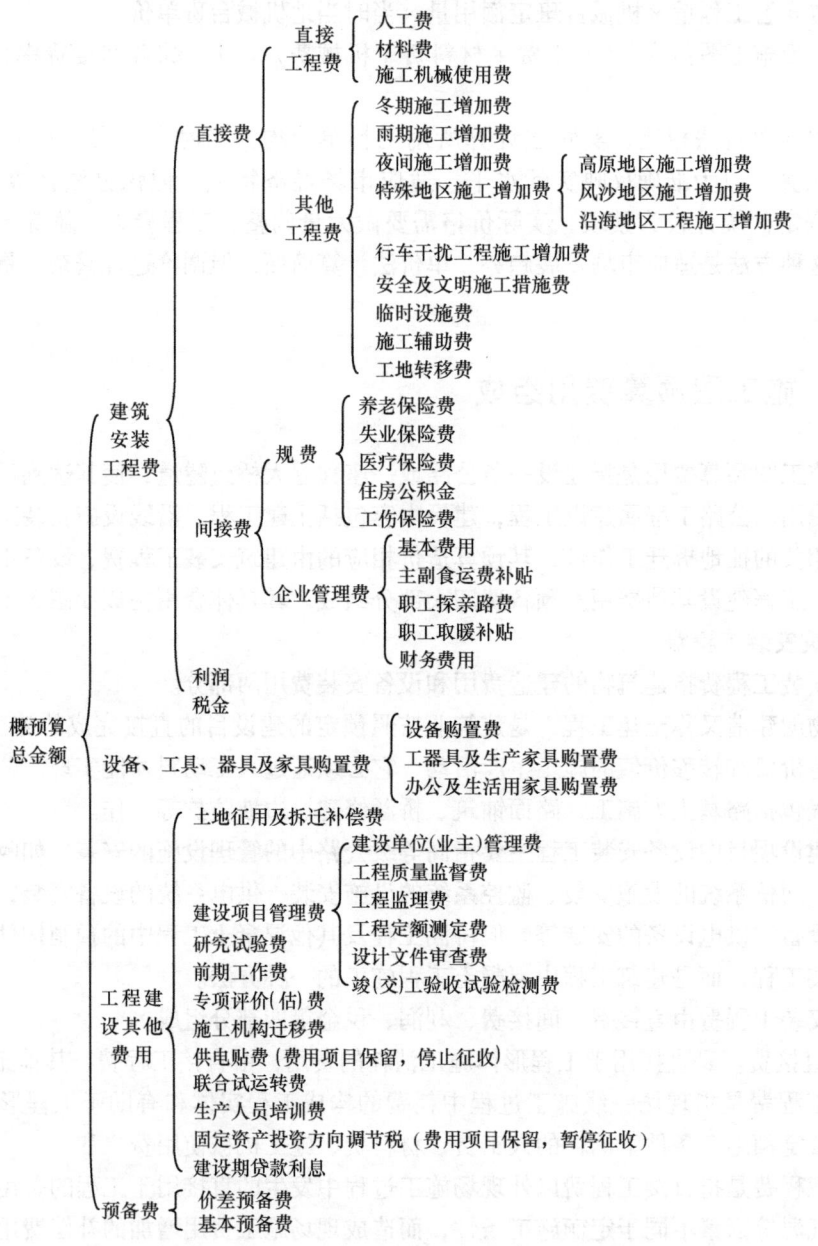

图 5-1 公路概预算费用构成

（3）利润。指按照国家有关规定，施工企业完成所承包工程应取得的计划盈利。

（4）税金。指按国家税法规定，应计入建筑安装工程造价内的营业税、城市维护建设税及教育费附加等。

2. 设备、工具、器具及家具购置费

设备购置费系指为满足公路的营运、管理、养护需要，购置的达到固定资产标准的设备和虽低于固定资产标准但属于设计明确列入设备清单的设备的费用。如隧道的照明、消防、通风的动力设备，高等级公路的收费、监控、通信、供电设备，养护用的机械、设备、家具等的购置费用。

工具、器具购置费系指建设项目交付使用后为满足初期正常营运必须购置的第一套不构成固定资产的设备、仪器、仪表、工卡模具、器具、工作台（框、架、柜）等的费用。不包括上述已计入设备购置费的设备。

办公及生活用家具构置费指为保证新建、改建项目初期正常生产、使用和管理所必须购置的办公和生活用家具、用具的费用。

3. 工程建设其他费用

工程建设其他费用，是指除建筑安装工程费用和设备、工具、器具及办公和生活用家具购置费用以外的一些费用，根据国家有关规定应在基本建设投资中支付，并构成工程造价的一个组成部分，如土地征用和拆迁补偿费用、建设项目管理费用（包括业主、监理部门、定额站等）、研究试验费、项目建设初期的设计费用、生产人员培训费、建设期的贷款利息等。

4. 预备费

为了对一些在工程开工之前不可能预见到而必须增加的工程和费用，以及建设期间可能发生的由于自然灾害、物价变动及国家政策调整对工程造价的影响作准备。预备费由价差预备费及基本预备费两部分组成。用于支付由于物价上涨和施工中工程变更引起造价变化需要的费用。在公路工程建设期限内，凡需动用预备费时，属于公路交通部门投资的项目，需经建设单位提出，按建设项目隶属关系，报交通部或交通厅（局）基建主管部门核定批准。属于其他部门投资的建设项目，按其隶属关系报有关部门核定批准。

随 堂 练 习

1. （单选）下列不属于设备购置费所含费用的是（　　）
   A. 车辆超载检测设备费　　　　B. 养护用洒水车购置费
   C. 施工用压路机购置费　　　　D. 道路沿线监控设施购置费
2. （单选）税金费用项目不包含（　　）
   A. 城市维护建设税　　　　　　B. 增值税
   C. 施工企业营业税　　　　　　D. 教育费附加
3. （多选）公路建设工程造价由（　　）等组成。
   A. 建筑安装工程费　　　　　　B. 设备和工器具购置费
   C. 工程建设其他费用　　　　　D. 建设单位管理费
4. （多选）公路工程造价中，直接费由下列（　　）等组成。
   A. 其他工程费　　　　　　　　B. 规费
   C. 直接工程费　　　　　　　　D. 企业管理费
5. （判断）建筑安装工程费用就是指建筑物的建造费用，需要安装设备的安置和装配费用，以及相关的工程和费用，也就是支付给施工单位的全部费用。（　　）

5.3　工程类别划分

建筑安装工程费包括直接费、间接费、利润及税金。其中其他工程费及间接费取费标准与公路工程的工程类别划分有密切关系,为了能正确测算其他工程费及间接费,要求必须能准确判定各分项工程所属的工程类别。

公路工程是一项庞大、复杂、周期长、投资巨大的项目工程,包含很多分项工程,常见公路工程分项工程划分为13类工程类别。

(1) 人工土方:系指人工施工的路基、改河等土方工程,以及人工施工的砍树、挖根、除草、平整场地、挖盖山土等工程项目,并适用于无路面的便道工程。

(2) 机械土方:系指机械施工的路基、改河等土方工程,以及机械施工的砍树、挖根、除草等工程项目。

(3) 汽车运输:系指汽车、拖拉机、机动翻斗车等运送的路基、改河土(石)方、路面基层和面层混合料、水泥混凝土及预制构件、绿化苗、木等。

(4) 人工石方:系指人工施工的路基、改河等石方工程,以及人工施工的挖盖山石项目。

(5) 机械石方:系指机械施工的路基、改河等石方工程(机械打眼即属机械施工)。

(6) 高级路面:系指沥青混凝土路面、厂拌沥青碎石路面和水泥混凝土路面的面层。

(7) 其他路面:系指除高级路面以外的其他路面面层,各等级路面的基层、底基层、垫层、透层、黏层、封层,采用结合料稳定的路基和软土等特殊路基处理等工程,以及有路面的便道工程。

(8) 构造物Ⅰ:系指无夜间施工的桥梁、涵洞、防护(包括绿化)及其他工程,交通工程及沿线设施工程(设备安装及金属标志牌、防撞钢护栏、防眩板(网)、隔离栅、防护网除外),以及临时工程中的便桥、电力电信线路、轨道铺设等工程项目。

(9) 构造物Ⅱ:系指有夜间施工的桥梁工程。

(10) 构造物Ⅲ:系指商品混凝土(包括沥青混凝土和水泥混凝土)的浇筑和外购构件及设备的安装工程。商品混凝土和外购构件及设备的费用不作为其他工程费和间接费的计算基数。

(11) 技术复杂大桥:系指单孔跨径在120m以上(含120m)和基础水深在10m以上(含10m)的大桥主桥部分的基础、下部和上部工程。

(12) 隧道:系指隧道工程的洞门及洞内土建工程。

(13) 钢材及钢结构:系指钢桥及钢吊桥的上部构造,钢沉井、钢围堰、钢套箱及钢护筒等基础工程,钢索塔、钢锚箱、钢筋及预应力钢材,模数式及橡胶板式伸缩缝,钢盆式橡胶支座,四氟板式橡胶支座,金属标志牌、防撞钢护栏、防眩板(网)、隔离栅、防护网等工程项目。

随堂练习

1. (单选) 挡土墙施工所属的工程类别是 (　　)
A. 人工土方　　　B. 构造物　　　C. 其他路面　　　D. 人工石方

2. (单选) 灌注桩施工中钢筋笼制作所属的工程类别是 (　　)
A. 构造物Ⅲ　　　B. 构造物Ⅰ　　　C. 其他路面　　　D. 钢材与钢结构

3. (单选) 粉喷桩加固地基所属的工程类别是 (　　)
A. 人工土方　　　B. 构造物Ⅰ　　　C. 其他路面　　　D. 人工石方

4. (单选) 推土机、压路机铺筑汽车便道所属的工程类别是 (　　)

A. 人工土方　　　　B. 机械土方　　　　C. 其他路面　　　　D. 人工石方
5. (单选) 高速公路上波形护栏的安设所属的工程类别是（　　）
A. 其他路面　　　　B. 构造物Ⅰ　　　　C. 构造物Ⅲ　　　　D. 钢材与钢结构
6. (单选) 水泥混凝土路面（商品混凝土）施工所属的工程类别是（　　）
A. 其他路面　　　　B. 构造物Ⅰ　　　　C. 构造物Ⅲ　　　　D. 高级路面
7. (多选) 在其他工程费及间接费取费标准的工程类别划分中，其他路面包括（　　）。
A. 各等级路面的基层　　　　　　　B. 有路面的便道工程
C. 特殊路基处理　　　　　　　　　D. 临时工程中的便桥
8. 工程类别在概预算文件编制中有什么用？

5.4　建筑安装工程费计算，填写08表，汇总03表

一、建筑安装工程费基本知识

建筑安装工程费，是公路工程施工图预算的第一部分费用，是通过兴工动料，完成符合设计要求的建筑安装工程部分所需的费用，是工程造价的一个主要组成部分，约占到施工图预算总金额的60%～70%。公路工程建筑安装工程费由直接费、间接费、利润、税金等部分组成。此费用计算应首先按照第二章的原则进行项目划分，再逐项计算各分项工程的建筑安装工程费，计算过程填写在08表中，汇总所有分项工程的建安工程费得到项目的建安工程费，填写在03表。建安工程费计算是比较复杂的一项工作，不仅计算工作量大，而且要严格执行国家有关的方针、政策和制度，正确地按照有关依据和资料。

1. 建筑安装工程费的编制依据

编制建筑安装工程造价的依据比较多，主要有以下各项内容：

（1）设计图样和说明书。它规定了建设工程的规模、标准、内容，以及各项工程量统计和施工工艺要求等，是编制建筑安装工程费的主要工作对象和依据。

（2）计价依据。主要包括工程定额，即工、料、机消耗定额，费用定额，以及人工、材料、施工机械台班预算价格，工程量计算规则和计价办法等。

所谓工程定额，是泛指《公路工程估算指标》《公路工程概算定额》《公路工程预算定额》；费用定额是指《公路工程机械台班费用定额》以及《公路基本建设工程投资估算编制办法》《公路基本建设工程概算、预算编制办法》中所规定的直接费、间接费、利润和税金等的各项费率定额。

（3）施工组织设计或施工方案以及技术组织措施等。诸如施工工期的安排，施工方法的选择，施工机具的选型配套，大型预制和拌和场地的确定，废方处理等。这些都是编制建筑安装工程费必不可少的依据，并应在编制之前提出，以便于编制工作的顺利进行。

（4）主管部门的勘测设计任务通知，或合同、协议中对工程造价编制的有关规定，上级主管部门对上阶段造价文件审查意见。

2. 建筑安装工程费的费用组成（图5-2）

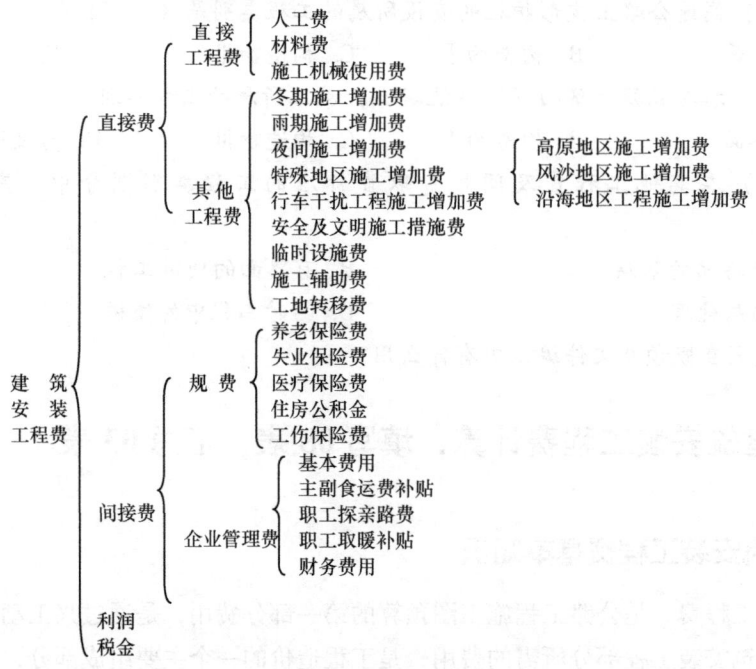

图5-2 建筑安装工程费的费用组成

二、建筑安装工程费的计算办法

（一）直接费

公路基本建设中的直接费，由直接工程费和其他工程费组成。直接工程费是指施工现场直接用于形成工程实体消耗的费用，包括人工费、材料费、机械使用费。其他工程费是指某种条件下直接用于形成工程实体消耗的其他费用，如冬期施工增加费、雨期施工增加费、夜间施工增加费、特殊地区施工增加费、行车干扰工程施工增加费、安全及文明施工措施费、临时设施费、施工辅助费、工地转移费等。

1. 直接工程费 = 人工费 + 材料费 + 施工机械使用费

（1）人工费。人工费是指列入概预算定额的直接从事建筑安装施工的生产工人开支的各项费用。内容包括：

1) 基本工资。系指发放给生产工人的基本工资、流动施工津贴和生产工人劳动保护费，以及为职工缴纳的养老、失业、医疗保险费和住房公积金等。

生产工人劳动保护费系指按国家有关部门规定标准发放的劳动保护用品的购置费及修理费、徒工服装补贴、防暑降温费、在有碍身体健康环境中施工的保健费用等。

2) 工资性补贴。系指按规定标准发放的物价补贴，煤、燃气补贴，交通费补贴，地区津贴等。

3) 生产工人辅助工资。系指生产工人年有效施工天数以外非作业天数的工资，包括开会和执行必要的社会义务时间的工资，职工学习、培训期间的工资，调动工作、探亲、休假期间的工资，因气候影响停工期间的工资，女工哺乳期间的工资，病假在六个月以内的工资及产、婚、丧假期的工资。

4) 职工福利费。系指按国家规定标准计提的职工福利费。

人工费 = 定额消耗 × 工程数量 × 人工预算单价

式中　定额消耗——单位合格产品的人工消耗量，由《公路工程预算定额》按照第3章方法查表确定。

工程数量——分项工程的工程量/定额单位。

人工预算单价——以工日为单位的人工单价，计算办法见第4章。

【例1】 某二级公路长8.6km，路基宽10m，拟用路拌法（稳定土拌和机）施工12%的水泥稳定土基层，厚度20cm，若人工预算单价为49.20元/工日，试计算预算人工费。

解：1) 定额：由分项工程内容，查《预算定额》[82-2-1-2-17+18]，每1000m^2需要消耗人工：17.2 + 0.8 × 5 + 3 = 24.2（工日）。

注：基层厚度超过规定厚度，每1000m^2基层人工加3个工日。

2) 工程数量 = 8600 × 10/1000 = 86

3) 人工预算单价 = 49.20元/工日

4) 人工费 = 24.2 × 49.20 × 86 = 102395.04（元）

(2) 材料费。材料费是指施工过程中耗用的构成工程实体的原材料、辅助材料、周转性材料等，按工程所在地的材料预算价格计算得到的费用。

材料按照消耗量多少分为主要材料和次要材料，定额中主要材料是分别给出其消耗数量的；次要材料则不分类型，直接给出消耗金额，称为其他材料费（元）。

材料费 = (∑定额消耗 × 材料预算单价 + 其他材料费) × 工程数量

式中　定额消耗——单位合格产品需要的材料消耗量，由《公路工程预算定额》查得。

工程数量——分项工程的工程量/定额单位。

材料预算单价——单位材料的预算价格。预算中材料一般以kg或m^3为单位。计算办法见第4章。

【例2】 接上例，若已知项目所在地的32.5级水泥预算单价为320元/t，土的预算单价8元/m^3，计算该分项工程的材料费。

解：1) 定额：由分项工程内容，查《预算定额》[82-2-1-2-17+18]，每1000m^2需要消耗材料：32.5级水泥[24.341 + 1.623 × (20 − 15)] × 12%/10% = 38.95(t)

土[200.15 + 13.34 × (20 − 15)] × 88%/90% = 260.92(m^3)。

注：水泥剂量不同于定额，需要抽换。

2) 工程数量 = 8600 × 10/1000 = 86

3) 32.5级水泥预算单价为320元/t，土的预算单价8元/m^3。

4) 材料费 = (38.95 × 320 + 260.92 × 8) × 86 = 1251416.96(元)

(3) 机械使用费。施工机械使用费是指列入概、预算定额的施工机械台班数量，按相应机械台班费用定额计算的施工机械使用费和小型机具使用费。即：

机械使用费 = (∑定额消耗 × 机械台班预算单价 + 小型机具使用费) × 工程数量

式中　定额消耗——单位合格产品的机械台班消耗量，由《公路工程预算定额》查得。

工程数量——分项工程的工程量/定额单位。

机械台班预算单价——以台班为单位时间的机械价格,计算办法见第4章。

【例3】 某路基工程土方约为50000m³（普通土天然密实方）。采用90kW以内推土机施工,推土运距60m。试按预算定额计算该土方工程的机械使用费。已知该工程柴油预算价格为7元/kg,人工单价45元/工日。

解:1)确定推土机机械台班消耗:

查《预算定额》第1章 [20-1-1-12-6+8×4],每1000m³天然密实方定额值为:推土机 $2.39+0.8×(60-20)/10=5.59$（台班）。

2)确定推土机台班单价:

查《公路工程机械台班费用定额》,代号1004。

不变费用:311.14元,可变费用:人工2工日,柴油:65.37kg。

台班单价 = $311.14+2×45+65.37×7=858.73$(元/台班)

3)计算该土方工程的机械使用费:

机械使用费 = $5.59×858.73×50000/1000=240015.04$(元)

4)直接工程费 = 人工费 + 材料费 + 机械使用费

【例4】 某跨径20m以内石拱桥,其浆砌块石拱圈工程量为300m³,人工预算单价为40元/工日、材料的预算价格如下:

原木1020元/m³	铁钉7元/kg	32.5号水泥350元/t	砂60元/m³
锯材1240元/m³	铁丝6.8元/kg	水1.2元/m³	块石为85元/m³

试求浆砌块石拱圈施工的直接工程费。

解:1)查《公路工程预算定额》第4章 [442-4-5-3-8] 得知:每10m³实体工、料、机消耗量,则工程数量 = $300/10=30$个定额单位,300m³浆砌块石拱圈如下:

人工:$19.3×30=579$（工日）

材料:原木　　$0.012×30=0.36$（m³）　　锯材　　　　$0.016×30=0.48$（m³）

　　　铁钉　　$0.1×30=3$（kg）　　　　8~20号铁丝:$1.5×30=45$（kg）

　　　水　　　$15×30=450$（m³）　　　32.5级水泥:$0.751×30=22.53$（t）

　　　中粗砂　$3.06×30=91.8$（m³）　　块石:　　　$10.5×30=315$（m³）

　　　其他材料费　$4.5×30=135$（元）

机械:小型机具使用费　$5.6×30=168$（元）

2)人工费 = $579×40=23160$（元）

材料费 = $0.36×1020+0.48×1240+3×7+45×6.8+22.53×350+450×1.2+91.8×60+315×85+135=421330$(元)

机械费 = 168元

直接工程费 = 人工费 + 材料费 + 机械费 = $23160+421330+168=65461$(元)

2. 其他工程费 = 直接工程费 × 综合费率Ⅰ + (人工费 + 机械费) × 综合费率Ⅱ

其他工程费是指直接工程费以外直接用于工程实体形成消耗的其他费用,包括冬期施工增加费、雨期施工增加费、夜间施工增加费、特殊地区施工增加费、行车干扰工程施工增加费、安全及文明施工措施费、临时设施费、施工辅助费、工地转移费等九项。各类工程综合费率的计算在04表完成。

(1) 冬期施工增加费。冬期施工增加费是指按照《公路施工及验收规范》所规定的冬期施工要求，为保证工程质量和安全生产所需采取的防寒保温设施，工效降低和机械作业率降低以及技术操作过程的改变等所需增加的有关费用。

冬期施工增加费以各类工程的直接工程费之和为基数，按项目工程类别和工程所在地的气温区（全国冬期施工气温区划分按《公路工程基本建设项目概算预算编制办法》的附录七查取）选用表5-1的相应费率计算。为简化计算，采用全年平均摊销的方法，即不论是否在冬期施工，均按规定的取费标准计取冬期施工增加费。

表5-1 冬期施工增加费费率表（%）

气温区 工程类别	冬季期平均气温/℃								准一区	准二区
	-1以上		-1~-4		-4~-7	-7~-10	-10~-14	-14以下		
	冬一区		冬二区		冬三区	冬四区	冬五区	冬六区		
	Ⅰ	Ⅱ	Ⅰ	Ⅱ						
人工土方	0.28	0.44	0.59	0.76	1.44	2.05	3.07	4.61	—	—
机械土方	0.43	0.67	0.93	1.17	2.21	3.14	4.71	7.07	—	—
汽车运输	0.08	0.12	0.17	0.21	0.40	0.56	0.84	1.27	—	—
人工石方	0.06	0.10	0.13	0.15	0.30	0.44	0.65	0.98	—	—
机械石方	0.08	0.13	0.18	0.21	0.42	0.61	0.91	1.37	—	—
高级路面	0.37	0.52	0.72	0.81	1.48	2.00	3.00	4.50	0.06	0.16
其他路面	0.11	0.20	0.29	0.37	0.62	0.80	1.20	1.80	—	—
构造物Ⅰ	0.34	0.49	0.66	0.75	1.36	1.84	2.76	4.14	0.06	0.15
构造物Ⅱ	0.42	0.60	0.81	0.92	1.67	2.27	3.40	5.10	0.08	0.19
构造物Ⅲ	0.83	1.18	1.60	1.81	3.29	4.46	6.69	10.03	0.15	0.37
技术复杂大桥	0.48	0.68	0.93	1.05	1.91	2.58	3.87	5.81	0.08	0.21
隧道	0.10	0.19	0.27	0.35	0.58	0.75	1.12	1.69	—	—
钢材及钢结构	0.02	0.05	0.07	0.09	0.15	0.19	0.29	0.43	—	—

(2) 雨期施工增加费。雨期施工增加费是指雨期期间施工为保证工程质量和安全生产所需采取的防雨、排水、防潮和防护措施、工效降低和机械作业率降低以及技术作业过程的改变所需增加的费用。雨期施工增加费以各类工程的直接工程费之和为基数，按项目工程类别和工程所在地的雨量区、雨期期（全国雨期施工雨量区及雨期期的划分按《公路工程基本建设项目概算预算编制办法》的附录八查取）和各类工程的特点选用表5-2的相应费率计算。雨期施工增加费的计算采用全年平均摊销的方法，即不论是否在雨期施工，均按规定的取费标准计取雨期施工增加费。

表 5-2 雨期施工增加费费率表（%）

雨季期（月数） 工程类别	1		1.5		2		2.5		3		3.5		4		4.5		5		6		7		8	
雨量区	I	II	I	II	I	II	I	II	I	II	I	II	I	II	I	II	I	II	I	II	I	II	I	II
人工土方	0.04	—	0.05	—	0.07	0.11	0.09	0.13	0.11	0.15	0.13	0.17	0.15	0.20	0.17	0.23	0.19	0.26	0.21	0.31	0.36	0.42
机械土方	0.04	—	0.05	—	0.07	0.11	0.09	0.13	0.11	0.15	0.13	0.17	0.15	0.20	0.17	0.23	0.19	0.27	0.22	0.32	0.37	0.43
汽车运输	0.01	—	0.05	—	0.07	0.11	0.09	0.13	0.11	0.16	0.13	0.19	0.15	0.22	0.17	0.25	0.19	0.27	0.22	0.32	0.37	0.43
人工石方	0.02	—	0.03	—	0.05	0.07	0.06	0.09	0.07	0.11	0.08	0.13	0.09	0.15	0.10	0.17	0.12	0.19	0.15	0.23	0.27	0.32
机械石方	0.03	—	0.04	—	0.06	0.10	0.08	0.12	0.10	0.14	0.12	0.16	0.14	0.19	0.16	0.22	0.18	0.25	0.20	0.29	0.34	0.39
高级路面	0.03	—	0.04	—	0.06	0.10	0.08	0.13	0.10	0.15	0.12	0.17	0.14	0.19	0.16	0.22	0.18	0.25	0.20	0.29	0.34	0.39
其他路面	0.03	—	0.04	—	0.06	0.09	0.08	0.12	0.09	0.14	0.10	0.16	0.12	0.18	0.14	0.21	0.16	0.24	0.19	0.28	0.32	0.37
构造物 I	0.03	—	0.04	—	0.05	0.08	0.06	0.09	0.07	0.11	0.08	0.13	0.10	0.15	0.12	0.17	0.14	0.19	0.16	0.23	0.27	0.31
构造物 II	0.03	—	0.04	—	0.05	0.08	0.07	0.10	0.08	0.12	0.09	0.14	0.11	0.16	0.13	0.18	0.15	0.21	0.17	0.25	0.30	0.34
构造物 III	0.06	—	0.08	—	0.11	0.17	0.14	0.21	0.17	0.25	0.20	0.30	0.23	0.35	0.27	0.40	0.31	0.45	0.35	0.52	0.60	0.69
技术复杂大桥	0.03	—	0.05	—	0.07	0.10	0.08	0.12	0.10	0.14	0.12	0.16	0.14	0.19	0.16	0.22	0.18	0.25	0.20	0.29	0.34	0.39
隧道	—	—	—	—	—	—	—	—	—	—	—	—	—	—	—	—	—	—	—	—	—	—
钢材及钢结构	—	—	—	—	—	—	—	—	—	—	—	—	—	—	—	—	—	—	—	—	—	—

室内管道及设备安装工程不计雨期施工增加费。

（3）夜间施工增加费。夜间施工增加费是指根据设计、施工的技术要求和合理的施工进度要求，必须在夜间连续施工而发生的工效降低、夜班津贴以及有关照明设施（包括所需照明设施的安拆、摊销、维修及油燃料、电）等增加的费用。夜间施工增加费按夜间施工工程项目（如桥梁工程项目包括上、下部构造全部工程）的直接工程费之和为基数，按工程类别查表5-3的相应费率计算。

表5-3　夜间施工增加费费率表（%）

工程类别	费率	工程类别	费率
构造物Ⅱ	0.35	技术复杂大桥	0.35
构造物Ⅲ	0.70	钢材及钢结构	0.35

注：设备安装工程及金属标志牌、防撞钢护栏、防眩板（网）、隔离栅、防护网等不计夜间施工。

（4）特殊地区施工增加费。特殊地区施工增加费包括高原地区施工增加费、风沙地区施工增加费和沿海地区增加费。

高原地区施工增加费是指在海拔高度1500m以上地区施工，由于受气候、气压的影响，致使人工、机械效率降低而增加的费用。该费用以各类工程人工费和机械使用费之和为基数，按项目工程类别和工程所在地的海拔高度选用表5-4的相应费率计算。

表5-4　高原地区施工增加费费率表（%）

工程类别	海拔高度/m							
	1501～2000	2001～2500	2501～3000	3001～3500	3501～4000	4001～4500	4501～5000	5000以上
人工土方	7.00	13.25	19.75	29.75	43.25	60.00	80.00	110.00
机械土方	6.56	12.60	18.66	25.60	36.05	49.08	64.72	83.80
汽车运输	6.50	12.50	18.50	25.00	35.00	47.50	62.50	80.00
人工石方	7.00	13.25	19.75	29.75	43.25	60.00	80.00	110.00
机械石方	6.71	12.82	19.03	27.01	38.50	52.80	69.92	92.72
高级路面	6.58	12.61	18.69	25.72	36.26	49.41	65.17	84.58
其他路面	6.73	12.84	19.07	27.15	38.74	53.17	70.44	93.60
构造物Ⅰ	6.87	13.06	19.44	28.56	41.18	56.86	75.61	102.47
构造物Ⅱ	6.77	12.90	19.17	27.54	39.41	54.18	71.85	96.03
构造物Ⅲ	6.73	12.85	19.08	27.19	38.81	53.27	70.57	93.84
技术复杂大桥	6.70	12.81	19.01	26.94	38.37	52.61	69.65	92.27
隧道	6.76	12.90	19.16	27.50	39.35	54.09	71.72	95.81
钢材及钢结构	6.78	12.92	19.20	27.66	39.62	54.50	72.30	96.80

风沙地区施工增加费是指在沙漠地区施工时，由于受风沙影响，按照施工及验收规范的要求，为保证工程质量和安全生产而增加的有关费用。风沙地区施工增加费以各类工程的人工费和机械使用费之和为基数，根据项目工程类别和工程所在地的风沙区划（全国风沙区划分由《公路工程基本建设项目概算预算编制办法》附录九查取）选用表5-5的相应费率计算。

表 5-5 风沙地区施工增加费费率表（%）

风沙区划 工程类别	风沙一区			风沙二区			风沙三区		
	沙漠类型								
	固定	半固定	流动	固定	半固定	流动	固定	半固定	流动
人工土方	6.00	11.00	18.00	7.00	17.00	26.00	11.00	24.00	37.00
机械土方	4.00	7.00	12.00	5.00	11.00	17.00	7.00	15.00	24.00
汽车运输	4.00	8.00	13.00	5.00	12.00	18.00	8.00	17.00	26.00
人工石方	—	—	—	—	—	—	—	—	—
机械石方	—	—	—	—	—	—	—	—	—
高级路面	0.50	1.00	2.00	1.00	2.00	3.00	2.00	3.00	5.00
其他路面	2.00	4.00	7.00	3.00	7.00	10.00	4.00	10.00	15.00
构造物Ⅰ	4.00	7.00	12.00	5.00	11.00	17.00	7.00	16.00	24.00
构造物Ⅱ	—	—	—	—	—	—	—	—	—
构造物Ⅲ	—	—	—	—	—	—	—	—	—
技术复杂大桥	—	—	—	—	—	—	—	—	—
隧道	—	—	—	—	—	—	—	—	—
钢材及钢结构	1.00	2.00	4.00	1.00	3.00	5.00	2.00	5.00	7.00

沿海地区工程施工增加费是指工程项目在沿海地区施工受海风、海浪和潮汐的影响，致使人工、机械效率降低等所需增加的费用。沿海地区工程施工增加费以各类工程的直接工程费之和为基数，按项目工程类别选定表 5-6 的相应费率计算。

表 5-6 沿海地区工程施工增加费费率表（%）

工程类别	费率	工程类别	费率
构造物Ⅰ	0.15	技术复杂大桥	0.15
构造物Ⅱ	0.15	钢材及钢结构	0.15

（5）行车干扰工程施工增加费。行车干扰工程施工增加费是指由于边施工边维护通车，受行车干扰的影响，致使人工、机械效率降低而增加的费用。该费用以受行车影响部分的工程项目的人工费和机械使用费之和为基数，按项目工程类别和行车次数选定表 5-7 的相应费率计算。

表 5-7 行车干扰工程施工增加费费率表（%）

工程类别	施工期间平均每昼夜双向行车次数〔汽车、畜力车合计〕							
	51~100	101~500	501~1000	1001~2000	2001~3000	3001~4000	4001~5000	5000以上
人工土方	1.64	2.46	3.28	4.10	4.76	5.29	5.86	6.44
机械土方	1.39	2.19	3.00	3.89	4.51	5.02	5.56	6.11
汽车运输	1.36	2.09	2.85	3.75	4.35	4.84	5.36	5.89
人工石方	1.66	2.40	3.33	4.06	4.71	5.24	5.81	6.37

(续)

工程类别	施工期间平均每昼夜双向行车次数〔汽车、畜力车合计〕							
	51~100	101~500	501~1000	1001~2000	2001~3000	3001~4000	4001~5000	5000以上
机械石方	1.16	1.71	2.38	3.19	3.70	4.12	4.56	5.01
高级路面	1.24	1.87	2.50	3.11	3.61	4.01	4.45	4.88
其他路面	1.17	1.77	2.36	2.94	3.41	3.79	4.20	4.62
构造物Ⅰ	0.94	1.41	1.89	2.36	2.74	3.04	3.37	3.71
构造物Ⅱ	0.95	1.43	1.90	2.37	2.75	3.06	3.39	3.72
构造物Ⅲ	0.95	1.42	1.90	2.37	2.75	3.05	3.38	3.72
技术复杂大桥	—	—	—	—	—	—	—	—
隧道	—	—	—	—	—	—	—	—
钢材及钢结构	—	—	—	—	—	—	—	—

（6）安全及文明施工措施费。安全及文明施工措施费是指工程施工期间为满足安全生产、文明施工、职工健康生活所发生的费用。不包括施工期间为保证交通安全而设置的临时安全设施和标志、标牌的费用，需要时，应根据设计要求计算。安全及文明施工措施费以各类工程的直接工程费之和为基数，按项目工程类别选定表5-8的相应费率计算。

表5-8 安全及文明施工措施费费率表（%）

工程类别	费率	工程类别	费率
人工土方	0.59	构造物Ⅰ	0.72
机械土方	0.59	构造物Ⅱ	0.78
汽车运输	0.21	构造物Ⅲ	1.57
人工石方	0.59	技术复杂大桥	0.86
机械石方	0.59	隧道	0.73
高级路面	1.00	钢材及钢结构	0.53
其他路面	1.02		

（7）临时设施费。临时设施费是指施工企业为进行建筑安装工程施工所必需的生活和生产用的临时建筑物、构筑物和其他临时设施的费用等，如临时生活及居住房屋（包括职工家属房屋及探亲房屋）、文化福利及公用房屋（如广播室、文体活动室等）和生产、办公房屋（如仓库、加工厂、加工棚、发电站、变电站、空压机站、停机棚等），工地范围内的各种临时的工作便道、人行便道，工地临时用水、用电的水管支线和电线支线，临时构筑物（如水井、水塔等）以及其他小型临时设施，但不包括概、预算定额中临时工程在内。临时设施费以各类工程的直接工程费之和为基数，按项目工程类别选定表5-9的相应费率计算。

表5-9 临时设施费费率表（%）

工程类别	费率	工程类别	费率
人工土方	1.57	构造物Ⅰ	2.65
机械土方	1.42	构造物Ⅱ	3.14

(续)

工程类别	费率	工程类别	费率
汽车运输	0.92	构造物Ⅲ	5.81
人工石方	1.60	技术复杂大桥	2.92
机械石方	1.97	隧道	2.57
高级路面	1.92	钢材及钢结构	2.48
其他路面	1.87		

(8) 施工辅助费。施工辅助费包括生产工具用具使用费、检验试验费和工程定位复测、工程点交、场地清理等费用。生产工具用具使用费系指施工所需不属于固定资产的生产工具、检验、试验用具及仪器、仪表等的购置、摊销和维修费，以及支付给工人自备工具的补贴费；检验试验费系指对建筑材料、构件和建筑安装工程进行一般鉴定、检查所发生的费用，包括自设试验室进行试验所耗用的材料和化学药品的费用，以及技术革新和研究试验费。但不包括新结构、新材料的试验费和建设单位要求对具有出厂合格证明的材料进行检验、对构件破坏性试验及其他特殊要求检验的费用。

施工辅助费以各类工程的直接工程费之和为基数，按工程项目类别选定表 5-10 的相应费率计算。

表 5-10 施工辅助费费率表（%）

工程类别	费率	工程类别	费率
人工土方	0.89	构造物Ⅰ	1.30
机械土方	0.49	构造物Ⅱ	1.56
汽车运输	0.16	构造物Ⅲ	3.03
人工石方	0.85	技术复杂大桥	1.68
机械石方	0.46	隧道	1.23
高级路面	0.80	钢材及钢结构	0.56
其他路面	0.74		

(9) 工地转移费。工地转移费是指施工企业根据建设任务的需要，由已竣工的工地或后方基地迁至新工地的搬迁费用。工地转移费以各类工程的直接工程费之和为基数，按工程项目类别和工地转移距离、按内插法选定表 5-11 的相应费率计算。

转移距离以工程承包单位（如工程处、工程公司等）转移前后驻地距离或两路线中点的距离为准；编制概（预）算时，如施工单位不明确时，高速、一级公路及独立大桥、隧道按省城（自治区首府）至工地的里程，二级及以下公路按地（市、盟）至工地的里程计算工地转移费，工地转移里程数在表列里程之前时，费率可内插计算。工地转移距离在 50km 以内的工程不计取本项费用。

表 5-11 工地转移费费率表（%）

工程类别	工地转移距离					
	50	100	300	500	1000	每增加 100
人工土方	0.15	0.21	0.32	0.43	0.56	0.03
机械土方	0.50	0.67	1.05	1.37	1.82	0.08
汽车运输	0.31	0.40	0.62	0.82	1.07	0.05

(续)

工程类别	工地转移距离					
	50	100	300	500	1000	每增加100
人工石方	0.16	0.22	0.33	0.45	0.58	0.03
机械石方	0.36	0.43	0.74	0.97	1.28	0.06
高级路面	0.61	0.83	1.30	1.70	2.27	0.12
其他路面	0.56	0.75	1.18	1.54	2.06	0.10
构造物Ⅰ	0.56	0.75	1.18	1.54	2.06	0.11
构造物Ⅱ	0.66	0.89	1.40	1.83	2.45	0.13
构造物Ⅲ	1.31	1.77	2.77	3.62	4.85	0.25
技术复杂大桥	0.75	1.01	1.58	2.06	2.76	0.14
隧道	0.52	0.71	1.11	1.45	1.94	0.10
钢材及钢结构	0.72	0.97	1.51	1.97	2.64	0.13

其他工程费包含11项费用，其中冬期施工增加费、雨期施工增加费、夜间施工增加费、沿海地区工程施工增加费、安全及文明施工措施费、临时设施费、施工辅助费、工地转移费，费用计算均以直接工程费为基数，在费用计算时，其他工程费1 = (直接工程费) × ∑8项费率；而高原地区施工增加费、行车干扰工程施工增加费的费用计算是以人工费和机械费之和为基数，在费用计算时，其他工程费2 = (人工费 + 机械费) × ∑3项费率，其他工程费 = 直接工程费 × 综合费率1 + (人工费 + 机械费) × 综合费率2，其他工程费费率计算填在04表中。

（二）间接费

间接费是指直接工程费以外，施工企业为组织施工生产经营、筹措资金等一系列活动而发生的管理费用，主要由规费和企业管理费两项组成。间接费费率计算在04表完成。

1. 规费 = 人工费 × 规费综合费率

规费是指政府和有关权力部门规定施工企业必须缴纳的费用（简称规费）。包括养老保险费、失业保险费、医疗保险费、住房公积金、工伤保险费等五项。规费以各类工程的人工费之和为基数，按国家或工程所在地相关部门规定的标准计算。各省规定有所不同，如豫交计〔2008〕38号规定河南省规费标准为35%，其中，养老保险费20%，失业保险费2%，医疗保险费7%（含生育保险1%），住房公积金5%，工伤保险费1%。

2. 企业管理费 = 直接费 × 企业管理费综合费率

企业管理费是指施工企业为组织施工生产经营活动所发生的管理费用。企业管理费由基本费用、主副食运费补贴、职工探亲路费、职工取暖补贴和财务费用等五项组成。企业管理费以各类工程的直接费之和为基数，按《公路工程基本建设项目概算预算编制办法》企业管理费费率表的费率计算。

（1）基本费用。企业管理费基本费用是指施工企业为组织施工生产和经营管理所需的费用，内容包括管理人员工资、办公费、因公出差和工作调动的差旅交通费、管理和试验部门等使用的属于固定资料的房屋、设备、仪器等的折旧，大修、维修或租赁费、管理用工具用具使用费、离退休职工的易地安家补助费和职工退休金等劳动保险费、工会经费、职工教育经费、企业财产和管理用车的保险费、工程在规定保修期以内保修费、施工现场工程排污费、税金、施工企业的业务招待费、绿化费、广告费、投标费、公证费、定额测定费、法律顾问费、审计费、咨询费等。基本费用以各类工程的直接费之和为基数,按项目工程类别选定表5-12的相应费率计算。

表5-12 基本费用费率表(%)

工程类别	费率	工程类别	费率
人工土方	3.36	构造物Ⅰ	4.44
机械土方	3.26	构造物Ⅱ	5.53
汽车运输	1.44	构造物Ⅲ	9.79
人工石方	3.45	技术复杂大桥	4.72
机械石方	3.28	隧道	4.22
高级路面	1.91	钢材及钢结构	2.42
其他路面	3.28		

(2) 主副食运费补贴。主副食运费补贴是指施工企业在远离城镇及乡村的野外施工购买生活必需品所需费用。该费用以各类工程的直接费之和为基数,按项目工程类别选定表5-13的费率计算。

表5-13 主副食运费补贴费率表(%)

工程类别	综合里程/km											
	1	3	5	8	10	15	20	25	30	40	50	每增加10
人工土方	0.17	0.25	0.31	0.39	0.45	0.56	0.67	0.76	0.89	1.06	1.22	0.16
机械土方	0.13	0.19	0.24	0.30	0.35	0.43	0.52	0.59	0.69	0.81	0.95	0.13
汽车运输	0.14	0.20	0.25	0.32	0.37	0.45	0.55	0.62	0.73	0.86	1.00	0.14
人工石方	0.13	0.19	0.24	0.30	0.34	0.42	0.51	0.58	0.67	0.80	0.92	0.12
机械石方	0.12	0.18	0.22	0.28	0.33	0.41	0.49	0.55	0.65	0.76	0.89	0.12
高级路面	0.08	0.12	0.15	0.20	0.22	0.33	0.38	0.44	0.52	0.60	0.08	
其他路面	0.09	0.12	0.15	0.20	0.22	0.28	0.33	0.38	0.44	0.52	0.61	0.09
构造物Ⅰ	0.13	0.18	0.23	0.28	0.32	0.40	0.49	0.55	0.65	0.76	0.89	0.12
构造物Ⅱ	0.14	0.20	0.25	0.30	0.35	0.43	0.52	0.60	0.70	0.83	0.96	0.13
构造物Ⅲ	0.25	0.36	0.45	0.55	0.64	0.79	0.96	1.09	1.28	1.51	1.76	0.24
技术复杂大桥	0.11	0.16	0.20	0.25	0.29	0.36	0.43	0.49	0.57	0.68	0.79	0.11
隧道	0.11	0.16	0.20	0.24	0.28	0.34	0.42	0.48	0.56	0.66	0.77	0.10
钢材及钢结构	0.11	0.16	0.20	0.26	0.30	0.37	0.44	0.50	0.59	0.69	0.80	0.11

注:综合里程=粮食运距×0.06+燃料运距×0.09+蔬菜运距×0.15+水运距×0.70;粮食、燃料、蔬菜、水的运距均为全线平均运距;综合里程数在表列里程之间时,费率可内插;综合里程在1km以内的工程不计取本项费用。

(3) 职工探亲路费。职工探亲路费是指按照有关规定施工企业在探亲期间发生的往返车船费、市内交通费和途中住宿费等费用。该费用以各类工程的直接费之和为基数,按项目工程类别选定表5-14的费率计算。

表 5-14 职工探亲路费费率表（%）

工程类别	费率	工程类别	费率
人工土方	0.10	构造物Ⅰ	0.29
机械土方	0.22	构造物Ⅱ	0.34
汽车运输	0.14	构造物Ⅲ	0.55
人工石方	0.10	技术复杂大桥	0.20
机械石方	0.22	隧道	0.27
高级路面	0.14	钢材及钢结构	0.16
其他路面	0.16		

（4）职工取暖补贴。职工取暖补贴是指按规定发放给职工的冬季取暖或在施工现场设置的临时取暖设施的费用。该费用以各类工程的直接费之和为基数，按项目工程类别和工程所在地的气温区（同冬期施工增加费的气温区，查《公路工程基本建设项目概算预算编制办法》附录七）选定表 5-15 的费率计算。

表 5-15 职工取暖补贴费费率表（%）

工程类别	气温区						
	准二区	准二区	准二区	准二区	准二区	准二区	准二区
人工土方	0.03	0.06	0.10	0.15	0.17	0.26	0.31
机械土方	0.06	0.13	0.22	0.33	0.44	0.55	0.66
汽车运输	0.06	0.12	0.21	0.31	0.41	0.51	0.62
人工石方	0.03	0.06	0.10	0.15	0.17	0.25	0.31
机械石方	0.05	0.11	0.17	0.26	0.35	0.44	0.53
高级路面	0.04	0.07	0.13	0.19	0.25	0.31	0.38
其他路面	0.04	0.07	0.12	0.18	0.24	0.30	0.36
构造物Ⅰ	0.06	0.12	0.19	0.28	0.36	0.46	0.56
构造物Ⅱ	0.06	0.13	0.20	0.30	0.41	0.51	0.62
构造物Ⅲ	0.11	0.23	0.37	0.56	0.74	0.93	1.13
技术复杂大桥	0.05	0.10	0.17	0.26	0.34	0.42	0.51
隧道	0.04	0.08	0.14	0.22	0.28	0.36	0.43
钢材及钢结构	0.04	0.07	0.12	0.19	0.25	0.31	0.37

（5）财务费用。财务费用是指施工企业为筹集资金而发生的各项费用，包括企业经营期间发生的短期贷款利息净支出、金融机构手续费等其他财务费用。财务费用以各类工程的直接费之和为基数，按项目工程类别选定表 5-16 的费率计算。

表 5-16 财务费用费率表（%）

工程类别	费率	工程类别	费率
人工土方	0.23	构造物Ⅰ	0.37
机械土方	0.21	构造物Ⅱ	0.40
汽车运输	0.21	构造物Ⅲ	0.82
人工石方	0.22	技术复杂大桥	0.46
机械石方	0.20	隧道	0.39
高级路面	0.27	钢材及钢结构	0.48
其他路面	0.30		

3. 辅助生产间接费

辅助生产间接费是指由施工单位自行开采加工的砂、石等自采材料及施工单位自办的人工装卸和人工运输所需的间接费。

辅助生产间接费按人工费的5%计。该项费用并入材料预算单价内构成材料费，不直接出现在概预算表格中。

三、利润

利润是指按照国家有关规定施工企业完成所承包工程应取得的盈利，利润按直接费与间接费之和扣除规费的7%计算。

四、税金

税金是指按国家税法规定应计入建筑安装工程造价内的营业税，城市维护建设税及教育费附加。

计算公式：税金 = （直接工程费 + 间接费 + 利润）× 综合税率

$$综合税率 = \left(\frac{1}{1 - 营业税 \times (1 + 城市维护建设税税率 + 教育费附加税率)}\right) - 1$$

其中：纳税地点在市区的企业，综合税率为3.41%；纳税地点在县城、乡城的企业，综合税率为3.35%；纳税地点不在市区、县城、乡镇的企业，综合税率为3.22%。

应注意的是：上面提到的纳税人所在地，是指工程的施工企业的登记注册地址。

【例5】 上题【例4】浆砌块石拱圈工程所在地为河南驻马店，工地转移距离260km，主副石综合里程5km。试求浆砌块石拱圈工程的建筑安装工程费。并填写04表、08表。

解：（1）查《编办》附录七、附录八可知：河南驻马店的冬季区划为准二区，雨季区为Ⅰ区3个月。

（2）浆砌块石拱圈工程的工程类别为构造物Ⅰ。

（3）查表得：其他工程费综合费率Ⅰ = 0.15 + 0.07 + 0.72 + 2.65 + 1.30 + [0.75 + (1.18 − 0.75) × 160/200] = 5.984（%）。

其他工程费综合费率Ⅱ = 0

其他工程费 = 直接工程费 × 综合费率Ⅰ = 65461 × 5.984% = 3917.19（元）。

（4）查表可得：规费综合费率 = 35%。

企业管理费综合费率 = 4.44 + 0.23 + 0.29 + 0.06 + 0.37 = 5.39（%）

间接费 = 规费 + 企业管理费 = 23160 × 35% + (65461 + 3917.19) × 5.39% = 11845.48（元）

（5）利润 = （直接费 + 间接费 − 规费）× 7% = （65461 + 3917.19 + 3739.48）× 7% = 5118.24（元）

（6）税金 = （直接费 + 间接费 + 利润）× 3.41% = 2944.26（元）

（7）建筑安装工程费 = 直接费 + 间接费 + 利润 + 税金 = 89286（元）

费率计算和费用计算结果见表5-17（a）、（b）。

表5-17（a） 其他工程费及间接费综合费率计算表

建设项目名称：河南驻马店公路

编制范围：××——××　　　　　　　　　　　　　第1页 共1页　　04表

序号	工程类别	其他工程费费率（%）									综合费率		间接费费率（%）													
		冬期施工增加费	雨期施工增加费	夜间施工增加费	高原地区施工增加费	风沙地区施工增加费	沿海地区施工增加费	行车干扰工程施工增加费	安全及文明施工措施费	临时设施费	施工辅助费	工地转移费			规费						企业管理费					
													I	II	养老保险费	失业保险费	医疗保险费	住房公积金	工伤保险费	综合费率	基本费用	主副食运费补贴	职工探亲路费	职工取暖补贴	财务费用	综合费率
1	2	3	4	5	6	7	8	9	10	11	12	13	14	15	16	17	18	19	20	21	22	23	24	25	26	27
08	构造物I	0.15	0.07						0.72	2.65	1.30	1.094	5.984		20	2	7	5	1	35	4.44	0.23	0.29	0.06	0.37	5.39

编制：admin　　　　　　　　　　　　　　　　　　　　　　　　　　复核：

表5-17（b） 分项工程预算表

编制范围：某石拱桥

工程名称：浆砌块石拱圈　　　　　　　　　　　　　第1页 共1页　　08-2表

序号	工料机名称	工程项目		浆砌块石			合　　计		
		工程细目		拱圈跨径20m以内					
		定额单位		10m³					
		工程数量		30.000					
		定额表号		4-5-3-8					
		单位	单价/元	定额	数量	金额/元	定额	数量	金额/元
1	人工	工日	40.00	19.300	579.000	23160		579.000	23160
2	原木	m³	1020.00	0.012	0.360	367		0.360	367
3	锯材木中板§=19~35	m³	1240.00	0.016	0.480	595		0.480	595
4	铁钉	kg	7.00	0.100	3.000	21		3.000	21
5	8~12号铁丝	kg	6.80	1.500	45.000	306		45.000	306
6	32.5号水泥	t	350.00	0.751	22.530	7885		22.530	7885
7	水	m³	1.20	15.000	450.000	540		450.000	540
8	中（粗）砂	m³	60.00	3.060	91.800	5508		91.800	5508
9	块石	m³	85.00	10.500	315.000	26775		315.000	26775
10	其他材料费	元	1.00	4.500	135.000	135		135.000	135
11	小型机具使用费	元	1.00	5.600	168.000	168		168.000	168
12	定额基价	元	1.00	2328.000	69840.000	69840		69840.000	69840
	直接工程费		元			65461			65461
	其他工程费	I	元	5.984		3917			3917
		II	元						
	间接费	规费	元	35.000		8106			8106
		企业管理费	元	5.390		3739			3739
	利润及税金		元	10.410		8062			8062
	建筑安装工程费		元			89286			89286

5.5 设备、工具、器具及家具购置费计算

设备、工具、器具及家具购置费是概预算费用的第二部分费用,包括设备购置费、工器具及生产家具购置费、办公及生活用家具购置费,计算办法相对简单。费用计算可添加在 05 表完成。

一、设备购置费

设备购置费是指为满足公路的营运、管理、养护需要,购置的构成固定资产标准的设备和虽低于固定资产标准但属于设计明确列入设备清单的设备的费用。包括渡口设备,隧道照明、消防、通风的动力设备,高等级公路的收费、监控、通信、供电设备,养护用的机械、设备和工具、器具等的购置费用。

设备购置费应由设计单位列出计划购置的清单(包括设备的规格、型号、数量),以设备原价加综合业务费和运杂费按以下公式计算:设备购置费 = 设备原价 + 运杂费(运输费 + 装卸费 + 搬动费) + 运输保险费 + 采购及保管费,需要安装的设备,应在第一部分建筑安装工程费的有关项目内另计设备的安装工程费。

1. 国产设备原价

国产设备的原价一般是指设备制造厂的交货价,即出厂价或订货合同价。它一般根据生产厂或供应商的询价、报价、合同价的确定。内容包括按专业标准规定的在运输过程中不受损失的一般包装费,及按产品设计规定配带的工具、附件和易损件的费用。即:

$$设备原价 = 出厂价(或供货地点价) + 包装费 + 手续费$$

2. 进口设备原价

进口设备的原价是指进口设备的抵岸价,即抵达买方边镜港口或边境车站,且交完关税为止形成的价格。即:进口设备原价 = 货价 + 国际运费 + 运输保险费 + 银行财务费 + 外贸手续费 + 关税 + 增值税 + 消费税 + 商检费 + 检疫费 + 车辆购置附加费。

(1)货价:一般指装运港船上交货价(FOB,习惯称离岸价)。一般折算为美元表示。进口设备货价按有关生产厂商询价、报价、订货合同价计算。

(2)国际运费:即从装运港(站)到达我国抵达港(站)的运费。国际运费 = 原币货价(FOB 价)× 运费费率。我国进口设备大多采用海洋运输,小部分采用铁路运输,个别采用航空运输。运费费率参照有关部门或进出口公司的规定执行,海运费费率一般为 6%。

(3)运输保险费:对外贸易货物运输保险是由保险人(保险公司)与被保险人(出口人或进口人)订立保险契约,这是一种财产保险。计算公式为:运输保险费 = [原币货价(FOB 价) + 国际运费] × 保险费费率/(1 - 保险费费率),保险费费率是按保险公司规定的进口货物保险费费率计算,一般为 0.35%。

(4)银行财务费:一般指中国银行手续费,银行财务费 = 人民币货价(FOB 价)× 银行财务费费率,银行财务费费率一般为 0.4% ~ 0.5%。

(5)外贸手续费:指按规定计取的外贸手续费,计算公式为:外贸手续费 = [人民币货价(FOB 价) + 国际运费 + 运输保险费] × 外贸手续费费率,外贸手续费费率一般为 1% ~ 1.5%。

(6)关税:指海关对进出国境或关境的货物和物品征收的一种税。计算公式为:关

税 = [人民币货价(FOB 价) + 国际运费 + 运输保险费] × 进口关税税率,进口关税税率按我国海关总署发布的进口关税税率计算。

(7) 增值税:是对从事进口贸易的单位和个人,在进口商品报关进口后征收的税种。按《中华人民共和国增值税条例》的规定,进口应税产品均按组成计税价格和增值税税率直接计算应纳税额。即:增值税 = [人民币货价(FOB 价) + 国际运费 + 运输保险费 + 关税 + 消费税] × 增值税税率,增值税税率根据规定的税率计算,目前进口设备适用的税率为 17%。

(8) 消费税:对部分进口设备(如轿车、摩托车等)征收,一般计算公式为:应纳消费税额 = [人民币货价(FOB 价) + 国际运费 + 运输保险费 + 关税] × 消耗费税率/(1 - 消费税税率),消耗税税率根据规定的税率计算。

(9) 商检费:指进口设备按规定付给商品检查部门和进口设备检验鉴定费。其计算公式为:商检费 = [人民币货价(FOB 价) + 国际运费 + 运输保险费] × 商检费费率,商检费费率一般为 0.8%。

(10) 检疫费:指进口设备按规定付给商品检疫部门的进口设备检验鉴定费。其计算公式为:检疫费 = [人民币货价(FOB 价) + 国际运费 + 运输保险费] × 检疫费费率,检疫费费率一般为 0.17%。

(11) 车辆购置附加费:指进口车辆需缴纳的进口车辆购置附加费,计算公式为:进口车辆购置附加费 = [人民币货价(FOB 价) + 国际运费 + 运输保险费 + 关税 + 消费税 + 增值税] × 进口车辆购置附加费费率。

3. 设备运杂费的构成及计算

国产设备运杂费指由设备制造厂交货地点起至工地仓库(或施工组织设计指定的需要安装设备的堆放地点)止所发生的运费和装卸费;进口设备运杂费指由我国到岸港口或边境车站起至工地仓库(或施工组织设计指定的需要安装设备的堆放地点)止所发生的运费和装卸费。其计算公式为:运杂费 = 设备原价 × 运杂费费率,设备运杂费费率见表 5-18。

表 5-18 设备运杂费费率表

运输里程/km	100 以内	101 ~ 200	201 ~ 300	301 ~ 400	401 ~ 500	501 ~ 750	751 ~ 1000	1001 ~ 1250	1251 ~ 1500	1501 ~ 1750	1751 ~ 2000	2000 以上
费率/%	0.8	0.9	1.0	1.1	1.2	1.5	1.7	2.0	2.2	2.4	2.6	0.2

4. 设备运输保险费

设备运输保险费指国内运输保险费,其计算公式为:运输保险费 = 设备原价 × 保险费费率,设备运输保险费费率一般为 1%。

5. 设备采购及保管费的构成及计算

设备采购及保管费指采购、验收、保管和收发设备所发生的各种费用,包括设备采购人员、保管人员和管理人员的工资、工资附加费、办公费、差旅交通费,设备部门办公和仓库所占固定资产使用费、工具用具使用费、劳动保护费、检验试验费等。其计算公式为:

采购及保管费 = 设备原价 × 采购及保管费费率

需要安装的设备的采购保管费费率为 2.4%,不需要安装的设备的采购保管费费率为 1.2%。

二、工器具及生产家具（简称工器具）购置费

工器具购置费系指建设项目交付使用后为满足初期正常营运必须购置的第一套不构成固定资产的设备、仪器、仪表、工卡模具、器具、工作台（框、架、柜）等的费用。不包括构成固定资产的设备、工器具和备品、备件，以及已列入设备购置费中的专用工具和备品、备件。

三、办公和生活用家具购置费

办公和生活用家具购置费系指为保证新建、改建项目初期正常生产、使用和管理所必须购置的办公和生活用家具、用具的费用。

范围包括：行政、生产部门的办公室、会议室、资料档案室、阅览室、单身宿舍及生活福利设施等的家具、用具。办公和生活用家具购置费按表5-19的规定计算。

表5-19 办公和生活用家具购置费标准表

工程所在地	路线/元/km				有看桥房的独立大桥/元/座	
	高速公路	一级公路	二级公路	三、四级公路	一般大桥	技术复杂大桥
内蒙古、黑龙江、青海、新疆、西藏	21500	15600	7800	4000	24000	60000
其他省、自治区、直辖市	17500	14600	5800	2900	19800	49000

注：改建工程按表列数80%。

【例6】 某建筑工程项目购置进口设备重1000t；装运港船上交货价格为600万美元；海运费为300美元/t。运输保险费和银行财务费分别为货价的0.35%和0.5%；外贸手续费为运费、保险费在内的价格的1.5%，增值税率为17%，关税税率为25%，商检费率为0.8%，检疫费率为0.17%，美元兑人民币汇率为1:6.2。从到货口岸至安装现场500km，国内运输保险费率为1%，设备的采购保管费率为抵岸价的1.2%，试计算该进口设备的购置费。

解：设备原价计算：

① FOB = 600 × 6.2 = 3720（万元）

② 国际运费 = 1000 × 300 × 6.2/10000 = 186（万元）

③ 运输保险费 = (3720 + 186) × 0.35%/(1 − 0.35%) = 13.719（万元）

④ 银行财务费 = 3720 × 0.5% = 18.6（万元）

⑤ 外贸手续费 = (3720 + 186 + 13.72) × 1.5% = 58.80（万元）

⑥ 关税 = (3720 + 186 + 13.72) × 25% = 979.93（万元）

⑦ 增值税 = (3720 + 186 + 13.72 + 979.93) × 17% = 832.94（万元）

⑧ 商检税 = (3720 + 186 + 13.72) × 0.8% = 31.35（万元）

⑨ 检疫费 = (3720 + 186 + 13.72) × 0.17% = 6.66（万元）

(1) 设备原价 = ①+②+③+……+⑨ = 5848（万元）

(2) 查表5-18，运杂费费率为1.2%，国内杂运费 = (1) × 1.2% = 70.18（万元）

(3) 运输保险费 = (1) × 1% = 58.48（万元）
(4) 现场保管费 = (1) × 1.2% = 70.17（万元）
进口设备的购置费 = (1) + (2) + (3) + (4) = 6046.83 万元

【例7】 河南驻马店某二级公路长5km，为营运购买一台不需安装的国产设备，设备的原价为120.5万元，运距为400km；为养护购置洒水汽车一台，每台8万元，计算该建设项目的设备、工具、器备及家具购置费。

解：(1) 不需安装的设备购置费 = 设备原价 + 运杂费 + 运输保险费 + 采购及保管费 = 120.5 × (1 + 1.2% + 1% + 1.2%) = 124.6（万元）

总设备购置费 = 124.6 + 8 = 132.6（万元）

(2) 办公及生活用家具购置费 = 5800 × 5 元 = 29000 元 = 2.9 万元

(3) 第二部分费用 = 132.6 + 2.9 = 135.5（万元）

5.6 工程建设其他费用计算

工程建设其他费用是施工概预算的第三部分费用，工程建设其他费用包括：土地征用及拆迁补偿费、建设项目管理费、研究试验费、建设前期工作费、专项评估费、施工机构迁移费、供电贴费、联合试运转费、生产人员培训费、固定资产投资方向调节税、建设期贷款利息。费用计算可添加在06表完成。

一、土地征用及拆迁补偿费

土地征用及拆迁补偿费系指为进行公路建设需征用土地所支付的土地征用及拆迁补偿费等费用。费用内容包括：土地补偿费、征用耕地安置补助费、拆迁补偿费、复耕费、耕地开垦费、森林植被恢复费。当与原有的电力电信设施、水利工程、铁路及铁路设施互相干扰时，应与有关部门联系，商定合理的解决方案和赔偿金额，也可由这些部门按规定编制费用以确定赔偿金赔偿金额。

土地征用及拆迁补偿费应根据审批单位批准的建设工程用地和临时用地面积及其附着物的情况，以及实际发生的费用项目，按国家有关规定及工程所在地的省（自治区、直辖市）人民政府颁发的有关规定和赔偿标准计算。

二、建设项目管理费

建设项目管理费包括建设单位（业主）管理费、工程质量监督费、工程监理费、工程定额测定费、设计文件审查费和竣（交）工验收试验检验费。

1. 建设单位（业主）管理费

建设单位（业主）管理费是指建设单位（业主）为建设项目的立项、筹建、建设、竣（交）工验收、总结等工作所发生的管理费用。不包括应计入设备、材料预算价格的建设单位采购及保管设备、材料所需的费用。

费用内容包括：工作人员的工资、工资性补贴、施工现场津贴、社会保障费用（基本养老、基本医疗、失业、工伤保险）、住房公积金、职工福利费、工会经费、劳动保护费；办公费、差旅交通费、固定资产使用费（包括办公及生活房屋折旧、维修或租赁费、车辆折旧、维修、使用或租赁费，通信设备购置、使用费，测量、试验设备仪器折旧、维修或租赁费，其他设备折旧、维修或租赁费等）、零星固定资产购置费、招募生产工人费；技术图书资料费、职工教育经费、工程招标费（不含招标文件及标底或造价控制值编制费）；合同契约公证费、法律顾问费、咨询费；建设单位的临时设施费、完工清理费、竣（交）工验收费（含其他行业或部门要求的竣工验收费用）、各种税费（包括房产税、车船使用税、印花税等）；建设项目审计费、境内外融资费用（不含建设期贷款利息）、业务招待费和其他管理费性开支。

建设单位（业主）管理费以建筑安装工程费总额为基数，选定表5-20的费率，以累进办法计算。

表5-20 建设单位管理费费率表

第一部分 建筑安装工程费/万元	费率 %	算例/万元	
		建筑安装工程费	建设单位（业主）管理费
500以下	3.48	500	500×3.487%=17.4
501~1000	2.73	1000	17.4+500×2.73=31.05
1001~5000	2.18	5000	31.05+4000×2.18%=118.25
5001~10000	1.84	10000	118.25+5000×1.847%=210.25
10001~30000	1.52	30000	210.25+20000×1.52%=514.25
30001~50000	1.27	50000	514.25+20000×1.27%=768.25
50001~100000	0.94	100000	768.25+50000×0.94%=1238.25
100001~150000	0.76	150000	1238.25+50000×0.76%=1618.25
150001~200000	0.59	200000	1618.25+50000×0.597%=1913.25
200001~300000	0.43	300000	1913.25+100000×0.43%=2343.25
300000以上	0.32	310000	2343.25+10000×0.327%=2375.25

水深>15m、跨度≥400m的斜拉桥和跨度≥800m的悬索桥等独立特大型桥梁工程的建设单位（业主）管理费按表5-20中的费率乘以1.0~1.2的系数计算；海上工程［指由于风浪影响，工程施工期（不包括封冻期）全年月平均工作日少于15天的工程］的建设单位（业主）管理费按表5-20中的费率乘以1.0~1.3的系数计算。

2. 工程质量监督费

工程质量监督费是指根据国家有关部门规定，各级公路工程质量监督机构对工程建设质量和安全生产实施监督应收取的管理费用。

工程质量监督费以建筑安装工程费总额为基数，按0.15%计算。

3. 工程监理费

工程监理费是指建设单位（业主）委托具有公路工程监理资格证书的单位，按施工监理办法进行全面的监督与管理发生的费用。

费用内容包括：工作人员的基本工资、工资性津贴、社会保障费用（基本养老、基本医疗、失业、工伤保险）、住房公积金、职工福利费、工会经费、劳动保护费；办公费、会议费、差旅交通费、固定资产使用费（包括办公及生活房屋折旧、维修或租赁费，车辆折旧、维修、使用或租赁费、通信设备购置、使用费、测量、试验、检测设备仪器折旧、维修或租赁费、其他设备折旧、维修或租赁费等)、零星固定资产购置费、招募生产工人费;技术图书资料费、职工教育经费、投标费用;合同契约公证费、咨询费、业务招待费;财务费用、监理单位的临时设施费、各种税费和其他管理性开支。

工程监理费以建筑安装工程费总额为基数,选定表5-21的费率计算。

表5-21 工程监理费费率表

工程类别	高速公路	一级及二级公路	三级及四级公路	桥梁及隧道
费率/%	2.0	2.5	3.0	2.5

注:表5-20中的桥梁指水深大于15m、斜拉桥和悬索桥等独立特大型桥梁工程;隧道指水下隧道工程。

4. 工程定额测定费

工程定额测定费是指各级公路(交通)工程定额(造价管理)站为测定劳动定额、搜集定额资料、编制工程定额及定额管理所需要的工作经费。

工程定额测定费以建筑安装工程费总额为基数,按0.12%计算。

5. 设计文件审查费

设计文件审查费是指国家和省级交通主管部门在项目审批前,为保证勘察设计工作的质量,组织有关专家或委托有资质的单位,对设计单位提交的建设项目可行性研究报告和勘察设计文件以及对设计变更、调整概算进行审查所需要的相关费用。

设计文件审查费以建筑安装工程费总额为基数,按0.1%计算。

6. 竣(交)工验收试验检测费

竣(交)工验收试验检测费是指在公路建设项目交工验收和竣工验收前,由建设单位(业主)或工程质量监督机构委托有资质的公路工程质量检测单位按照有关规定对建设项目的工程质量进行检测,并出具检测意见所需要的相关费用。

竣(交)工验收试验检测费按表5-22的费率计算。

表5-22 竣(交)工验收试验检测费标准表

项目	路线/(元/公路公里)				独立大桥/(元/座)	
	高速公路	一级公路	二级公路	三、四级公路	一般大桥	技术复杂大桥
试验检测费	15000	12000	10000	5000	30000	100000

三、研究试验费

研究试验费是指为本建设项目提供或验证设计数据、资料进行必要的研究试验和按照设计规定在施工过程中必须进行试验所需的费用,以及支付科技成果、先进技术的一次性技术转让费。不包括由科技三项费用(即新产品试制费、中间试验费和重要科学研究补助费)开支的项目、由施工辅助费开支的施工企业对建筑材料、构件和建筑物进行一般鉴定、检查所发生的费用及技术革新研究试验费、由勘察设计费中开支的项目。

研究试验费应按照设计提出的研究试验内容和要求进行编制,不需验证设计基础资料的不计本项费用。

四、建设项目前期工作费

建设项目前期工作费是指委托勘察设计、咨询单位对建设项目进行可行性研究、工程勘察设计,以及设计、监理、施工招标文件及招标标底或造价控制值文件编制时,按规定应支付的费用。包括:编制项目建议书(或预可行性研究报告)、可行性研究报告、投资估算,以及相应的勘察、设计、专题研究等所需的费用;初步设计和施工图设计的勘察费(包括测量、水文调查、地质勘探等)、设计费、概(预)算及调整概算编制费等;设计、监理、施工招标文件及招标标底(或造价控制值或清单预算)文件编制费等。

建设项目前期工作费应依据委托合同,或按国家颁发的收费标准和有关规定进行编制。

五、专项评价(估)费

专项评价(估)费是指依据国家法律、法规规定须进行评价(评估)、咨询,按规定应支付的费用。包括环境影响评价费、水土保持评估费、地震安全性评价费、地质灾害危险性评价费、压覆重要矿产评估费、文物勘察费、通航认证费、行洪认证(评估)费、使用林地可行性研究报告编制费、用地预审报告编制费等费用。

专项评价(估)费按国家颁发的收费标准和有关规定进行编制。

六、施工机构迁移费

施工机构迁移费是指施工机构根据建设任务的需要,经有关部门决定成建制地(指工程处等)由原驻地迁移到另一地区所发生的一次性搬迁费用。费用内容包括:职工及随同家属的差旅费,调迁期间的工资,施工机械、设备、工具、用具和周转性材料的搬运费。

施工机构迁移费应经建设项目的主管部门同意按实计算。但计算施工机构迁移费后,如迁移地点即新工地地点(如独立大桥),则其他工程费内的工地转移费应不再计算;如施工机构迁移地点至新工地地点尚有部分距离,则工地转移费的距离,应以施工机构新地点为计算起点,转移费用不能重复计取。

七、供电贴费(目前停止征收)

供电贴费是指按照国家规定,建设项目应交付的供电工程贴费、施工临时用电贴费。供电贴费按国家有关规定计列(目前停止征收)。

八、联合试运转费

联合试运转费指新建、改(扩)建工程项目,在竣工验收前按照设计规定的工程质量标准,进行动(静)载荷载实验所需的费用,或进行整套设备带负荷联合试运转期间所需的全部费用抵扣试车期间收入的差额。不包括应由设备安装工程项下开支的调试费的费用。费用内容包括:联合试运转期间所需的材料、油燃料和动力的消耗,机械和检测设备使用费,工具用具和低值易耗品费,参加联合试运转人员工资及其他费用等。

联合试运转费以建筑安装工程费总额为基数,独立特大型桥梁按 0.075%、其他工程按 0.05% 计算。

九、生产人员培训费

生产人员培训费指新建、改（扩）建公路工程项目，为保证生产的正常运行，在工程竣工验收交付使用前对运营部门生产人员和管理人员进行培训所必需的费用。费用内容包括：培训人员的工资、工资性补贴、职工福利费、差旅交通费、劳动保护费、培训及实习费等。

生产人员培训费按设计定员和2000元/人的标准计算。

十、固定资产投资方向调节税（目前暂停征收）

固定资产投资方向调节税是指为了贯彻国家产业政策，控制投资规模，引导投资方向，调整投资结构，加强重点建设，促进国民经济持续稳定协调发展，依照《中华人民共和国固定资产投资方向调节税暂行条例》规定，公路建设项目应缴纳的固定资产投资方向调节税（目前暂停征收）。

十一、建设期贷款利息

建设期贷款利息是指建设项目中分年度使用国内贷款或国外贷款部分，在建设期间内应归还的贷款利息。费用内容包括各种金融机构贷款、企业集资、建设债券和外汇贷款等利息。

计算方法：根据不同的资金来源按需付息的分年度投资计算。即：

建设期贷款利息 = ∑（上年末付息贷款本息累计 + 本年度付息贷款额/2）× 年利率

$$S = \sum_{n=1}^{N} (F_{n-1} + b_n/2) \times i,$$

式中　S——建设期贷款利息（元）；

　　　n——施工年度；

　　　N——项目建设期（年）；

　　　F_{n-1}——建设期第（$n-1$）年末需付息贷款本息累计；

　　　b_n——建设期第 n 年度付息贷款额；

　　　i——建设期贷款年利率。

【**例8**】　某二级公路的建筑安装工程费为14551350元，实行国内招标，试计算该工程的建设项目管理费。

解：建设项目管理费 = 建设单位管理费 + 工程质量监督费 + 工程监理费 + 工程定额测定费 + 设计文件审查费 + 竣工验收试验检测费

(1) 建设单位管理费 = 31.05（查表5-20）+ 455.135 × 2.18% = 40.97（万元）。

(2) 工程质量监督费按0.15%计，即：工程质量监督费 = 1455.135 × 0.15% = 2.18（万元）。

(3) 工程质量监理费按2.5%计，即：工程质量监理费 = 1455.135 × 2.5% = 36.38（万元）。

(4) 工程定额测定费按0.12%计，即：定额编制、管理费：1455.135 × 0.12% = 1.75（万元）。

(5) 设计文件审查费按0.1%计，即：设计文件审查费 = 1455.135 × 0.1% = 1.46（万元）。

建设单位管理费合计 = 40.97 + 2.18 + 36.38 + 1.75 + 1.46 = 82.74（万元）

【例9】 某新建项目，建设期为3年，分年均衡进行贷款，第一年贷款200万元，第二年200万元，第三年300万元，年利率为10%，建设期内利息只计息不支付，计算建设期贷款利息。

解：在建设期，各年利息计算如下：

第一年：$(0 + 200/2) \times 10\% = 10$（万元）

第二年：$(200 + 10 + 200/2) \times 10\% = 31$（万元）

第三年：$(200 + 10 + 200 + 31 + 300/2) \times 10\% = 59.1$（万元）

建设期贷款利息 = 10 + 31 + 59.1 = 100.1（万元）

5.7 预备费及回收金额计算

一、预备费

预备费由价差预备费及基本预备费两部分组成。预备费是为建设项目设立的一项意外费用，避免工程建设过程中出现某些难以预料的客观因素而造成投资不足，影响工程的顺利实施而设立的。在公路工程建设期限内，凡需动用预备费时，属于公路交通部门投资的项目，需经建设单位提出，按建设项目隶属关系，报交通部或交通厅（局）基建主管部门核定批准。属于其他部门投资的建设项目，按其隶属关系报有关部门核定批准。该项费用应在06表中完成。

1. 价差预备费

价差预备费是指设计文件编制年至工程竣工年期间，第一部分费用的人工费、材料费、机械使用费、其他工程费、间接费等以及第二、三部分费用由于政策、价格变化可能发生上浮而预留的费用及外资贷款汇率变动部分的费用。

价差预备费以概（预）算或修正概算第一部分建筑安装工程费总额为基数，按设计文件编制年始至建设项目工程竣工年终的年数和年工程造价增涨率计算。设计文件编制至工程完工在一年以内的工程，不列此项费用。

$$价差预备费 = P \times [(1+i)^{n-1} - 1]$$

式中 P——建筑安装工程费总额；

i——年工程造价增涨率（%），按有关部门公布的工程投资价格指数计算；

n——设计文件编制年至建设项目开工年 + 建设项目建设期限。

2. 基本预备费

基本预备费是指在初步设计和概算中难以预料的工程和费用，包括要进行技术设计、施工图设计和施工过程中，在批准的初步设计和概算范围内所增加的工程费用；在设备订货时，由于规格、型号改变的价差，材料货源变更、运输距离或方式的改变以及因规格不同而代换使用等原因发生的价差；由于一般自然灾害所造成的损失和预防自然灾害所采取的措施费用；在项目主管部门组织竣（交）工验收时，验收委员会（或小组）为鉴定工程质量必须开挖和修复隐蔽工程的费用；投保的工程根据工程特点和保险合同发生的工程保险费用。

基本预备费以第一、二、三部分费用之和（扣除固定资产投资方向调节税和建设期贷款利息两项费用）为基数按下列费率计算：

设计概算按 5% 计列；修正概算按 4% 计列；施工图预算按 3% 计列。

若采用施工图预算加系数包干承包的工程，包干系数为施工图预算中直接费与间接费之和的 3%。施工图预算包干费用由施工单位包干使用。

该包干费用的内容包括：在施工过程中，设计单位对分部（分项）工程修改设计而增加的费用（不包括因水文地质条件变化造成的基础变更、结构变更、标准提高、工程规模改变而增加的费用）；预算审定后，施工单位负责采购的材料由于货源变更、运输距离或方式的改变以及规格不同而代换使用等原因发生的价差；由于一般自然灾害所造成的损失和预防自然灾害所采取的措施费用（例如一般防台风、防洪的费用）等。

【例 10】 某二级公路的建筑安装工程费为 14939.11 万元，第一、二、三部分费用之和（扣除建设期贷款利息）为 2.06 亿元，该工程 2012 年编制施工图预算，建设期三年，2014 年开工，2016 年底建成。经预测工程造价增涨率约为 5%，试计算项目的预备费。

解：$n = 2 + 3 = 5$ 年

(1) 价差预备费 $= 14939.11 \times [(1 + 5\%)^{(5-1)} - 1] = 3219.5$（万元）

(2) 基本预备费 $= 2.06 \times 10000 \times 3\% = 618$（万元）

(3) 预备费 $= 3219.5 + 618 = 3837.5$（万元）

二、回收金额

概、预算定额所列材料一般不计回收，只对按全部材料计价的一些临时工程项目和由于工程规模或工期限制达不到规定周转次数的拱盔、支架及施工金属设备的材料计算回收金额。回收金额 = 材料原价 × 回收率，回收率按《公路工程基本建设项目概算预算编制办法》规定查取，见表 5-23。

表 5-23　回收率表

回收项目	使用年限或周转次数				计算基数
	一年或一次	两年或两次	三年或三次	四年或四次	
临时电力、电信线路	50%	30%	10%	—	材料原价
拱盔、支架	60%	45%	30%	15%	
施工金属设备	65%	65%	50%	30%	

注：施工金属设备指钢壳沉井、钢护筒。

1. 达不到周转次数的工程细目回收金额计算

在概、预算定额中，公路工程的一次性消耗材料（如水泥、钢筋等）直接计入消耗量，周转性消耗材料（如模板、脚手杆、支架、拱盔等）则按照定额附录三的摊销次数计入摊销量。所以编概、预算时，一般直接套用即可。但是，对于确因施工安排而达不到定额规定周转次数的就地浇筑钢筋混凝土梁用的支架，拱圈用的拱盔、支架及施工金属设备的材料，却可以根据实际周转次数，按需备料，然后再按表 5-23 规定的回收率计算回收金额。

【例 11】 某三孔跨径 25m 石拱桥，矢跨比为 1/5，施工时制备一孔木拱盔（满堂式），试计算编制施工图预算时拱盔的回收金额。已知原木的原价为 850 元/m³，锯材为 1200 元/m³，铁件为 5.5 元/kg，铁钉为 8 元/kg。

解：(1) 查拱盔按规定周转次数的周转性材料预算定额 [631-4-9-2-3]。

每 $10m^2$ 面积周转材料定额为：原木 $0.954m^3$，锯材 $0.566m^3$，铁件 35kg，铁钉 0.9kg。

由《公路工程预算定额》附录三"材料周转及摊销"定额查得拱盔的周转次数为：木料 5 次、铁件 5 次、铁钉 4 次。而实际周转次数为 3，按实际周转次数的消耗定额：原木：$0.954 \times 5/3 = 1.59$（m^3）；锯材：$0.566 \times 5/3 = 0.943$（m^3）；铁件：$35 \times 5/3 = 58.3$（kg）；铁钉：$0.9 \times 4/3 = 1.2$（kg）。

(2) 由预算定额第 4 章第 9 节说明 9 可知拱盔立面积为：

$$F_{面} = K \times L^2 \times 3 = 0.138 \times 25^2 \times 3 = 86.25 \times 3 = 258.75 \text{（}m^2\text{）}$$

(3) 计算各种材料的备料数量 F_j，而实际周转次数为 3，查表 5-23，回收率为 30%：

$F_{原木} = 1.59 \times 258.75/10 = 41.14$（$m^3$）；$F_{锯材} = 0.943 \times 258.75/10 = 24.4$（$m^3$）；
$F_{铁件} = 58.3 \times 258.75/10 = 1508.51$（kg）；$F_{铁钉} = 1.2 \times 258.75/10 = 31.05$（kg）

(4) 计算拱盔总计回收金额

$$U = (41.14 \times 850 + 24.4 \times 1200 + 1508.51 \times 5.5 + 31.05 \times 8) \times 30\%$$
$$= 72794.2 \times 30\% = 21838 \text{（元）}$$

2. 按全部材料计价的临时工程的回收金额计算

在概、预算中，对于临时工程如架设输电、电信线路等工程，是按全部材料备料计价的。对这些临时工程竣工时将要拆除，因未达到使用寿命应按其使用年限，以表 5-23 的回收率和材料原价计算其回收金额。

【例 12】 某工地架设临时干线（三线裸铝线）300m，支线 500m。工期为 2 年，试计算编制施工图预算时临时电力线路的回收金额。已知各材料原价：原木为 850 元/m^3，锯材为 1200 元/m^3，型钢为 4500 元/t，钢板为 4880 元/t，铁件为 4.4 元/kg，$8^{\#} \sim 12^{\#}$ 铁丝 6.1 元/kg，三线裸铝线单价为 3.8 元/m，皮线单价为 5.4 元/m。

解：(1) 查临时电力线路的预算定额 [951-7-1-5-1]、[951-7-1-5-3]。

由预算定额 [951-7-1-5-1] "架设输电、电信线路" 查得每 100m 三线裸铝线干线材料定额为：原木 $1.112m^3$，型钢 0.018t，钢板 0.006t，铁件 11.0kg，$8^{\#} \sim 12^{\#}$ 铁丝 4kg，裸铝线 315m，其他材料费 25.2 元。

由预算定额 [951-7-1-5-3] "架设输电、电信线路" 查得每 100m 支线材料定额为：原木 $0.572m^3$，锯材 $0.033m^3$，钢板 0.002t，铁件 2.7kg，$8^{\#} \sim 12^{\#}$ 铁丝 3.5kg，皮线 320m，其他材料费 27 元。

(2) 由临时工程章说明第 7 条可知：本章定额中便桥、输电、电讯线路的木料、电线的材料消耗均按一次使用量计划，编制预算时应按规定计算回收，其他材料不计回收。即上述材料中，三线裸铝线干线的原木 $1.112m^3$、裸铝线 315m 和支线的原木 $0.572m^3$、锯材 $0.033m^3$、皮线 320m 应计算回收。

(3) 查表 5-23 知回收率为 30%，故回收费用为：

三线裸铝线干线 $(1.112 \times 850 + 315 \times 3.8) \times 300/100 \times 30\% = 1928$（元）
支线 $(0.572 \times 850 + 0.033 \times 1200 + 320 \times 5.4) \times 500/100 \times 30\% = 3380.7$（元）
共计回收金额为：$1928 + 3380.7 = 5308.7$（元）

5.8 公路交工前养护费和绿化补助费计算

《公路工程基本建设项目概算预算编制办法》的路线工程概、预算项目表中的第一部分第七项和第八项，列有公路交工前养护费和绿化工程两个工程项目，这两个项目也是属于建安费中的工程项目，但其计算方法却比较特殊。

一、公路交工前养护费

公路交工前养护费，是指对路线工程陆续交工的路段，在路段交工初验时止，以路面为主包括路基、构造物在内的养护费用，按照《公路工程基本建设项目概算预算编制办法》的附录一规定计算。

1. 养护费指标

按工程的全线里程及平均养护月数，以下列标准计算：
(1) 三、四级公路按 60 工日/(月·km)。
(2) 二级及以上公路按 30 工日/(月·km)。

2. 养护费用计算

应按路面工程类别，以其人工费为基数计算其他工程费和间接费。本项费用应在 03 表计算其建安费。

3. 养护用工计算

公路交工前养护用工，也需要在概、预算中反映，公路交工前养护用工数量，按上述指标标准，以路线里程及平均养护月数之乘积计算。公路交工前养护用工数量应在 02 表中单列分项计算。

【例 13】 河南省某二级新建公路，路面为水泥混凝土路面，交工前路段养护里程为 5.54km，平均养护月数为 2 个月，求该路段交工前养护费。已知高级路面的其他直接费综合费率为 10%，规费综合费率为 35%，企业管理费综合费率为 13%，人工单价为 49.20 元/工日。

解：(1) 由《编办》附录一可知，二级公路养护费指标为 30 工日/(月·km)，本路段养护人工费为：30 × 5.54 × 2 × 49.2 = 16354（元）。

(2) 其他工程费 = 16354 × 10% = 1635（元）

间接费 = 规费 + 企业管理费 = 16354 × 35% + (16354 + 1635) × 13% = 8062（元）

计划利润 = (16354 + 1635 + 2339) × 7% = 1423（元）

税金 = (16354 + 1635 + 8062 + 1423) × 3.41% = 937（元）

(3) 养护费 = 16354 + 1635 + 8062 + 1423 + 937 = 28411（元）

二、绿化补助费

绿化工程是属于建安费的工程项目。凡新建、改建路线工程，应计绿化工程费。绿化工程应由施工单位负责在适宜的气候条件下完成绿化施工。绿化工程费是按路线总里程，以下列绿化补助费指标计算：

(1) 新建公路，按：①平原微丘区为 5000 元/km；②山岭重丘区为 1000 元/km。

（2）改建公路，按上列指标的80%计。

由于以上指标内已包括其他工程费和间接费，故编制概、预算时，不再计列。本指标仅适用于无绿化设计的二级以下等级公路建设项目。高等级公路中应按照绿化设计套用定额计算该项费用。

5.9 公路工程概预算文件编制

一、概预算编制流程

概预算文件的编制是一项十分严肃的工作，编制质量的高低及各项费用的计算准确与否，直接关系着国家的经济利益。为了确保概预算文件的编制质量，必须根据工程概预算内在的规律和国家的有关规定，按一定的步骤来进行。概预算编制的基本步骤如图5-3所示。

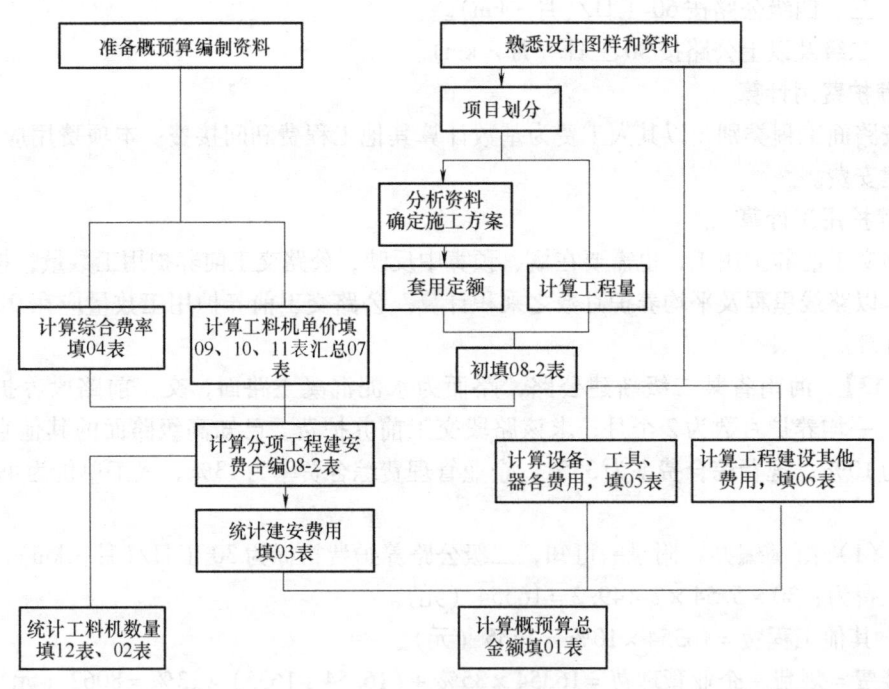

图5-3 概预算编制的基本步骤

1. 准备概预算编制资料

1）概预算编制依据包括定额《公路工程预算定额》《公路工程基本建设项目概算预算编制办法》《公路基本建设工程概预算编制办法补充规定》和各类补充定额等。

2）概预算编制的调查资料包括：筑路材料的来源（沿线料场及有无自采材料），材料运输方式及运距，运费标准，占用土地的补偿费、安置费及拆迁补偿费，沿线可利用房屋及劳动力供应情况等。

2. 熟悉设计图纸和资料

编制概算、修正概算、施工图预算等文件前，应对相应阶段的初步设计、技术设计和施工图设计内容进行检查和整理，认真阅读和核对设计图纸及有关表格，如工程一览表、工程数量表等。

3. 项目划分，初填 08-2 表

公路工程概预算是以分项工程概预算表为基础计算和汇总而来的，所以工程分项是概预算工作中的一项重要基础工作。按照第二章的项目划分办法完成分项后，将工程细目一一引出并初填 08-2 表。

4. 计算工程量

在编制概预算时，应对各分项工程量按工程量计算原则进行计算。一是对设计中已有的工程量进行核对，二是对设计文件中缺少或未列的工程量进行补充计算，计算时应注意计算单位和计算规则与定额的计量单位及计算规则一致。将算得的分项工程量填入 08-2 表中。

5. 确定施工方案

针对划分的分项工程，依据可行性、合理性、经济性认真分析确定施工方案，包括施工方法、施工机械、施工组织方案等方面。

1）施工方法：同一工程内容，可以采用不同的施工方法来完成，如土方施工，有人工挖土方和机械挖土方两种方法；钢筋混凝土工程既可以采用现浇施工，也可以采用预制安装等。因此，应根据工程设计的意图和要求同工程实际相结合，选择最经济的施工方法。

2）施工机械：施工机械选择也将直接影响施工费用，因此，应根据选定的施工方法选配相应的施工机械，如挖填土方，既可以采用铲运机，又可以采用挖土机配自卸汽车；又如混凝土预制构件安装，也可采用多种机械施工等。

3）其他方面：运距远近的选择（如土方中取土坑、弃土堆的位置），材料堆放的位置及仓库的设置，人员高峰期等。

6. 套用定额，确定实物消耗量

按照选用的施工方案，套用定额，确定分项施工消耗的人工、材料、施工机械名称、单位及消耗量定额值。实际工作内容与定额工作内容不一致时，应依据定额说明进行调整和抽换。

7. 工料机预算单价的计算，填写 09、10、11，汇总 07 表

编制概预算的另一项重要工作便是确定预算单价。预算单价是人工工日单价、材料预算单价和施工机械台班单价的统称。定额中除基价和小额零星材料及小型机具用货币指标外，其他均是资源消耗的实物指标。要以货币来表现消耗，就必须计算各种资源的单价。有关单价的计算方法已在前面介绍，公路工程概预算的基础单价通过 09 表、10 表和 11 表来计算。

1）根据 08 表中所出现的材料种类、规格及机械作业所需的燃料和水电编制 09 表。

2）根据 08 表中所发生的自采材料种类、规格，按照外业料场调查资料编制自采材料料场价格计算表（10 表），并将计算结果汇入 09 表的材料原价栏中。

3）根据 08 表、10 表中所出现的所有机械种类和 09 表中自办运输的机械种类，计算工程所有机械的台班单价，即编制机械台班单价计算表（11 表）。

4）根据地区类别和地方规定等资料计算人工工日单价。

5）将上面 1）、2）、3）、4）项所算得的各基础单价汇总，编制人工、材料、机械单价汇总表（07 表）。

8. 复编 08-2 表，计算分项工程的建筑安装工程费

有了各分项工程的资源消耗数量及预算单价，便可计算其直接费与间接费。

1）将 07 表的单价填入 08 表中的单价栏；由单价与数量相乘得出人工费、材料费、机械使用费，并可算得工、料、机合计费用。

2）根据工程类别和工程所在地区，取定各项费率并计算其他直接费费率和间接费费率，即编制 04 表。

3）将 04 表中各费率填入 08 表中的相应栏目，并计算其他直接费和间接费。

4）确定利润费率和税金的综合税率，并填入 03 表的有关栏目。并计算得到各分项工程的利润和税金。

5）分别在 08 表中计算分项工程概预算金额。

9. 计算第一部分建筑安装工程费，填写 03 表

1）将 08 表中各分项工程的直接费、间接费利润、税金按工程（单位工程）汇总填入 03 表中的相应栏目。

2）合计各单位工程的直接费、间接费、利润和税金，得到各单位工程的建筑安装工程费，总计各单位工程的建安费，得到工程项目的建安费。

10. 计算第二部分、第三部分费用，填写 05 表和 06 表

按设计单位提出的设备购置计划清单计算为公路营运、管理而购置的设备、工器具和办公用家具购置费用，填写 05 表；再计算征地、项目管理等其他相关费用和回收金额费用，填写 06 表。

11. 编制总概预算表并进行造价分析

1）编制总概预算表：将 03、05、06 表中的各项填入 01 表中相应栏目，并计算各项技术经济指标。

2）造价分析：根据概算总金额、各单位工程或分项工程的费用比值和各项技术经济指标进行全面分析，对设计提出修改建议和从经济角度对设计是否合理予以评价，找出挖潜措施。

12. 工料机实物消耗指标统计，填写 02 表

概预算还必须编制工程项目的实物消耗量指标，这可通过 02 表的计算完成。

1）将 09 表和 10 表中的人工、材料、机械消耗量汇总编制辅助生产工、料、机单位数量表（12 表）。

2）汇总 08 表中人工、主要材料、机械台班数量。

3）计算各种增工数量。

4）合计上面 1）、2）、3）项中的各项数据得出工程概预算的实物数量，即得到 02 表。

13. 编制综合概预算

根据建设项目要求，当分段或分部编制 01 表和 02 表时，需要汇总编制综合概预算。

1）汇总各种概预算表，编制总概（预）算汇总表（01-1 表）。

2）汇总各段的 02 表编制全概（预）算人工、主要材料、机械台班数量汇总表（02-1 表）。

14. 编制说明

概预算表格计算并编制完后，必须编制概预算说明，主要说明概预算编制依据，编制中存在的问题，工程总造价的货币和实物量指标及其他与概预算有关但不能在表格中反映的事项。

二、概预算表格填写流程

概预算费用计算过程实际就是规定的表格填写过程。各种表格的填写顺序和相互关系如图 5-4 所示。

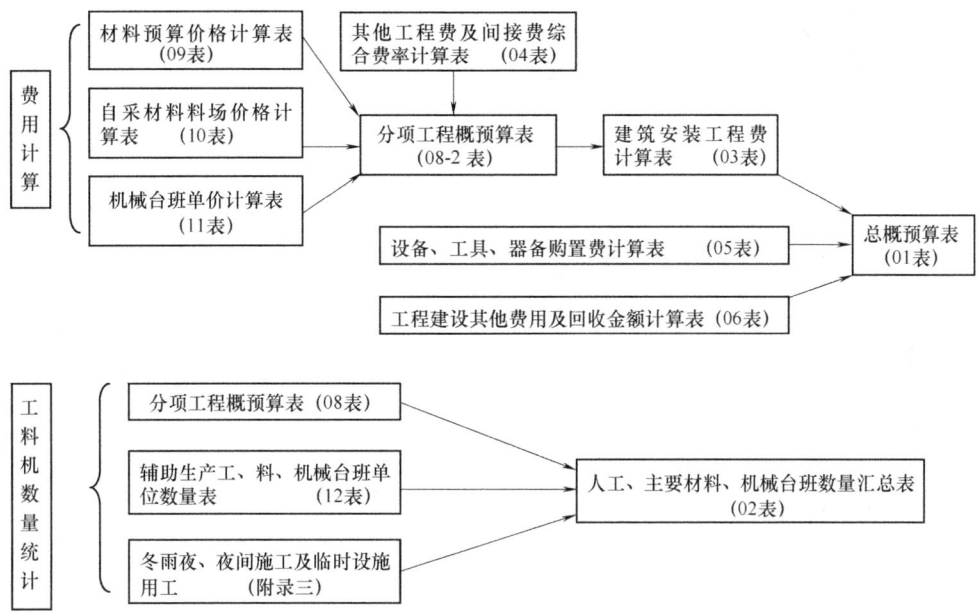

图 5-4　施工图预算表格填写顺序

三、概预算费用计算标准

公路工程建设各项费用的计算公式见表 5-24。

表 5-24　公路工程建设各项费用的计算公式

代号	项　目	说明及计算式
一	直接工程费（即人工费 + 材料费 + 机械使用费）	直接工程费 = ∑按编制年工程所在地的工料机预算单价 × 工料机数量算
二	其他工程费	（一）× 其他工程费综合费率（Ⅰ）+（各类工程人工费和机械费之和）× 其他工程费综合费率（Ⅱ）
三	直接费	（一）+（二）
四	间接费	各类工程人工费 × 规费综合费率 +（三）× 企业管理费综合费率
五	利润	[（三）+（四）- 规费] × 利润率（7%）
六	税金	[（三）+（四）+（五）] × 综合税率
七	建筑安装工程费	（三）+（四）+（五）+（六）
八	设备、工具、器具购置费（包括备品备件）	∑（设备、工具、器具购置数量 × 单价 + 运杂费）×（1 + 运输保险费 + 采购保管费率）
	办公和生活用家具购置费	按编办规定的费用标准计算

(续)

代号	项 目	说明及计算式
九	工程建设其他费用	
	土地征用及拆迁补偿费	按有关规定计算
	建设单位（业主）管理费	（七）×费率
	工程质量监督费	（七）×费率
	工程监理费	（七）×费率
	工程定额测定费	（七）×费率
	设计文件审查费	（七）×费率
	竣（交）工验收试验检测费	按有关规定计算
	研究试验费	按批准的计划编制
	前期工作费	按有关规定计算
	专项评价（估）费	按有关规定计算
	施工机构迁移费	按实计算
	供电贴费	按有关规定计算
	联合试运转费	（七）×费率
	生产人员培训费	按有关规定计算
	固定资产投资方向调节税	按有关规定计算
	建设期贷款利息	按实际贷款数及利率计算
十	预备费	包括价差预备费和基本预备费两项
	价差预备费	按规定的公式计算
	基本预备费	[（七）+（八）+（九）－固定资产投资方向调节税－建设期贷款利息]×费率
	预备费中施工图预算包干系数	[（三）+（四）]×费率
十一	概预算总金额	（七）+（八）+（九）+（十）
十二	回收金额	按照编制办法规定计算
十三	公路基本造价	（十一）－（十二）

项 目 训 练

1. 判断题

某建设项目的公路工程预算总金额一般略小于或等于公路工程造价。（　　）

2. 选择题

（1）某工程所在地为开封，则基层施工对应的雨期施工增加费的费率为（　　）。
A. 0.06%　　　　B. 0.09%　　　　C. 0.18%　　　　D. 0.45%。

（2）河南开封某路线工程各分项工程总用工数为15000工日，则该项目的雨季增工数是（　　）。
A. 15000　　　　B. 45　　　　C. 90　　　　D. 135

(3) 某工程所在地河南信阳,若工地转移距离为 180km,则临时便桥的工地转移费费率为（　　）。
　　A. 0.75%　　　　B. 0.92%　　　　C. 1.01%　　　　D. 1.18%
(4) 某工程建安工程费为 100528 万元,则建设单位管理费用应为（　　）。
　　A. 764.01　　　 B. 944.96　　　　C. 1242.26　　　 D. 3498.37
(5) 某工程 2000 年初编完预算,2001 年 2 月动工,计划 2003 年 5 月完工,试确定其工程造价涨预留费 $=P \times [(1+i)^{n-1} -1]$ 中计费年限 n 为（　　）年。
　　A. 2　　　　　　B. 3　　　　　　C. 4　　　　　　D. 5
(6) 某项目直接工程费 150 万元,冬、雨期施工增加费 5.5 万元,生产工具用具使用费 3 万元,基本预备费为 20 万元,临时设施费 2 万元,设备购置费 100 万元,则上述投资中属于直接费的为（　　）万元。
　　A. 150　　　　　B. 158.5　　　　 C. 160.5　　　　 D. 258.5
(7) 某建设项目购买一套沿线监控设备,其设备购置费合计为 1350 万元,运距为 440km,则该设备的原价为（　　）万元。
　　A. 1428.3　　　 B. 1412.1　　　　C. 1290.63　　　 D. 1275.99
(8) 某工程贷款 4000 万元,建设期为 3 年,第一、三年均贷款 1500 万元,第二年贷款 1000 万元,贷款利率为 8%,则建设期贷款利息为（　　）万元。
　　A. 320　　　　　B. 480　　　　　C. 503　　　　　D. 640

3. 填空题

(1) 填写下列分项工程所对应的工程类别。

临时便桥工程：_____

无路面的汽车便道工程：_____

自卸汽车运输沥青混合料：_____

车辆检测设备的安装：_____

水泥稳定土基层的施工_____

公路沿线隔离墩项目_____

(2) 填写下列费用的计算基数。

间接费：_____

利润：_____

税金：_____

预备费（施工图预算加系数包干）：_____

工程监理费：_____

规费：_____

(3) 填写下列费用的来源。

施工单位办理各种银行保函的手续费用属于_____

对采购来的高标号水泥进行强度试验,以鉴定它的质量,检验过程支出的各种费用应计入_____

职工学习期间的工资应计入_____

施工企业管理人员基本工资应属于_____

施工单位代业主办理占地拆迁赔偿工作的费用属于_____
工地采石厂的管理费用属于_____
施工单位的投标费用属于_____
施工单位代办的"土地补偿费"人员费用属于_____

4. 问答题

(1) 已知河南郑州某水泥稳定土底基层工程（稳定土拌和机拌和）40000m²，水泥剂量为8%，厚度24cm。经调查：人工预算单价为60元/工日，柴油单价为7.5元/kg；水泥原价为300元/t，土原价为3元/m³，当地运价率为0.8元/(t·km)，运距20km，装卸费为4元/(t·次)；不受行车干扰，粮食燃料运距为15km，蔬菜、水运距为7km，工地转移距离为80km；规费综合费率为37%；纳税人在市区。

1) 计算水泥、土的预算单价。
2) 确定该分项工程的其他工程费、间接费的综合费率。
3) 计算该分项工程的建筑安装工程费。

(2) 施工图预算的编制步骤和填表顺序是什么？

(3) 完成案例项目的路面工程底基层施工分项的施工图预算费用计算，并填写08-2表。

第6章　标底与报价费用计算

任务目标

(1) 熟悉标底与报价费用组成。
(2) 熟悉标底的编制流程。
(3) 熟悉报价的编制方法。

6.1 标底与报价基本知识

目前公路工程建设项目从可行性研究开始，包括勘测设计、监理咨询、材料采购、设备采购安装、工程施工等过程都是通过招标投标方式选择合作单位，招标投标制度已经广泛应用于公路工程建设管理。公路工程招标投标是指建设项目发包之前，公开招标或邀请投标人，根据招标人的意图和要求提出报价，当场开标，从中择优选定中标人的一种经济活动。其最突出的优点是：将竞争机制引入工程建设领域，实行交易公开，防止和反对垄断，通过平等竞争，优胜劣汰。以保证缩短工期、提高工程质量和节约建设资金，最大限度地实现投资效益的最优化。

为了规范招标投标过程中的评标行为，不仅需要招标、投标双方完成工程技术文件的编制，同时还要进行详细的造价测算，主要包括发标方针对发包的工程量清单编制标底和投标方需要依照业主给定的工程量清单进行报价计算。

一、招标投标阶段的造价计算

招标投标阶段的造价计算流程图如图6-1所示。

二、标底（招标控制价）

标底是发标方按照发包工程对应的工程量清单编制的一种预期价格。它由招标单位自行编制或委托具有编制标底资格和能力的代理机构编制，它是业主筹集建设资金的依据，也是业主及其上级主管部门核实建设规模的依据。标底是保密的，直至开标。

标底编制的价格应既能反映建筑产品的价值，又能反映建筑市场的供求状况，反映一种平均先进的社会生产力水平。标底费用主要是建筑安装工程费用，是概预算总金额中一部分。

标底的作用主要有以下三个方面：标底是评标中衡量投标报价是否合理的尺度，是确定投标单位能否中标的重要依据；标底是招标中防止盲目报价、抑制低价抢标现象、保障工程质量的重要手段；标底是确定投标价上限，控制投资额，核实建设规模的文件。

标底价格编制的依据包括招标文件、概、预算定额，费用定额，工、料、机价格，初步设计文件或施工图设计文件，施工组织方案。

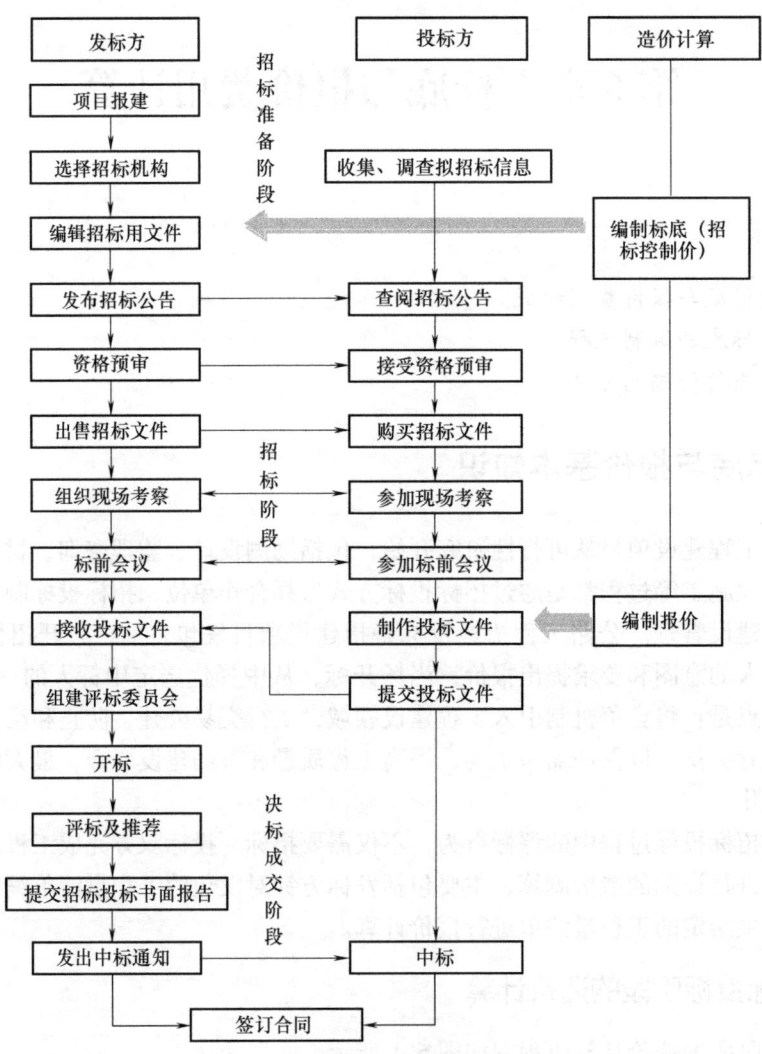

图 6-1 招标投标阶段的造价计算

招标控制价是《建筑工程工程量清单计价规范》（GB 50500—2008）提出的概念，又称投标控制价、拦标价，是指招标人根据国家或省级、行业建设主管部门颁发的有关计价依据和办法，按设计施工图纸计算的，对招标工程限定的最高工程造价。招标控制价一般在招标文件中会说明其具体价格，若投标人的投标价超过招标控制价，则就是废标。

招标控制价和标底的费用组成与施工图预算的建筑安装工程费相同，计算办法多采用预算定额计价法。

三、报价

报价是投标方按照企业自身施工水平和市场供求情况，为完成发标方给定工程量清单工作内容编制的一种预期费用。投标报价是投标文件的一个重要组成部分，是施工评标的重要依据，报价的合理性直接决定了能否中标获取项目，同时也是企业利润水平的反映。

投标报价的费用组成如图 6-2 所示：

施工成本 {
　直接成本：按照企业施工水平直接用于工程中的人工费、材料费、机械使用费用的总和
　间接成本：组织和管理工程施工所需的费用
}
利润和税金：税金是按照规定由国家统一征收的费用，利润是投标时根据本项目的具体情况、公司的利润目标、市场行情等制定的
风险费用：即在各种风险发生后需由承包商承担的风险损失

图 6-2　投标报价的费用组成

6.2　工程量清单的项目划分

《公路工程标准施工招标文件》中规定：招标文件的第五章是（固化）工程量清单、投标文件的第五章是已标价工程量清单，工程量清单是招标投标文件的重要组成部分。工程量清单由招标单位参照《公路工程标准施工招标文件》（上）第五章的章、节、目层次将发包工程进行合理分解，以明确工程内容与范围，并确定工程数量的一套项目划分表。我国的公路工程招标都由招标单位提供工程量清单，未经允许，一律不能任意增减工程项目或变更工程数量。

工程量清单是一份与技术规范相对应的文件。工程量清单详细说明了每一工程细目可能要发生的工程数量。工程量清单的用途之一是为投标人报价用，投标人依据合同条款、图样、技术规范以及拟定的施工方案，根据本企业以往的经验或通过单价分析，对清单中各项进行报价，以逐项汇总为各章和整个工程的投标报价。用途之二是在合同执行过程中进行中期支付和结算时，可按已实施项目的工程数量、工程量清单中的单价来计算应付给承包人的款项。

一、工程量清单组成

工程量清单包括说明和表格两部分，工程量清单说明是正确理解清单细目工作内容、报价费用包含内容的依据，是正确计算报价的保障，应仔细阅读。表格是工程细目费用计算的结果展示。工程量清单组成如图 6-3 所示。

说明 {
　工程量清单说明：针对表列项目工作内容和工程量计量办法，估算数量
　投标报价说明：清单报价中的单价的费用内容，增删项目的处理办法
　计日工说明：计日工计价的适用条件，计日工单价的费用内容
}
表格 {
　工程量清单表：工程细目划分表和预估工程量
　计日工表：计日工的单价报表
　暂估价表：暂估材料、设备、专项工程费用表
　投标报价汇总表：项目的报价汇总表
　工程量清单单价分析表：工程细目的单价计算分析表
}

图 6-3　工程量清单组成

1. "说明"部分重要条款节选

1）本工程量清单中所列工程数量是估算的或设计的预计数量，仅作为投标报价的共同

基础，不能作为最终结算与支付的依据。实际支付应按实际完成的工程量，由承包人按技术规范规定的计量方法，以监理人认可的尺寸、断面计量，按本工程量清单的单价和总额价计算支付金额；或者，根据具体情况，按合同条款第 15.4 款的规定，由监理人确定的单价或总额价计算支付额。

2）图纸中所列的工程数量表及数量汇总表仅是提供资料，不是工程量清单的外延。当图纸与工程量清单所列数量不一致时，以工程量清单所列数量作为报价的依据。

3）除非合同另有规定，工程量清单中有标价的单价和总额价均已包括了为实施和完成合同工程所需的劳务、材料、机械、质检（自检）、安装、缺陷修复、管理、保险、税费、利润等费用，以及合同明示或暗示的所有责任、义务和一般风险。

4）工程量清单中投标人没有填入单价或价格的子目，其费用视为已分摊在工程量清单中其他相关子目的单价或价格之中。承包人必须按监理人指令完成工程量清单中未填入单价或价格的子目，但不能得到结算与支付。

5）符合合同条款规定的全部费用应认为已被计入有标价的工程量清单所列各子目之中，未列子目不予计量的工作，其费用应视为已分摊在本合同工程的有关子目的单价或总额价之中。

6）未经监理人书面指令，任何工程不得按计日工施工；接到监理人按计日工施工的书面指令，承包人也不得拒绝。

7）计日工劳务的工时应从工人到达施工现场，并开始从事指定的工作算起，到返回原出发地点为止，扣去用餐和休息的时间。只有直接从事指定的工作，且能胜任该工作的工人才能计工，随同工人一起做工的班长应计算在内，但不包括领工（工长）和其他质检管理人员。单价应包括基本单价及承包人的管理费、税费、利润等所有附加费。

8）计日工材料费用按承包人计日工材料单价表中所填报的单价计算，该单价应包括基本单价及承包人的管理费、税费、利润等所有附加费。

9）计日工施工机械费用按承包人填报的计日工施工机械单价表中的租价计算。该租价应包括施工机械的折旧、利息、维修、保养、零配件、油燃料、保险和其他消耗品的费用以及全部有关使用这些机械的管理费、税费、利润和司机与助手的劳务费等费用。

2. "表格"部分

工程量清单表格按内容不同可分为以下五部分：

（1）分项工程清单表，包括第 100 章~第 700 章共 7 章。第 100 章总则列出项目主要是开办项目，即工程施工开工前就要发生或一开工就要发生或大部分发生的项目，如工程保险、临时工程费、承包人驻地建设费等。在工程量清单及技术规范中，这些项目单独列项，大多是按总额结算。第 200 章~第 700 章的路基、路面、桥梁涵洞工程、隧道工程、安全设施及预埋管线、绿化及环境保护等。其工程量应根据图样中的工程量统计和技术规范的规定确定。该工程量是暂估数量，实际支付时按照实际发生的工程量来确定。工程量清单表见表 6-1。

表 6-1　工程量清单表

清单　第 100 章　总则

子 目 号	子 目 名 称	单位	数量	单价	合价
101-1	保险费				
-a	按合同条款规定，提供建筑工程一切险	总额			
-b	按合同条款规定，提供第三者责任险	总额			
102-1	竣工文件	总额			
102-2	施工环保费	总额			
102-3	安全生产费	总额			
102-4	工程管理软件（暂定金额）	总额			
103-1	临时道路修建、养护与拆除（包括原道路的养护费）	总额			
103-2	临时占地	总额			
103-3	临时供电设施				
-a	设施架设、拆除	总额			
-b	设施维修	月			
103-4	电讯设施的提供、维修与拆除	总额			
103-5	供水与排污设施	总额			
104-1	承包人驻地建设	总额			

清单　第 100 章合计　人民币_____

清单　第 200 章　路基

子 目 号	子 目 名 称	单位	数量	单价	合价
201-1	清理与掘除				
-a	清理现场	m²			
-b	砍伐树木	棵			
	……	棵			
203-2	改河、改渠、改路挖方				
-a	挖土方	m³			
-b	挖石方	m³			
204-1	路基填筑（包括填前压实）				
-a	换填土	m³			
	……	m³			

清单　第 200 章合计　人民币_____

(续)

清单 第300章 路面

子目号	子目名称	单位	数量	单价	合价
302-1	碎石垫层				
-a	厚…mm	m²			
302-2	沙砾垫层				
-a	厚…mm	m²			
304-1	水泥稳定土底基层				
-a	厚…mm	m²			
304-2	水泥稳定土基层				
-a	厚…mm	m²			
308-1	透层	m²			
308-2	黏层	m²			
312-1	水泥混凝土面板				
-a	厚…mm（混凝土弯拉强度 MPa）	m²			
312-2	钢筋				
-a	HPB235	kg			
	……				

清单 第300章合计 人民币_____

(2) 计日工表。计日工又称按点工，招标文件中一般列有计日工劳务、材料和施工机械单价表和计日工汇总表。计日工适用的一般是指合同约定之外的或者因变更而产生的、工程量清单中没有相应项目的额外工作，尤其是那些时间不允许事先商定价格的额外工作。在工程实施过程中，若出现业主事先未预料的临时性或新增项目而很难估价的零星工作时，可以按照完成零星工作所消耗的人工工时、材料数量、机械台班进行计量和计日工表中填报的适用项目的单价进行计价支付进行计算，避免开工后可能出现的争端。但以计日工计价的项目必须首先经过监理工程师的同意。计日工清单表格见表6-2。

表6-2 计日工清单表格

计日工劳务

编号	子目名称	单位	暂定数量	单价	合价
101	班长	h			
102	普通工	h			
	……				

劳务小计金额：_____
（计入"计日工汇总表"）

(续)

计日工材料

编 号	子目名称	单 位	暂定数量	单 价	合 价
201	水泥	t			
202	钢筋	t			
	……				

材料小计金额：_____
（计入"计日工汇总表"）

计日工施工机械

编 号	子目名称	单 位	暂定数量	单 价	合 价
301	装载机				
301-1	1.5m³ 以下	h			
	……				

施工机械小计金额：_____
（计入"计日工汇总表"）

计日工汇总表

名 称	金 额	备 注
劳务		
材料		
施工机械		

计日工总计：
（计入"投标报价汇总表"）

（3）暂估价表。暂估价包括材料暂估价表、工程设备暂估价表、专业工程暂估价表，表中列出的项目是必然发生但价格不确定，需要按实际发生费用计算的部分。暂估价项目已经包含在分项工程表中，需要摘列在表 6-3 中。

表 6-3 暂估价表

材料暂估价表

序 号	名 称	单 位	数 量	单 价	合 价	备 注

工程设备暂估价表

序 号	名 称	单 位	数 量	单 价	合 价	备 注

(续)

专业工程暂估价表

序 号	专业工程名称	工程内容	金 额
	小计:		

（4）投标报价汇总表。投标报价汇总表格式见表6-4。

表6-4 投标报价汇总表

_____（项目名称）_____标段

序 号	章 次	科 目 名 称	金额/元
1	100	总则	
2	200	路基	
3	300	路面	
4	400	桥梁、涵洞	
5	500	隧道	
6	600	安全设施及预埋管线	
7	700	绿化及环境保护设施	
8		第100章~第700章清单合计	
9		已包含在清单合计中的材料、工程设备、专业工程暂估价合计	
10		清单合计减去材料、工程设备、专业工程暂估价合计（即8-9=10）	
11		计日工合计	
12		暂列金额（不含计日工总额）	
13		投标报价（8+11+12）=13	

注：材料、工程设备、专业工程暂估价已包括在清单合计中，不应重复计入投标报价。

（5）工程量清单单价分析表。各分项工程综合单价分析表的格式见表6-5。

表6-5 工程量清单单价分析表

序号	编码	子目名称	人工费			材料费						机械使用费	其他	管理费	税费	利润	综合单价
			工日	单价	金额	主材				辅材费	金额						
						主材耗量	单位	单价	主材费								

每一工程细目的单价均有相应的单价分析表，细目表上的单价与分析表应保持一致。

二、工程量清单项目划分案例

【例1】 河南省拟修建一条二级公路，路线全长1km，路基宽度12.2m，其中行车道宽度7.2m，硬路肩宽为1.75m，土路肩0.75m。底基层采用水泥稳定碎石（水泥剂量

3.5%),厚度为22cm共12200m²;基层采用水泥稳定碎石(水泥剂量5%),厚度20cm共11500m²;面层采用沥青混凝土,厚度为10cm共10700m²,其中上面层用4cm厚细粒式沥青混凝土,下面层用6cm厚粗粒式沥青混凝土;土路肩土方为750m³;面层间设黏层,基层顶面设透层,试编制该路面工程的工程量清单。

解:对照《公路工程标准施工招标文件》第五章的工程量清单表格划分模板,本路段主要是针对第300章路面工程,工程量清单见表6-6。

表6-6 河南某二级公路工程量清单(路面部分)

清单 第300章 路面					
子 目 号	子 目 名 称	单 位	数 量	单 价	合 价
304-1	水泥稳定碎石底基层(水泥剂量3.5%)				
-a	厚22mm	m²	12200		
304-2	水泥稳定碎石基层(水泥剂量5%)				
-a	厚20mm	m²	11500		
308-1	透层	m²	10700		
308-2	黏层	m²	10700		
309-1	细粒式沥青混凝土				
-a	厚4mm	m²	10700		
309-3	粗粒式沥青混凝土				
-a	厚6mm	m²	10700		
313-1	培土路肩	m³	750		

清单 第300章合计 人民币_____

6.3 标底(招标控制价)计算

标底是发标方按照发包工程对应的工程量清单编制的一种预期价格。标底计算办法常采用定额计算法,计算流程基本与施工图预算的建安工程费计算相同。

一、标底编制的程序

(一)准备工作

(1)熟悉招标图样和说明。

(2)熟悉招标文件内容。

(3)考察工程现场。

(4)进行材料价格调查。

掌握当地材料、设备的实际市场价格,砂、石等地方材料的料场价、运距、运费和料源等也要调查收集。

(二)工程量计算

(1)复核清单工程量:按照图样和技术规范中的计量支付规定办法核算各分项工程的工程量。

(2)按定额规定核算工程量:确定各分项工程细目(包括分项施工中的辅助工程)的施工方案,套取所用定额,确定各定额子目的工程量。

(三) 确定工、料、机单价

根据准备工作中收集到的资料，计算和确定人工、材料、机械台班单价。

(四) 计算综合费率

综合费率由其他工程费、间接费、利润、税金等组成，要根据招标文件中有关条款和概、预算编制办法的有关规定确定各项费率。

(五) 计算工程项目总金额和单价

按概、预算编制办法规定，在概预算基础上，分析各子目包含的工作内容，对各分项工程进行适当合并、分解等处理，通过分摊、调价最终确定清单各项所列工程项目的总金额。

(六) 计算标底总金额

按工程量清单计算各章金额，其中第100章总则中的保险费、临时工程费、承包人驻地建设等按实计算列入，其余各章按工程量清单中的数量乘前一步骤中得出的单价计算，然后计算工程量清单汇总表，得出标底总金额。

(七) 编写标底说明

计算出标底总金额后，应写标底编制说明。

二、标底费用计算办法

工程量清单的费用计算主要有两类，一类是总额价计算，一类是单价计算。工程量清单中总额价细目一般不填工程数量，是包干价，由招投标方按照以往工程经验和政策规定自行计算，工程支付时按规定分阶段付款；工程量清单中单价细目有预估工程量，招标、投标双方按照工程定额进行计算确定，支付时按照实际完成工程量和清单单价完成支付。常见项目计算办法见表6-7。

表6-7 工程量清单计算办法

1. 工程量清单表

清单 第100章 总则							
子目号	子目名称	单位	数量	单价	合价	费用计算办法	
101-1	保险费					用双方名义投保，由业主单独支付	
-a	按合同条款规定，提供建筑工程一切险	总额				第100章（不含工程一切险和第三方责任险的保险费）至第700章的合计金额×保险费率（暂定为3‰~5‰）	
-b	按合同条款规定，提供第三方责任险	总额				第三方责任险的投保金额为100万元×保险费率（暂定为3‰~5‰）	
102-1	竣工文件	总额				第200章~第600章合计金额×分档费率，暂定为0.5‰~2‰，最低宜不低于1万元，最高宜不高于50万元	
102-2	施工环保费	总额				常规的施工环保费：土建主体工程（含房建）可按100章以外各章清单预算合计额的1.0‰-2.0‰计列，但最低宜不低于2万元，最高宜不高于60万元，交安、机电、绿化等附属工程可按0.5万~2万元每标段计列	

(续)

清单　第100章　总则							
子目号	子目名称	单位	数量	单价	合价	费用计算办法	
102-3	安全生产费	总额				与其他工程费中的"安全及文明施工措施费"不能重列，一般按照第100章（不含保险费、安全生产费等）至第700章的合计金额×费率（暂定为1%）	
102-4	工程管理软件 （暂定金额）	总额				统一配备发包人开发或指定的工程管理软件系统并安装运行，系统操作人员的培训、劳务和专用计算机配置、维护、备份管理及网络构筑（含设施和租费）等费用，按实际估列	
103-1	临时道路修建、养护与拆除 （包括原道路的养护费）	总额				临时工程的数量宜按施工图设计数量并结合现场调查的实际数量确定，临时道路套用预算定额中临时工程"7-1-1 汽车便道"定额，养护按编办附录一，修建临时桥梁套用预算定额中临时工程"7-1-2 临时便桥"，修建临时码头套用预算定额中临时工程"7-1-3 临时码头"	
103-2	临时占地	总额				各项用地数量按工程建设管理实际需要和施工标准化要求分项逐一估列，借地费用标准按当地借地政策标准和借地时间按实确定	
103-3	临时供电设施					临时供电线路宜按施工图设计数量并结合现场调查的实际数量确定长度，套用预算定额中临时工程 7-1-5 架设输电、电信线路	
-a	设施架设、拆除	总额					
-b	设施维修	月					
103-4	电讯设施的提供、维修与拆除	总额				电话、传真等电信设施按实际需要数量和市场价计列，若需架设电信线路则按估列数量套用预算定额临时工程 7-1-5 架设输电、电信线路	
103-5	供水与排污设施	总额				估列出具体的内容和数量的，按实际估列数量计算，难以具体估列的，可按承包人驻地建设的 5%~7% 估列	
104-1	承包人驻地建设	总额				包括承包人办公室、住房及生活区的建立与管理以及现场办公设备的配置，工地试验室的建立与管理，医疗卫生与消防设施的提供与配置，车间与工作场地、仓库、储料场及拌和预制场（仅计列场地填筑、硬化分隔等基础工作费用，台座、龙门吊、拌和设施等直接生产设施在相应工程内容中计列）建设与管理，标化工地所要求的场地外围隔离围墙、作业区分开或隔离设施修筑、作业区、堆放区及场内道路硬化处理以及绿化、美化等配套建设，驻地设施的维护与完工后的拆迁。费用应列项分别计算，但不能与其他工程费中的"临时设施费"重复计算	
清单　第100章合计　人民币_____							

(续)

清单 第200章 路基

子目号	子目名称	单位	数量	单价	合价	费用计算办法
201-1	清理与掘除					
-a	清理现场	m²				
-b	砍伐树木	棵				
	……	棵				按照各分项细目工程内容确定施工方案，套用定额，按照预算编制办法进行计算
203-2	改河、改渠、改路挖方					
-a	挖土方	m³				
-b	挖石方	m³				
204-1	路基填筑（包括填前压实）					
-a	换填土	m³				
	……	m³				
	清单 第200章合计 人民币 _____					

清单第200章~第700章计算办法相同。

2. 计日工表

计日工表中的项目名称、数量由招标人填写，编制招标控制价时，单价由招标人按有关计价规定确定；投标时，单价由投标人自主报价，计入投标总价中。

一般而言，计日工单价水平一定是高于工程量清单的价格水平，其原因在于计日工往往是用于一些突发性的额外工作，缺少计划性，承包人在调动施工生产资源方面难免不影响已经计划好的工作，生产资源的使用效率也有一定的降低，客观上造成超出常规的额外投入。另一方面，计日工清单往往忽略给出一个暂定的工程量，无法纳入有效的竞争，也是造成计日工单价水平偏高的原因之一。

3. 暂估价表

暂估价包括材料暂估价表、工程设备暂估价表、专业工程暂估价表，表中列出的项目是必然发生但暂时不确定价格的部分，报价时按照甲方给的暂定价格计算，结算按照合同约定的价格或者按照市场价支付。

4. 投标报价汇总表

按照清单项目划分将各章的报价进行分类汇总合计，得到投标总报价。注材料、工程设备、专业工程暂估价已包括在清单合计中，不应重复计入投标报价。

5. 工程量清单单价分析表

将前面各章节细目的单价计算过程分析填写在表格中，单价计算表格样式很多，可以用预算编制的08-2表格式，03表格式，还可以是实物分析表格式，见表6-8。

表6-8 单价分析表的格式

序号	编码	子目名称	人工费			材料费					机械使用费	其他	管理费	税费	利润	综合单价
						主材			辅材费	金额						
			工日	单价	金额	主材耗量	单位	单价	主材费								

三、标底编制案例

【例2】 以【例1】项目的工程量清单为例,计算路面工程量清单对应的标底。

解:(1)确定施工方案:

水泥稳定碎石底基层、水泥稳定碎石基层均按厂拌法施工,设备采用100t/h稳定土拌和站,8t自卸汽车运输,120kW平地机摊铺,拌和站距工地平均距离1km,不计拌和站场地建设。

沥青混凝土路面按厂拌法施工,设备采用60t/h沥青混凝土拌和站,平均距离1km,8t自卸汽车运输,摊铺机摊铺,不计拌和站场地建设。

土路肩施工按培路肩方式,具体套取定额见表6-9。

表6-9 路面工程标底计算办法示例

项	目	节	细目	名 称	单 位	工程量	费率号	备 注
1				第100章至第700章合计		0.0		
				第300章路面		0.0		
	304-1			水泥稳定碎石底基层		0.0		
		-a		厚22mm	m²	12200.0		
			2-1-7-5换	厂拌水泥稳定碎石土(3.5%)压实厚度22cm	1000m²	12.2	07	①配比[32.5级水泥:碎石]=[3.5:96.5] ②+[2-1-7-6]×7.8
			2-1-8-9	8t以内自卸汽车运稳定土第一个1km	1000m³	2.684	03	
			2-1-9-4换	120kW以内平地机铺筑底基层混合料	1000m²	12.2	07	压机调整:压机×2
			2-1-10-2	稳定土厂拌设备安拆(100t/h以内)	1座	0.466	07	
	304-3			水泥稳定碎石基层		0.0		
		-a		厚20mm	m²	11500.0		
			2-1-7-5换	厂拌水泥碎石稳定土(5%)压实厚度20cm	1000m²	11.5	07	+[2-1-7-6]×5.0
			2-1-8-9	8t以内自卸汽车运稳定土第一个1km	1000m³	11.5	03	
			2-1-9-3换	120kW以内平地机铺筑基层混合料	1000m²	11.5	07	压机调整:压机×2
			2-1-10-2	稳定土厂拌设备安拆(100t/h以内)	1座	0.534	07	
	308-1			透层	m²	10700.0		

(续)

项	目	节	细目	名称	单位	工程量	费率号	备注
			2-2-16-2	乳化沥青粒料基层透层	1000m²	10.7	07	
	308-2			黏层	m²	10700		
			2-2-16-6	乳化沥青层黏层	1000m²	10.7	07	
		309-1		细粒式沥青混凝土		0.0		
			-a	厚4mm	m²	10700		
			2-2-11-14	细粒式沥青混凝土拌和（60t/h以内）	1000m³路面实体	0.428	06	
			2-2-13-9	8t以内自卸汽车运沥青混合料第一个1km	1000m³路面实体	0.428	03	
			2-2-14-11	机械摊铺粗粒式沥青碎石混合料（60t/h）以内	1000m³路面实体	0.428	06	
			2-2-15-2	沥青混合料拌和设备安拆（60t/h以内）	1座	0.5	06	
		309-3		粗粒式沥青混凝土		0.0		
			-a	厚6mm	m²	10700		
			2-2-11-2	粗粒式沥青混凝土拌和（60t/h以内）	1000m³路面实体	0.642	06	
			2-2-13-9	8t以内自卸汽车运沥青混合料第一个1km	1000m³路面实体	0.642	03	
			2-2-14-11	机械摊铺粗粒式沥青碎石混合料（60t/h）以内	1000m³路面实体	0.642	06	
			2-2-15-2	沥青混合料拌和设备安拆（60t/h以内）	1座	0.5	06	
	313-1			培土路肩	m³	750		
			2-3-3-5换	培路肩厚度50cm	1000m²	1.5	07	+[2-3-3-6]×30.0

(2) 工料机单价：

调查得到人工单价按53.87元/工日；材料、机械单价见表6-10。

表6-10 工料机预算单价表

序号	名称	单位	代号	预算单价/元	备注
1	人工	工日	1	53.87	
2	机械工	工日	2	53.87	
3	32.5号水泥	t	832	330.00	
	……				

(续)

序号	名　称	单　位	代　号	预算单价/元	备　注
14	石油沥青	t	851	3850.00	
15	乳化沥青	t	853	4200.00	
16	重油	kg	861	3.20	
17	汽油	kg	862	6.80	
18	柴油	kg	863	6.50	
19	电	kW·h	865	0.60	
20	水	m³	866	0.50	
21	砂	m³	897	55.00	
22	矿粉	t	949	125.00	
23	碎石	m³	953	30.00	
24	石屑	m³	961	72.00	
25	路面用碎石（1.5cm）	m³	965	72.00	
26	路面用碎石（2.5cm）	m³	966	72.00	
27	路面用碎石（3.5cm）	m³	967	70.00	
28	其他材料费	元	996	1.00	
29	设备摊销费	元	997	1.00	
30	2.0m³ 轮胎式装载机	台班	1050	864.15	
31	3.0m³ 轮胎式装载机	台班	1051	1104.18	
32	120kW 以内平地机	台班	1057	1056.17	
33	6~8t 光轮压路机	台班	1075	287.08	
34	12~15t 光轮压路机	台班	1078	481.18	
35	0.6t 手扶式振动碾	台班	1083	112.34	
36	300t/h 以内稳定土厂拌设备	台班	1160	994.86	
37	4000L 以内沥青洒布车	台班	1193	469.80	
38	60t/h 以内沥青混合料拌和设备	台班	1202	8287.54	
39	4.5m 以内带自动找平沥青混合料摊铺机	台班	1211	121121	
40	9~16t 轮胎式压路机	台班	1223	585.97	
41	5t 以内自卸汽车	台班	1383	443.76	
42	8t 以内自卸汽车	台班	1385	574.77	
43	6000L 以内洒水汽车	台班	1405	591.53	
	……				

(3) 综合费率计算：

其他工程费、间接费综合费率按照颁布的《公路基本建设项目概预算编制办法》进行计算，汇总见表 6-11。其中工地转移距离按 5km 计，主副食综合里程按 2km 计入。

表 6-11 其他工程费、间接费综合费率

工程类别	其他工程费费率/%	间接费费率
高级路面（面层）	2.23	35/2.49
其他路面（基层和底基层）	1.93	35/3.915

(4) 成本费用计算：

首先按照各分项工程选定的施工方案套用定额，结合单价和费率信息计算各分项工程的综合单价，并按照预估工程量计算合价，计算结果见表 6-12。

表 6-12 路面工程工程量清单标底编制计算

第 300 章路面

子目号	子目名称	单位	数量	单价/元	合价
304-1	水泥稳定碎石底基层				
-a	厚 22mm	m²	12200.000	30.31	369782
304-3	水泥稳定碎石基层				
-a	厚 20mm	m²	11500.000	36.83	423545
308-1	透层	m²	10700.000	6.91	73937
308-2	黏层	m²	10700.000	2.31	24717
309-1	细粒式沥青混凝土				
-a	厚 4mm	m²	10700	45.78	489846
309-3	粗粒式沥青混凝土				
-a	厚 6mm	m²	10700	57.41	614287
313-1	培土路肩	m³	750	20.48	15360

第 300 章 合计 人民币 2011474 元

(5) 标底单价分析计算：

表 6-12 的各分项工程单价计算过程展示见表 6-13。

(6) 路面标底：

按照预算编制办法，路面工程部分对应标底为 2011474 元。

标底还可以根据目前市场竞争激烈程度适当调整标底费用。

表6-13 分项工程单价计算分析表

项目编号：304-1-a
项目名称：厚22mm
单位：m²
数量：12200.000
单价：30.31 元
摊销费：59952 元
标表4-3

工程项目		水泥稳定类			厂拌基层稳定土混合料运输			机械铺筑厂拌基层稳定土混合料			基层稳定土厂拌设备安装、拆除		
工程细目		厂拌水泥碎石稳定土(3.5%) 压实厚度22cm			8t以内自卸汽车运稳定土第一个1km			120kW以内平地机铺筑基层混合料			稳定土厂拌设备安拆(100t/h以内)		
定额单位		1000m²			1000m³			1000m²			1座		
工程数量		12200			2.684			12.200			0.466		
定额表号		2-1-7-5+6×7.0,改			2-1-8-9			2-1-9-4改			2-1-10-2		
代号	工料机名称	单位	单价/元	定额	数量	金额/元	定额	数量	金额/元	定额	数量	金额/元	定额	数量	金额/元
1	人工	工日	53.87	4200	51.240	2760				7.700	93.940	5061	520.800	242693	13074
102	锯材木中板 δ=19~35	m³	1350.00										0.004	0.002	3
182	型钢	t	3700.00										0.016	0.007	28
272	组合钢模板	t	5710.00										0.035	0.016	93
651	铁件	kg	4.40										48.000	22368	98
832	32.5级水泥	t	330.00	19.548	238.486	78700							33.167	15.456	5100
866	水	m³	0.50	28.000	341.600	171							176.000	82016	41
899	中（粗）砂	m³	60.00										116.230	54163	3250
931	片石	m³	34.00										151.940	70.804	2407
952	碎石（4cm）	m³	55.00										32140	14977	824
958	碎石	m³	30.00	326.629	3984.874	1195.46							138.730	646.48	5495
981	块石	m³	85.00										58.300	27.168	27
996	其他材料费	元	1.00										1.910	0.890	506
1027	0.6m³履带式单斗挖掘机	台班	568.67												
1051	3.0m³轮胎式装载机	台班	1104.18	0.690	8.418	9295									
1057	120kW以内平地机	台班	1056.17							0.740	9.028	9535			
1075	6~8t光轮压路机	台班	287.09							0.280	3.416	981			
1078	12~15t光轮压路机	台班	481.18	0.380	4.636	4612				2.180	26.596	12797			
1160	300t/h以内稳定土厂拌设备	台班	994.86												

第1页 共23页

项目编号：304-1-a　　　　单位：m²　　　　数量：12200.000　　　　单价：30.31　　　　摊销费：59952　　　　元　　　　标表 4-3（续）

项目名称：厚22mm

代号	工程项目 工程细目 定额单位 工程数量 定额表号 工料机名称	单位	单价/元	水泥稳定类 厂拌水泥碎石稳定土（3.5%）压实厚度22cm 1000m² 12200 2-1-7-5+6×7.0,改		厂拌基层稳定土混合料运输 8t以内自卸汽车运输土第一个1km 1000m³ 2.684 2-1-8-9		机械铺筑厂拌基层稳定土混合料 120kW以内平地机铺筑底基层混合料 1000m² 12.200 2-1-9-4 改		基层稳定土厂拌设备安装、拆除 稳定土厂拌设备安装拆除（100t/h以内）1座 0.466 2-1-10-2	
				定额	金额/元	定额	金额/元	定额	金额/元	定额	金额/元
1272	250L以内强制式混凝土搅拌机	台班	104.09							0.755	79
1385	8t以内自卸汽车	台班	573.64	10.790		28.960	16613				
1392	15t以内平板拖车组	台班	621.15							2395	1488
1405	6000L以内洒水汽车	台班	590.40	2.080				0.310	2233		
1451	12t以内汽车式起重机	台班	794.71	7.000		7.000				0.350	278
1453	20t汽车式起重机	台班	1156.24	3.480		3.480				9.150	4930
1456	40t汽车式起重机	台班	2174.21							9.150	9271
1998	小型机具使用费	元	1.00							90.544	91
1999	定额基价	元		16443.000	200605.05	5248.000	14086.000	2179.000	26584000	95295.000	44407.000 44407
	其他材料费	元		1.930	2006.05			26.584			
	其他机械使用费	元				0.520	4151			1.930	909
其他工程费	其他工程费Ⅰ	元		35.000		35.000	86	35.000	591	35.000	4576
	其他工程费Ⅱ	元		3.915	966	2.080	347	3.915	1771	3915	1879
间接费	企业管理费	元		7.000	8583	7.000	1193	7.000	1221	7.000	3491
	利润	元			159.47				2269		
	税金	元		3.480	8517	3.480	635	3.480	1269	3.480	2016
	合计	元			253249		18875		37728		59952
	单位单价	元			20758		7032		3092		128652
	每m²单价	元			20.76		1.55		3.09		4.91

第 2 页　　共 23 页

第6章 标底与报价费用计算

(续)
标表4-3

项目编号:304-1-a　　　　单位:m²　　　　数量:12200.000　　　　单价:30.31　　　　摊销费:59952　　　　元　　　　合计

项目名称:厚22mm

代号	工料机名称	单位	单价/元	定额	数量	金额/元	定额	数量	金额/元	数量	金额/元
1	人工	工日	53.87							387.873	20895
102	锯材木中板δ=19~35	m³	1350.00							0.002	3
182	型钢	t	3700.00							0.007	28
272	组合钢模板	t	5710.00							0.016	93
651	铁件	kg	4.40							22368	98
832	32.5级水泥	t	330.00							253.941	83801
866	水	m³	0.50							423.616	212
899	中(粗)砂	m³	60.00							54163	3250
931	片石	m³	34.00							70.804	2407
952	碎石(4cm)	m³	55.00							14977	824
958	碎石	m³	30.00							3984874	119546
981	块石	m³	85.00							646.48	5495
996	其他材料费	元	1.00							27.168	27
1027	0.6m³ 履带式单斗挖掘机	台班	568.67							0.890	506
1051	3.0m³ 轮胎式装载机	台班	1104.18							8.418	9295
1057	120kW以内平地机	台班	1056.17							9.028	9535
1075	6~8t光轮压路机	台班	287.09							3.416	981
1078	12~15t光轮压路机	台班	481.18							26.596	12797
1160	300t/h以内强制定工拌设备	台班	994.86							4636	4612
1272	250L以内强制式混凝土搅拌机	台班	104.09							0.755	79

项目编号：304-1-a 单位：m² 数量：12200.000 单价：30.31 元 摊销费：59952 元 标表 4-3（续）

代号	工料机名称	单位	单价/元	定额	数量	金额/元	定额	数量	金额/元	定额	数量	金额/元
	工程项目											
	工程细目											
	定额单位											
	工程数量											
	定额表号											
1385	8t 以内自卸汽车	台班	573.64								28.960	16613
1392	15t 以内平板拖车组	台班	621.15								2395	1488
1405	6000L 以内洒水汽车	台班	590.40								3.782	2233
1451	12t 以内汽车式起重机	台班	794.71								0.350	278
1453	20t 汽车式起重机	台班	1156.24								4264	4930
1456	40t 汽车式起重机	台班	2174.21								4264	9271
1998	小型机具使用费	元	1.00								90.544	91
1999	定额基价	元	1.00								285682000	285682
	其他材料费	元										
	其他机械使用费	元										
	其他工程费 其他工程费Ⅰ	元										5737
	其他工程费Ⅱ	元										
	间接费 规费	元										7313
	企业管理费	元										12031
	利润	元										22901
	税金	元										12436
	合计	元										369804
	单位单价	元										159535
	每 m² 单价	元										30.31

第 4 页　共 23 页

6.4 报价计算

一、报价编制的步骤

一个项目的投标报价包括直接成本、利润和税金、风险费用三部分。编制报价时应科学合理,既具有竞争力又能有利可图。

目前报价编制办法多采用综合单价计算。计算步骤与上节标底相似,但与标底编制不同的是:标底计算是按照国家规定的定额、取费标准、技术标准和规范等编制并报送有关部门审核批准后的工程价格,是评标时衡量报价是否合理的标准或参考值;报价则是企业根据自身实际水平采用企业内部定额进行计算,不需要建设主管部门进行审批,为了增强报价竞争力,可以灵活调整报价。报价编制的流程如图6-4所示。

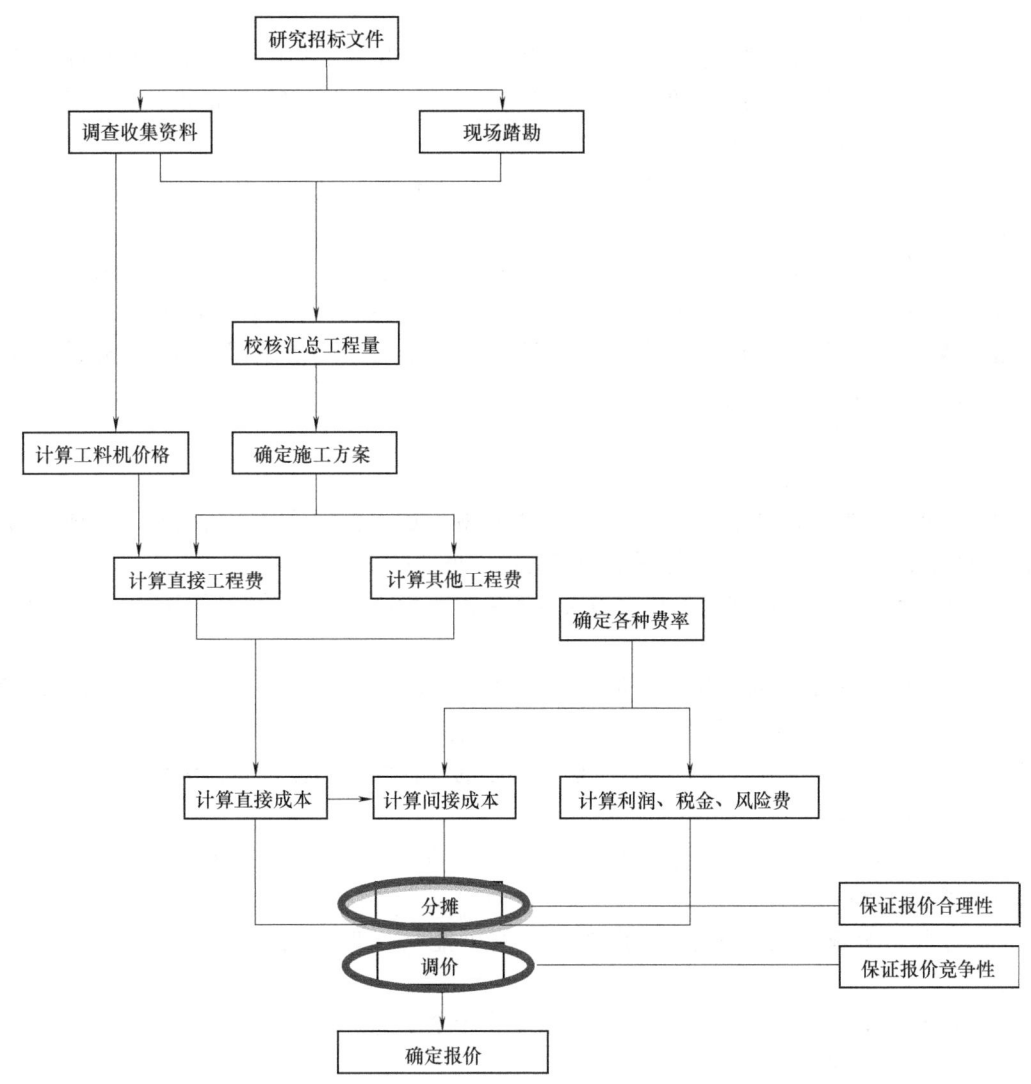

图 6-4 报价编制流程

二、报价策略和技巧

投标人获取项目，关键是需要一个有竞争性的报价，报价数字是由直接成本和分摊费用组合而成的。分摊费用是在估算成本中加上一笔用于公司管理费、风险费和利润的金额。由于建设市场风险和市场条件的影响，分摊费用计算水平和幅度通常差异较大，因此，报价确定需要有一定的策略与技巧。

（一）投标策略

报价策略是投标单位在激烈竞争的环境下为了企业的生存与发展而可能使用的对策，报价策略运用是否得当，对投标单位能否中标并获得利润影响很大，常用的投标策略大致有如下几种：

（1）赢利策略。即在报价中以较大的利润为投标目标的策略。这种投标策略通常在建筑市场任务多，投标单位对该项目拥有技术上的垄断优势，竞争对手少或近期施工任务比较饱和时才予以采用。

（2）微利保本策略。即在施工成本、利税及风险费几项费用中，降低利润目标，甚至不考虑利润。这种投标策略通常在企业工程任务不饱满，建筑市场供不应求，竞争对手强以及业主按最低标定标时可采用。

（3）低价亏损策略。即在报价中不仅不考虑企业利润，相反考虑一定的亏损后提出的报价策略。

（4）冒险投标策略。即在报价中不考虑风险费用，这是一种冒险行为，如果风险不发生，即意味着承包商的报价成功；如果风险发生，则意味着承包商要承担极大的风险损失。这种报价策略同样只在市场竞争激烈，承包商急于寻找施工任务或着眼于打入该建筑市场甚至独占该建筑市场时才予以采用。

（二）报价技巧

（1）不平衡报价法。具体表现形式如下：

1）先期开工的项目（如开工费、土方、基础等）的单价报价高，后期开工的项目如高速公路的路面、交通设施、绿化等附属设施的单价报价低。

2）估计到以后将可能增加工程量的项目的单价报价高，工程量将可能减少的项目的单价报价低。

对单价合同来说，在进行结算支付时，其结算价等于实际完成工程量乘以合同的单价，即合同单价不能变更，因此用这种技巧使承包商获得更多的收益。

3）图纸不明确或有错误的，估计今后会修改的项目的单价报价高，估计今后会取消的项目的单价报价低。

4）没有工程量，只填单价的项目如土方超运其单价报价高，这样既不影响投标总价，又有利于多获利润。

5）对暂定金额项目，分析让承包商做的可能性大时，其单价报价高，反之，报价低。

6）对于允许价格调整的工程，当利率低于物价上涨时，则后期施工的工程细目的单价报价高，反之，报价低。

（2）扩大标价法。对于工程中没有把握的分项工程报价时，应在正常计价基础上扩大计入,通过增加费用减少不可预见的风险。

(3) 多方案报价法。对于有经验的投标人,在招标文件的允许情况下,依据设计方案提出改进方案,在原方案的正常报价基础上能降低报价,增加中标机会。但改进方案不能降低工程的技术标准和要求。

(4) 开口升级报价法。投标人通过招标文件的不确定条件进行最低报价,赢取与招标方协商的机会,在商谈中利用不确定条件进行升级加价,增大盈利水平的报价方法。

(5) 突然降价法。投标方首先按照正常水平报价,迷惑竞争对手。在投标截止日前突然递交投标补充文件,完成降价,让对手措手不及,从而赢取项目的方法。

三、报价编制示例

【例3】 以上节【例1】工程量清单为例,编制该路面工程部分的清单报价。

(1) 确定工程量清单细目的施工方案,同上例。
(2) 调查市场工料机单价信息,同上例。
(3) 综合费率计算:报价中采用的费率可以根据企业实际水平来确定。
(4) 分摊:对于那些不能作为第100章总则费用单列的项目,且其涉及两个及以上清单编号项目,需要按不同的分摊方式直接摊入各分项单价中的费用,如沥青混凝土拌和站(楼)安拆费用,可进行分摊操作,分摊既能正确计入费用,又不过多增加清单细目,造成废标。如沥青混凝土拌和站拌和机安拆就是采用分摊计价。路面面层项目的沥青拌和站分摊步骤如图6-5所示。

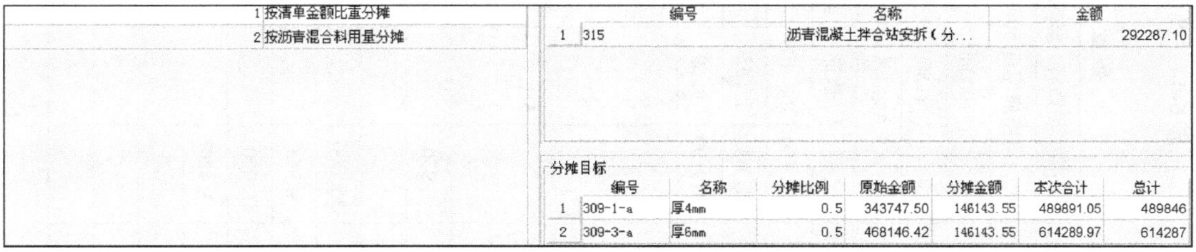

图6-5 路面面层项目的沥青拌和站分摊步骤

(5) 合价与调价:

汇总投标报价后,企业可以根据目前市场竞争激烈程度适当调整报价费用。如表6-12中的培路肩项目,表中对于培路肩施工综合单价是20.48元/m^3,根据自身需要对企业内部标价分析,进行合理地调整,用户可以采用正向调价或反向调价两种调价方式调整。正向调价是将费用计算时的消耗量、单价等要素给定一个系数进行总价调整,反调是通过给定一个目标值(综合单价或者合价)反算调整量的系数。如将培路肩单价按要求调为20元/m^3,要求反调人工、机械消耗量,调价前后的单价分析表为下表6-14、表6-15。

(6) 投标报价汇总表:调整后的投标报价汇总见表6-16。

表 6-14 调价前单价分析表（培路肩）

项目编号：313-1　　项目名称：培土路肩　　单位：m³　　数量：750.000　　单价：20.48　　元　　摊销费：　　元　　标表 4-3

工程项目：挖路槽、培路肩、修筑泄水槽
工程细目：培路肩厚度 50cm
定额单位：1000m²
工程数量：1.500
定额表号：2-3-3-5+6×30.0

代号	工料机名称	单位	定额	单价/元	数量	金额/元	定额	数量	金额/元	定额	数量	金额/元	合计 数量	金额/元
1	人工	工日	105.400	53.87	158.100	8517							158.100	8517
1083	0.6t 手扶式振动碾	台班	11.700	111.21	17.550	1952							17.55	1952
1999	定额基价	元	6379.00	1.00	9569	9569							9569	9569
	其他材料费	元												
	其他机械使用费	元												
其他工程费	其他工程费Ⅰ	元	1.930			202								202
	其他工程费Ⅱ	元												
间接费	规费	元	35.000			2981								2981
	企业管理费	元	3.915			418								418
利润		元	7.000			776								776
税金		元	3.480			517								517
合计		元				15362								15362
单位单价		元				10241								10241
每 m³ 单价		元				20.48								20.48

第 1 页　共 1 页

第6章 标底与报价费用计算

项目编号：313-1
项目名称：培土路肩

表6-15 调价后单价分析表（培路基）

单位：m³　　数量：750.000　　单价：20.00　　元　　摊销费：　　元　　标表4-3

工程项目		挖路堑槽、培路肩、修筑泄水槽							合计	
工程细目		培路肩厚度50cm								
定额单位		1000m²								
工程数量		1.500								
定额表号		2~3~3~5+6×30.0								
代号	工料机名称	单位	单价/元	定额	数量	金额/元	定额	数量	金额/元	数量	金额/元
1	人工	工日	53.87	102.930	154.395	8317				154.395	8317
1083	0.6t手扶式振动碾	台班	111.21	11.426	17.139	1906				17.139	1906
1999	定额基价	元	1.00	6227.000	9341.00	9341				9341.00	9341
	其他材料费	元									
	其他机械使用费	元									
其他工程费	其他工程费Ⅰ	元		1.930		197					197
	其他工程费Ⅱ	元									
间接费	规费	元		35.000		2911					2911
	企业管理费	元		3.915		408					408
	利润	元		7.000		758					758
	税金	元		3.480		505					505
	合计	元				15002					15002
	每m²单价	元				20.00					20.00

第1页 共1页

表 6-16 投标报价汇总表

合同段：1   标表 1

序号	章次	科 目 名 称	金额/元
1	300	路面	2011114
2		第 100 章至第 700 章合计	2011114
3		已包含在清单合计中的材料、工程设备、专业工程暂估价合计	
4		清单合计减去材料、工程设备、专业工程暂估价合计	2011114
5		计日工合计	
6		暂列金额（不含计日工总额）	
7		投标报价	2011114

清单　第 1 页　共 1 页

调价前投标报价为 2011474 元，调整土路肩项目单价后，投标报价为 2011114 元。

项 目 训 练

1. 投标报价的报表组成部分有哪些？
2. 投标文件的单价和施工图预算的建筑安装工程费单价有何异同？
3. 投标报价的调价策略有哪些？
4. 投标报价中为什么会有分摊项目？

第 7 章 同望造价软件应用

> **任务目标**
> （1）熟悉同望造价软件的工作界面。
> （2）掌握同望造价软件的施工图预算编制流程。
> （3）掌握同望造价软件的清单报价、费用标准、调价的操作方法。

公路工程造价的手工计算是一项非常烦琐的工作，为了提高造价编制效率，目前公路建设市场推出了诸多专业造价计算软件，本章主要以同望公路工程造价管理系统为例介绍软件在编制公路工程概预算中的应用。

7.1 同望公路工程造价管理系统介绍

同望 WECOST 公路工程造价管理系统是广东同望科技股份有限公司推出的一款操作简便，报表规范的产品，为满足客户需求，同望软件有专业版、网络版、学习版（不能输出表格）三类，目前最新版本是 WEC COST 9.0.，广泛应用于公路设计、施工招标投标、项目造价审核、监理等工程建设领域，能进行投资估算、设计概算、施工图预算、清单报价、工程结算等造价文件编制。

同望 WECOST 公路工程造价管理系统是依据公路工程造价的实物消耗量计算办法，项目划分、定额套用、定额调整、单价计算、费率选用、项目分摊、调价方式等操作简便，自定义功能强大，既能保障造价管理的规范性，又能保证报价计算的灵活性。

一、同望软件启动

在正确安装同望造价软件后，桌面上出现软件图标，双击图标，输入账户名、密码即可启动软件，如图 7-1 所示。

二、同望软件系统界面

登录后的系统界面如下图 7-2 所示。

（1）下拉菜单。包括文件、编辑、建设项目、维护、工具、窗口、帮助等部分，菜单中包含软件操作的命令。如"文件"菜单，主要实现新建文件、打开文件、存盘、打印功能。

（2）工具图标。是软件操作命令的另一种形式，一个图标能实现一项操作。如"▣"是新建建设项目，"⇧⇩▲▼"是对划分的项目进行层次排列的"上移、下移、升级、降级"作用。

（3）建设项目文件。展示已创建项目的信息，如图 7-2 中共有三个建设项目。

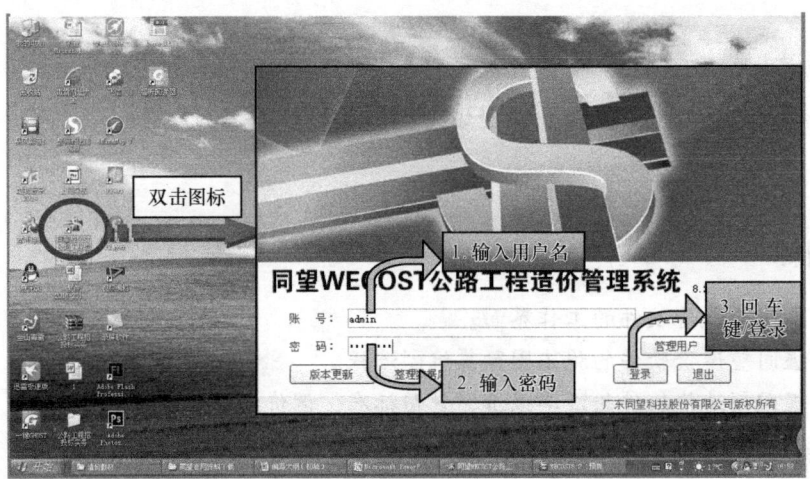

注：软件专业版首次登录用户名和密码都是"admin"，可以点击"管理用户"进行设置，也可以直接点击"登录"进入软件；学习版用户名和密码都是"temp"。

图 7-1　同望造价软件的"启动"界面

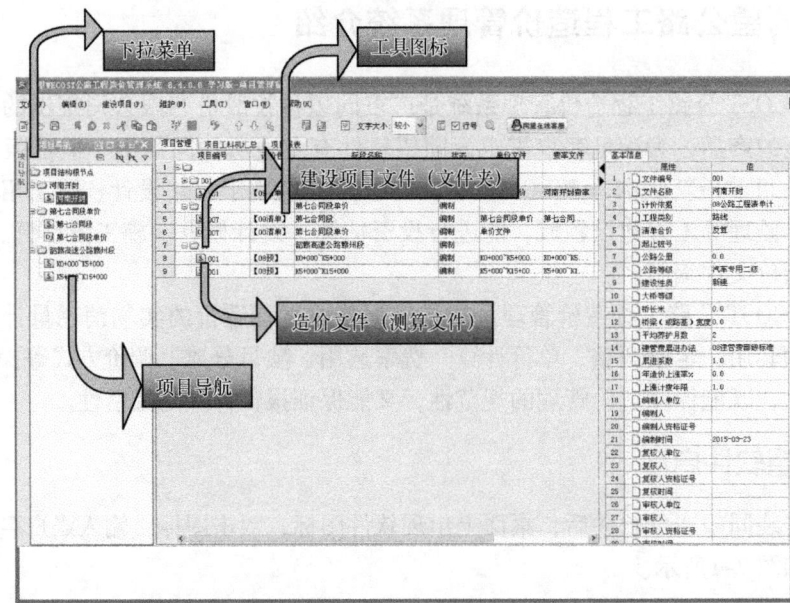

图 7-2　同望造价软件的界面组成

（4）造价文件。展示已创建造价文件的信息，如"韶赣高速公路赣州段"建设项目共编制两个合同段的造价测算文件。

（5）项目导航。类似于软件的资源管理器。

7.2　同望软件编制施工图预算

一、施工图预算编制流程

施工图预算编制流程如图 7-3 所示。

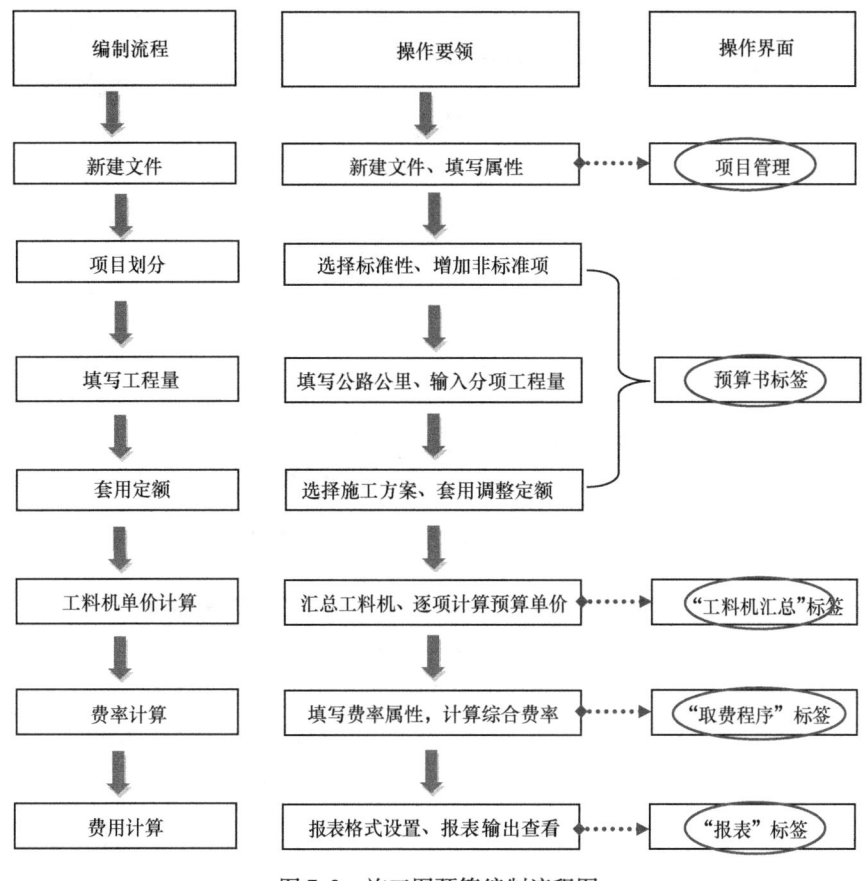

图7-3 施工图预算编制流程图

二、施工图预算操作

1. 新建文件、填写属性

在"项目管理界面"点击右键快捷菜单选择"新建"命令,分别新建建设项目文件(文件夹)和造价文件,操作步骤如图7-4所示。

2. 项目划分——选择标准项、增加非标准项

在建好的造价文件栏双击"编制"按钮进入"预算编制"界面,在主窗口中单击右键,选择"标准模板",打开标准项目表,勾选本项目相关的分项工程,对于标准模板中缺少的项目通过增加非标准项自行增加,操作步骤如图7-5所示。

3. 填写工程量

逐项填写各分项工程对应的工程量,凡是以"公路公里"为单位的项目,可以通过右键菜单"填写"命令直接填写,其他分项逐项核对填写,也可以通过窗口2输入工程量计算式,操作步骤如图7-6所示。

4. 套用定额

选中项目划分中最末级的子项,点击右键菜单"选择定额",双击添加定额,再对照检查定额套用工程量、工程类别、定额内容(调整)是否需要调整,当实际工程内容与定额

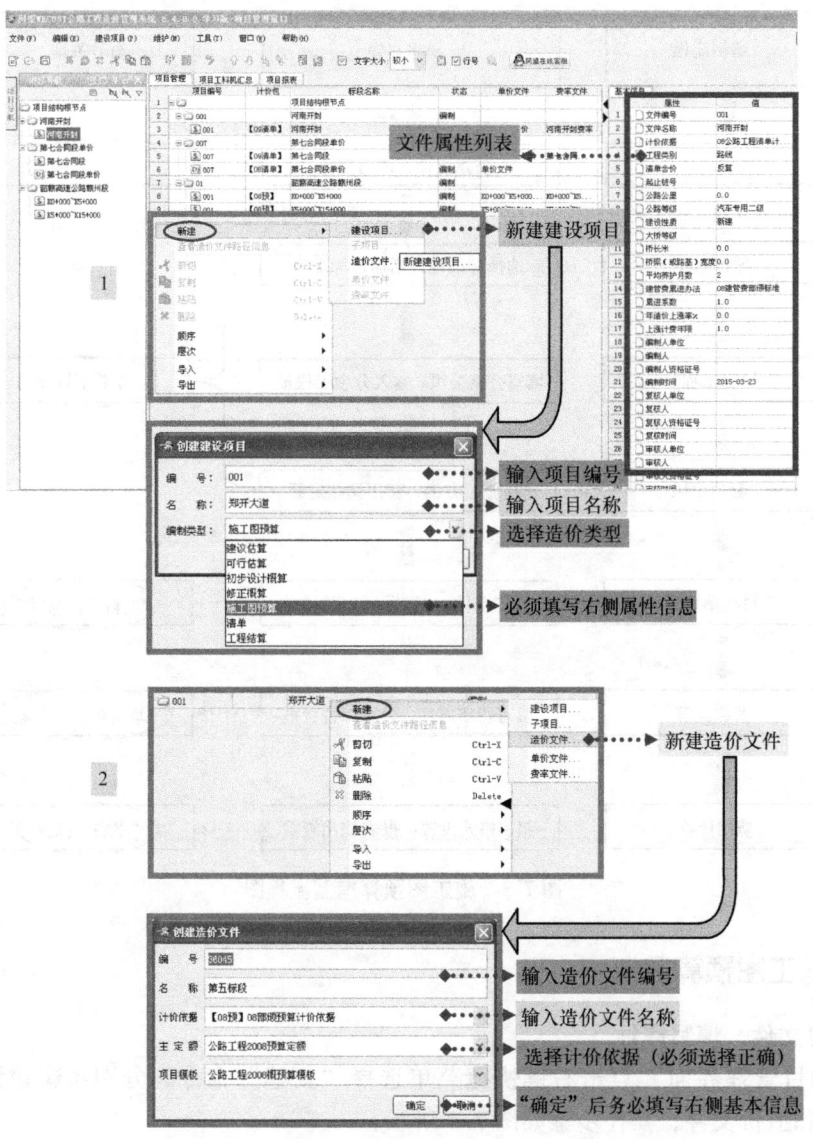

图7-4 新建"建设项目""造价文件"界面

不一致时,就在"辅助窗口"的"人材机"标签的右侧"定额调整"小窗口进行定额调整,操作步骤如图7-7所示。

5. 工料机单价计算

在主窗口切换到"工料机汇总"标签,逐项对定额中用到的"工料机"进行单价输入或者预算单价计算,图中显示的即是材料预算单价计算过程,操作步骤如图7-8所示。

6. 费率计算

施工图预算中的"其他工程费""间接费"计算需要用到综合费率,费率的选取与项目所在地和工程类别相关,软件中需要将主窗口切换到"工料机汇总"标签,在右侧的"费率属性"窗口填写费率汇总所需的相应信息就可以自动生成综合费率文件,操作步骤如图7-9所示。

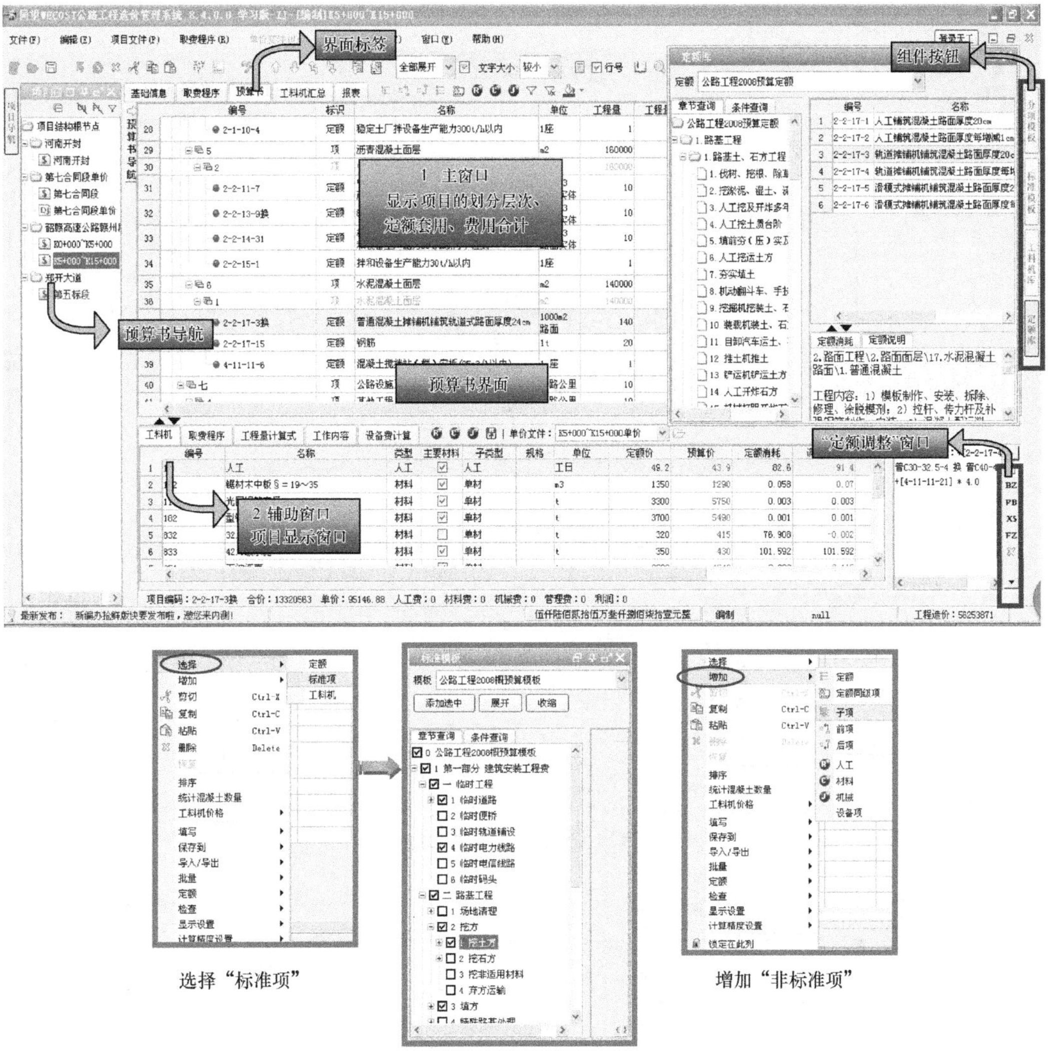

第 7 章 同望造价软件应用

图 7-5 "项目划分"界面

图 7-6 "填写工程量"界面

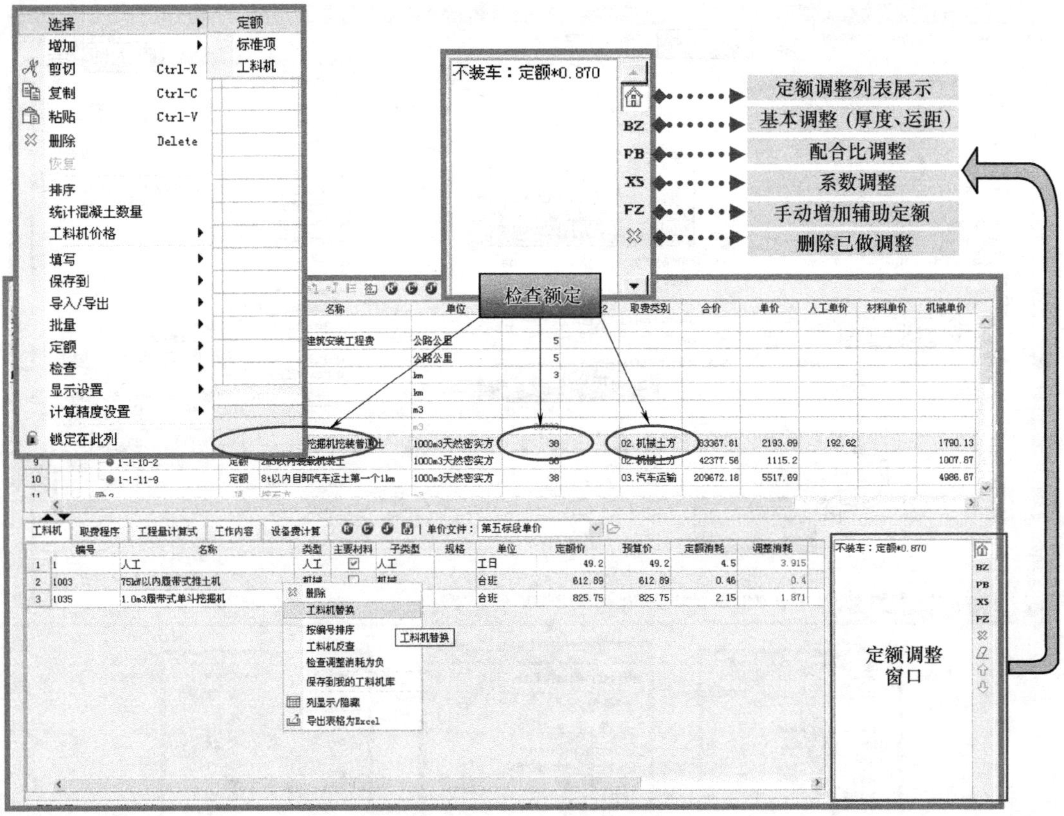

图 7-7 “定额调整”界面

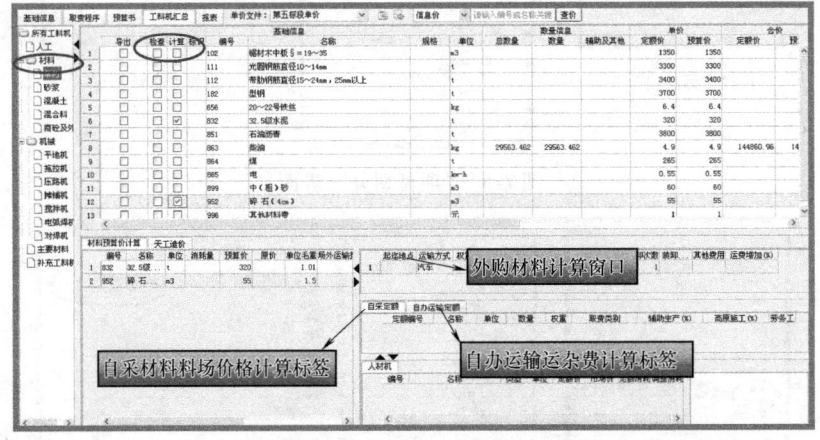

图 7-8 “工料机单价计算”界面

7. 费用计算

完成“预算书”“工料机汇总”“取费程序”标签的操作后，单击（分析计算）按钮，或在“项目文件”下拉菜单执行“分析计算”命令就可以完成费用计算和报表填写，打开“报表”标签，单击左侧各类列表查看填表结果，操作步骤如图 7-10 所示。

第 7 章 同望造价软件应用

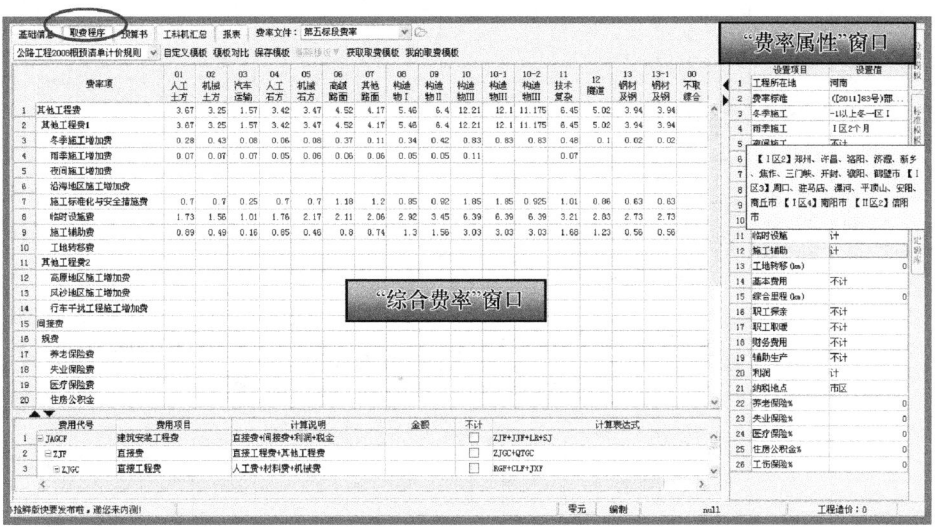

图 7-9 "费率计算"界面

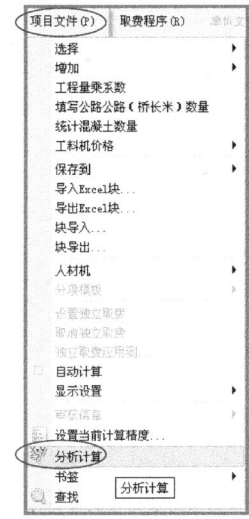

图 7-10 "费用计算"和"报表"界面

三、案例项目施工图预算的软件计算成果表见下表（节选部分）

总 预 算 表

建设项目名称：
建设项目范围：
编制范围：

第 1 页 共 4 页 01 表

项	目	节	细目	工程或费用名称	单位	数量	预算金额/元	技术经济指标	各项费用比例/%	备注
一				第一部分 建筑安装工程费	公路公里	6.500	17053572	2623626.46	66.89	
	1			临时工程	公路公里	0.500	116530	233060.00	0.46	
		1		临时便道的修建与维护	km	0.500	56019	112038.00		
				临时电力线路	km	0.500	56019	112038.00		
	2			临时电力线路	km	0.500	60512	121024.00		
二				路基工程	公路公里	6.500	4221031	649389.38	16.56	
	1			场地清理	km	6.500	13188	2028.92		
		1		清理与掘除	m²	4310.000	13188	3.06		
		2		原地面处理	m²	4310.000	3782	0.88		
				伐树、挖根、除草	棵	113.000	9406	83.24		
	2			挖方	m³	144400.000	848446	5.88		
		1		挖土方	m³	109500.000	579294	5.29		
				挖路基土方	m³	109500.000	579294	5.29		
		2		挖石方	m³	34900.000	269152	7.71		
				挖路基石方	m³	34900.000	269152	7.71		
	3			填方	m³	155239.500	969333	6.24		
	4			排水工程	km	6.500	1738892	267521.85		
		1		边沟	m³/m	3258.990/4578.000	1459141	447.73/318.73		
				浆砌片石边沟	m³/m	3258.990/4578.000	1459141	447.73/318.73		
		2		排水沟	m³/m	419.085/632.000	162952	388.83/257.84		
				浆砌片石排水沟	m³/m	419.085/632.000	162952	388.83/257.84		
		3		截水沟	m³/m	217.500/504.000	84570	388.83/167.80		
				浆砌片石截水沟	m³/m	217.500/504.000	84570	388.83/167.80		
		4		急流槽	m³/m	89.392/47.000	32230	360.55/685.74		

编制：admin 复核：

总预算表

建设项目名称：
编制范围：

第 4 页 共 4 页 表 01

项	目	节	细目	工程或费用名称	单位	数量	预算金额/元	技术经济指标	各项费用比例/%	备注
				第二部分 设备及工具、器具购置费	公路公里	6.500	317700	48876.92	1.25	
一				设备购置费	公路公里	6.500	280000	43076.92	1.10	
	1			不需安装的设备	公路公里	6.500	280000	43076.92		
		1		养护设备	公路公里	6.500	280000	43076.92		
三				办公及生活用家具购置	公路公里	6.500	37700	5800.00	0.15	
				第三部分 工程建设其他费用	公路公里	6.500	6567515	1010386.92	25.76	
一				土地征用及拆迁补偿费	公路公里	6.500	4908998	755230.46	19.25	
二				建设项目管理费	公路公里	6.500	972661	149640.15	3.82	
	1			建设单位管理费	公路公里	6.500	464268	71425.85		
	2			工程监理费	公路公里	6.500	426339	65590.62		
	3			设计文件审查费	公路公里	6.500	17054	2623.69		
	4			竣(交)工验收试验检测费	公路公里	6.500	65000	10000.00		
四				建设项目前期工作费	公路公里	6.500	200000	30769.23	0.78	
十一				建设期贷款利息	公路公里	6.500	485856	74747.08	1.91	
				第一、二、三部分费用合计	元		23938787	3682890.31	93.90	
				预备费	元		1556267		6.10	
一				1.价差预备费	元		852679		3.34	
二				2.基本预备费	元		703588		2.76	
				预算总金额	元		25495053		100.00	
				其中：回收金额						
				公路基本造价	公路公里	6.500	25495053	3922315.85	100.00	

编制：admin　　　　　　　　　　　　　　　　　　　　　　复核：

人工、材料、机械台班数量汇总表

建设项目名称：
编制范围：
第 1 页 共 6 页　　02 表

序号	规格名称	单位	总数量	临时工程	路基工程	路面工程	桥梁涵洞工程	公路设施及预埋管线工程	绿化及环境保护工程	辅助生产	其他	场外运输损耗 %	数量
1	人工	工日	53394	196	13544	17292	2433	243	406	16610	2669		
2	机械工	工日	7196	29	3329	1724	96	53	70	1895			
3	原木	m³	15	10	3		1	0				5.00	1
4	锯材木中板 δ=19~35	m³	5	0	2	0	2					15.00	1
5	光圆钢筋直径 10~14mm	t	13		2		11	0				2.50	0
6	带助钢筋直径 15~24mm，25mm 以上	t	34		12		22					2.50	1
7	型钢	t	5	0		4	0	0				6.00	0
8	钢板	t	1	0		0	0					6.00	0
9	钢管	t	0				0	0					
10	空心钢纤	kg	603							603			
11	φ50mm 以内合金钻头	个	862							862			
12	钢丝绳	t	0					0					
13	电焊条	kg	123	77		19	46	58					
14	螺栓	kg	629					629					
15	钢管立柱	t	12					12					
16	波形钢板	t	12					12					
17	钢模板	t	0		0	0	0						
18	组合钢模板	t	1		0	0	1	0					
19	铁件	kg	1036	48	55	524	373	8					
20	铁钉	kg	26		11		15						
21	8~12 号铁丝	kg	363	48	306		8						
22	20~22 号铁丝	kg	233		116		117						
23	铁皮	m²	7				7						

编制：admin　　　　　　　　　　　　　　　复核：

建筑安装工程费计算表

建设项目名称：
编制范围：

第 1 页 共 3 页　　03 表

序号	工程名称	单位	工程量	直接费/元 直接工程费 人工费	材料费	机械使用费	合计	其他工程费	合计	间接费/元	利润/元 费率 7.0%	税金/元 综合税率 3.41%	建筑安装工程费 合计/元	单价/元
1	2	3	4	5	6	7	8	9	10	11	12	13	14	15
1	临时便道的修建与维护	km	0.500	5492	32728	6819	45039	1936	46976	3777	3418	1847	56019	112037.17
2	临时电力线路	km	0.500	3339	44664		48003	2851	50853	3911	3752	1995	60512	121023.35
3	原地面处理	m²	4310.000	729		2216	2946	111	3057	378	223	125	3782	0.88
4	伐树、挖根、除草	根	113.000	6051			6051	220	6272	2368	457	310	9406	83.24
5	挖路基土方	m³	109500.000	22275		465731	488006	13404	501410	22643	36138	19103	579294	5.29
6	挖路基石方	m³	34900.000			230862	230862	5836	236699	6551	17027	8875	269152	7.71
7	填方	m³	155239.500	118803		663358	782161	26109	808270	70496	58603	31964	969333	6.24
8	浆砌片石边沟	m³/m	3258.990	282512	816410	855	1099777	64867	1164644	160540	85841	48116	1459141	447.73
9	浆砌片石排水沟	m³/m	419.085	29797	93374		123171	7315	130486	17466	9627	5373	162952	388.83
10	浆砌片石截水沟	m³/m	217.500	15464	48460		63924	3796	67720	9065	4996	2789	84570	388.83
11	浆砌片石急流槽	m³/m	89.392	4908	19743		24650	1464	26114	3126	1927	1063	32230	360.54
12	浆砌片石挡土墙	m³/m	1134.800	83527	251230		334757	19802	354559	48306	26154	14630	443649	390.95
13	骨架护坡	m	315.000	45402	107556	1731	154689	9179	163867	24723	12089	6843	207522	658.80
14	水泥稳定类底基层	m²	63050.000	42802	1681958	203781	1928541	88692	2017232	93142	146678	76965	2334017	37.02
15	水泥稳定类基层	m²	59150.000	41895	1163815	199136	1404847	64284	1469130	71370	106809	56173	1703482	28.80
16	透层	m²	57850.000		329924	2381	332305	15549	347853	13657	25306	13190	400006	6.91
17	沥青表处封层	m²	57850.000	9111	271508	5262	285881	13376	299258	14938	21770	11456	347422	6.01
18	粗粒式沥青混凝土面层	m²	55250.000	44201	1545881	249058	1839141	93402	1932543	63762	138658	72802	2207765	39.96
19	中粒式沥青混凝土面层	m²	55250.000	40694	1235426	193902	1470022	74694	1544717	52848	110833	58256	1766654	31.98
20	细粒式沥青混凝土面层	m²	55250.000	37367	900846	138928	1077141	54770	1131911	41372	81214	42778	1297276	23.48
21	路缘石	m³	1880.000	433152	456875	8099	898127	42023	940150	188513	68394	40820	1237877	658.45
22	培土路肩	m²	9750.000	30449		7083	37533	1756	39289	12200	2858	1853	56200	5.76
23	路基整修	km	6.500	98485		5973	104457	3814	108271	38789	7881	5284	160225	24650.07

编制：admin　　复核：

其他工程费及间接费综合费率计算表

建设项目名称：
编制范围：

第 1 页 共 1 页　04 表

序号	工程类别	其他工程费费率/%									间接费费率/%												
		冬期施工增加费	雨期施工增加费	夜间施工增加费	高原地区施工增加费	风沙地区施工增加费	沿海地区施工增加费	行车干扰工程施工增加费	安全及文明施工措施费	临时设施费	施工辅助费	工地转移费	综合费率 I	综合费率 II	养老保险费	失业保险费	医疗保险费	住房公积金	工伤保险费	综合费率	基本费用	主副食运费补贴	职工探亲路费	职工取暖补贴	财务费用	综合费率
1	2	3	4	5	6	7	8	9	10	11	12	13	14	15	16	17	18	19	20	21	22	23	24	25	26	27
01	人工土方	0.280	0.070						0.590	1.570	0.890	0.243	3.643		20.000	2.000	7.000	5.000	1.000	35.000	3.360	0.239	0.100	0.060	0.230	3.989
02	机械土方	0.430	0.070						0.590	1.420	0.490	0.784	3.784		20.000	2.000	7.000	5.000	1.000	35.000	3.260	0.182	0.220	0.130	0.210	4.002
03	汽车运输	0.080	0.070						0.210	0.920	0.160	0.466	1.906		20.000	2.000	7.000	5.000	1.000	35.000	1.440	0.192	0.140	0.120	0.210	2.102
04	人工石方	0.060	0.050						0.590	1.600	0.850	0.253	3.403		20.000	2.000	7.000	5.000	1.000	35.000	3.450	0.182	0.100	0.060	0.220	4.012
05	机械石方	0.080	0.060						0.590	1.970	0.460	0.523	3.683		20.000	2.000	7.000	5.000	1.000	35.000	3.280	0.172	0.220	0.110	0.200	3.982
06	高级路面	0.370	0.060						1.000	1.920	0.800	0.971	5.121		20.000	2.000	7.000	5.000	1.000	35.000	1.910	0.114	0.140	0.070	0.270	2.504
07	其他路面	0.110	0.060						1.020	1.870	0.740	0.879	4.679		20.000	2.000	7.000	5.000	1.000	35.000	3.280	0.116	0.160	0.070	0.300	3.926
08	构造物Ⅰ	0.340	0.050						0.720	2.650	1.300	0.879	5.939		20.000	2.000	7.000	5.000	1.000	35.000	4.440	0.173	0.290	0.120	0.370	5.393
09	构造物Ⅱ	0.420	0.050	0.350					0.780	3.140	1.560	1.043	7.343		20.000	2.000	7.000	5.000	1.000	35.000	5.530	0.192	0.340	0.130	0.400	6.592
10	构造物Ⅲ	0.830	0.110	0.700					1.570	5.810	3.030	2.070	14.120		20.000	2.000	7.000	5.000	1.000	35.000	9.790	0.345	0.550	0.230	0.820	11.735
11	技术复杂大桥	0.480	0.070	0.350					0.860	2.920	1.680	1.181	7.541		20.000	2.000	7.000	5.000	1.000	35.000	4.720	0.153	0.200	0.100	0.460	5.633
12	隧道	0.100							0.730	2.570	1.230	0.830	5.460		20.000	2.000	7.000	5.000	1.000	35.000	4.220	0.153	0.270	0.080	0.390	5.113
13	钢材及钢结构	0.020	0.050	0.350					0.530	2.480	0.560	1.132	5.072		20.000	2.000	7.000	5.000	1.000	35.000	2.420	0.153	0.160	0.070	0.480	3.283
13-1	钢材及钢结构	0.020	0.110						0.530	2.480	0.560	1.132	4.722		20.000	2.000	7.000	5.000	1.000	35.000	2.420	0.153	0.160	0.070	0.480	3.283

编制：admin　　　　　　　　　　　　　　　　　　　　　复核：

设备、工具、器具购置费计算表

第 1 页 共 1 页　05 表

建设项目名称：
编制范围：

编号	设备、工具、器具规格名称	单位	数量	单价/元	金额/元	说明
一	设备购置费				280000	
1	不需安装的设备	公路公里	6.50	43076.92	280000	
	养护设备	公路公里	6.50	43076.92	280000	
(1)	6～8t 压路机	公路公里	6.50	43076.92	120000	1.00（台）×120000
[1]						
[2]	3～4t 自卸汽车	台	2.00	80000.00	160000	2.00（台）×80000
二		台	1.00	120000.00		
三	办公及生活用家具购置	公路公里	6.50	5800.00	37700	5800×6.5

编制：admin　　　　　　　　　　　　　　　　　复核：

工程建设其他费用及回收金额计算表

第 1 页 共 1 页　06 表

建设项目名称：
编制范围：

序号	费用名称及回收金额项目	说明及计算式	金额/元	备注
一	第三部分 工程建设其他费用		6567515	
	土地征用及拆迁补偿费	6000×2000×3/2000+4000×100×3/2000+62.11×50000+76×200+37×10+982.96×1800	4908998	6000×2000×3/2000+4000×100×3/2000+62.11×50000+76×200+37×10+982.96×1800
二	建设项目管理费	{建设单位管理费}（建安费为基数）	972661	
1	建设单位管理费	建安工程费×2.5%	464268	464267.87
3	工程监理费	建安工程费×2.5%	426339	17053571.83×2.5%
5	设计文件审查费	建安工程费×0.1%	17054	17053571.83×0.1%
6	竣（交）工验收试验检测费	10000×6.5	65000	
四	建设项目前期工作费	200000	200000	200000
十一	建设期贷款利息	建息（2，建安工程费×2，建安工程费×2,7%）	485856	建息（2,17053571.83×2,17053571.83×2,7%）
一	价差预备费	{部颁预留上涨费}	1556267	
1. 价差预备费			852679	17053571.83×(pow(1+0.05,2-1)-1)
二	2. 基本预备费	（第一、二、三部分费用合计−建设期贷款利息−固定资产投资方向调节税）×3%	703588	(23938786.82−485856.26−0)×3%

编制：admin　　　　　　　　　　　　　　　　　复核：

人工、材料、机械台班单价汇总表

建设项目名称：
编制范围： 第 1 页 共 3 页 07 表

序号	名称	单位	代号	预算单价/元	备注
1	人工	工日	1	45.00	
2	机械工	工日	2	45.00	
3	原木	m³	101	1165.04	
4	钢材木中板 δ=19~35	m³	102	1555.36	
5	光圆钢筋直径 10~14mm	t	111	3288.46	
6	带肋钢筋直径 15~24mm，25mm以上	t	112	3393.52	
7	型钢	t	182	3292.10	
8	钢板	t	183	3835.35	
9	钢管	t	191	4600.00	
10	空心钢纤	kg	212	7.00	
11	φ50mm 以内合金钻头	个	213	27.21	
12	钢丝绳	t	221	2000.00	
13	电焊条	kg	231	7.60	
14	螺栓	kg	240	21.60	
15	钢管立柱	t	247	5850.00	
16	波形钢板	t	249	3530.00	
17	钢模板	t	271	4500.00	
18	组合钢模板	t	272	4500.00	
19	铁件	kg	651	6.30	
20	铁钉	kg	653	5.80	
21	8~12号铁丝	kg	655	6.12	
22	20~22号铁丝	kg	656	6.12	
23	铁皮	m²	666	25.40	
24	橡皮线	m	713	6.20	
25	皮线	m	714	5.40	
26	油漆	kg	732	13.04	
27	热熔涂料	kg	738	6.00	
28	反光玻璃珠	个	739	2.80	
29	草袋	个	819	2.00	
30	草籽	kg	821	80.00	
31	乔木（朴）	株	823	6.00	种植乔木
32	乔木（朴1）	株	823	4.00	种植乔木
33	油毛毡	m²	825	6.00	
34	32.5号水泥	t	832	339.80	
35	硝铵炸药	kg	841	6.00	
36	导火线	m	842	0.80	
37	普通雷管	个	845	0.70	
38	石油沥青	t	851	1700.00	
39	乳化沥青	t	853	4100.00	
40	重油	kg	861	0.80	
41	汽油	kg	862	4.30	
42	柴油	kg	863	3.80	
43	电	kWh	865	0.80	
44	水	m³	866	1.00	
45	生石灰	t	891	229.63	
46	土	m³	895	11.656	
47	砂	m³	897	67.05	
48	中（粗）砂	m³	899	75.95	
49	沙砾	m³	902	67.05	
50	天然级配	m³	908	67.05	

编制：admin 复核：

分项工程预算表

编制范围：
工程名称：临时便道的修建与维护

第 1 页 共 106 页　　08-2 表

序号	工料机名称	单位	单价/元	汽车便道 汽车便道路基宽4.5m（平原微丘区） 1km　0.500　定额表号 7~1~3 定额	数量	金额/元	汽车便道 路面天然沙砾路面压实厚度15cm 路面宽3.5m　1km　0.500　7~1~6 定额	数量	金额/元	汽车便道 汽车便道养护路基宽度4.5m 1km·月　12.000　7~1~8 定额	数量	金额/元	合计 数量	合计 金额/元
1	人工	工日	45.00	28.800	14.400	648	167.300	83.650	3764	2.000	24.000	1080	122.050	5492
2	水	m³	1.00				67.000	33.500	34				33.500	34
3	天然级配	m³	67.05				716.040	358.020	24005		487.620	8690	487.620	32695
4	75kW以内履带式推土机	台班	544.03	7.460	3.730	2029							3.730	2029
5	6~8t光轮压路机	台班	226.02	0.630	0.315	71				1.320	15.840	3580	16.155	3651
6	8~10t光轮压路机	台班	250.66	0.480	0.240	60	0.970	0.485	122				0.725	182
7	12~15t光轮压路机	台班	363.07	1.860	0.930	338	1.940	0.970	352				1.900	690
8	0.6t手扶式振动碾	台班	94.35				5.650	2.825	267				2.825	267
9	定额基价	元	1.00	7048.000	3524.000	3524	38552.000	19276.000	19276	862.000	10344.000	10344	33144.000	33144
	直接工程费	元				3146			28543			13350		45039
	其他工程费 Ⅰ	元		3.643		115	4.679		1336	3.643		486		1936
	其他工程费 Ⅱ	元												
	规费	元		35.000		227	35.000		1317	35.000		378		1922
	间接费 企业管理费	元		3.989		130	3.926		1173	3.989		552		1855
	利润及税金	元		7.000/3.410		369	7.000/3.410		3352	7.000/3.410		1545		5265
	建筑安装工程费	元		3986.5590					35721			16311		56019

编制：admin　　　　　　　　　　　　　　　　　　　　　　复核：

分项工程预算表

编制范围：
工程名称：挖路基土方

第 5 页 共 106 页　　08-2 表

序号	工料机名称	单位	单价/元	推土机推土 90kW以内履带式推土机推土普通土 第一个20m 1000m³ 天然密实方 25.000 1-1-12-6			挖掘机挖装土、石方 1.0m³以内挖掘机挖装普通土 1000m³ 天然密实方 80.000 1-1-9-5			自卸汽车运土、石方 12t以内自卸汽车运普通土 运距0.4km 1000m³ 天然密实方 82.400 1-1-11-17+18×(-1.0)			推土机推土 90kW以内推土机推土硬土 第一个20m 1000m³ 天然密实方 2.500 1-1-12-7		
				定额	数量	金额/元	定额	数量	金额/元	定额	数量	金额/元	定额	数量	金额/元
1	人工	工日	45.00	4.500	112.500	5063	4.500	360.000	16200				5.000	12.500	563
2	75kW以内履带式推土机	台班	544.03				0.460	36.800	20020						
3	90kW以内履带式推土机	台班	649.55	2.390	59.750	38811							2.900	7.250	4709
4	1.0m³履带式单斗挖掘机	台班	746.36				2.150	172.000	128374						
5	12t以内自卸汽车	台班	556.04							5.740	472.976	262994			
6	定额基价	元	1.00	1966.000	49150.000	49150	2279.000	182320.000	182320	3576.000	294662.000	294662	2363.000	5908.000	5908
	直接工程费	元				43873			164594			262994			5272
	其他工程费	I	元		3.784	1660		3.784	6228		1.906	5013		3.784	199
		II	元						5670						
	间接费	规费	元		35.000	1772		35.000	6836		35.000	5633		35.000	197
		企业管理费	元		4.002	1822		4.002			2.102			4.002	219
	利润及税金		元		7.000/ 3.410	5103		7.000/ 3.410	19112		7.000/ 3.410	29139		7.000/ 3.410	613
	建筑安装工程费		元			54230.5530			202440			302779			6500

编制：admin　　　　　　　　　　　　　　　　　　　　　　　　复核：

分项工程预算表

编制范围:
工程名称: 挖路基土方
第 6 页 共 106 页　　08-2 表

序号	工料机名称	单位	单价/元	工程项目: 挖掘机挖装土、石方 工程细目: 1.0m³ 以内挖掘机挖装硬土 定额单位: 1000m³ 天然密实方 工程数量: 2.000 定额表号: 1~1~9~6			工程项目: 自卸汽车运土、石方 工程细目: 12t 以内自卸汽车运普通土 0.4km 定额单位: 1000m³ 天然密实方 工程数量: 2.060 定额表号: 1~1~11~17+18×~1.0			合　计	
				定额	数量	金额/元	定额	数量	金额/元	数量	金额/元
1	人工	工日	45.00	5.000	10.000	450				495.000	22275
2	75kW 以内履带式推土机	台班	544.03	0.530	1.060	577				37.860	20597
3	90kW 以内履带式推土机	台班	649.55							67.000	43520
4	1.0m³ 单斗挖掘机	台班	746.36	2.460	4.920	3672				176.920	132046
5	12t 以内自卸汽车	台班	556.04				5.740	11.824	6575	484.800	269568
6	定额基价	元	1.00	2602.000	5204.000	5204	3576.000	7367.000	7367	54461.000	544610
	直接工程费	元				4699			6575		488006
	其他工程费	元		3.784		178	1.906		125		13404
	间接费　规费	元		35.000		158	35.000		141		7796
	企业管理费	元		4.002		195	2.102				14847
	利润及税金	元		7.000/3.410		545	7.000/3.410		728		55241
	建筑安装工程费	元				5774.6680			7569		579294

编制: admin　　　　　　　　　　　　　　　　复核:

分项工程预算表

编制范围：
工程名称：水泥稳定类基层

第 30 页　共 106 页　08-2 表

序号	工料机名称	单位	单价/元	水泥稳定类 水泥碎石压实厚度20cm 水泥剂量5.5% 1000m² 59.150 2~1~7~5+6×5.0,改		厂拌基层稳定土混合料运输 15t以内自卸汽车 装载2km 1000m³ 11.830 2~1~8~21+22×2.0		机械铺筑厂拌基层稳定土 混合料 摊铺机铺筑 宽度7.5m以内基层 1000m² 59.150 2~1~9~7		基层稳定土厂拌设备 安装、拆除 稳定土厂拌设备 生产能力300t/h以内 1座 0.500 2~1~10~4	
				定额	数量	金额/元	定额	数量	金额/元	定额	数量	金额/元
	工程项目											
	工程细目											
	定额单位											
	工程数量											
	定额表号											
1	人工	工日	45.00	3.800	224.770	10115				4.600	272.090	12244	868.300	434.150	19537
2	锯材木中板δ=19~35	m³	1555.36										0.010	0.005	8
3	型钢	t	3292.10										0.040	0.020	66
4	组合钢模板	t	4500.00										0.086	0.043	193
5	铁件	kg	6.30										85.300	42.650	269
6	32.5号水泥	t	339.80	24.574	1453.552	493917							69.040	34.520	11730
7	水	m³	1.00	26.000	1537.900	1538							353.000	176.500	177
8	中（粗）砂	m³	75.95										230.010	115.005	8735
9	片石	m³	133.82										288.180	144.090	19282
10	碎石（4cm）	m³	79.07										80.360	40.180	3177
11	碎石	m³	34.95	292.224	17285.050	604112							263.120	131.560	20548
12	块石	m³	156.19										126.500	63.250	63
13	其他材料费	元	1.00										5.080	2.540	1145
14	0.6m³履带式单斗挖掘机	台班	450.78	0.630	37.265	28900									
15	3.0m³轮胎式单斗装载机	台班	775.53				0.140	8.281	1872						
16	6~8t光轮压路机	台班	226.02				1.270	75.120	27274						
17	12~15t光轮压路机	台班	363.07				0.350	20.702	25064						
18	300t/h以内稳定土厂拌设备	台班	1067.29	0.340	20.111	21464									
19	7.5m稳定土摊铺机	台班	1210.66												
20	250L以内强制式混凝土搅拌机	台班	105.77										4.060	2.030	215

编制：admin　　　　复核：

分项工程预算表

编制范围：
工程名称：水泥稳定类基层

第 31 页 共 106 页   08-2 表

序号	工料机名称	单位	单价/元	工程项目	水泥稳定类 水泥碎石压实厚度20cm 水泥剂量 5.5%			厂拌基层稳定土混合料运输 15t以内自卸汽车 装载 2km			机械铺筑厂拌基层稳定土混合料 摊铺机铺筑 宽度7.5m以内基层			基层稳定土厂拌设备 安装、拆除 稳定土厂拌设备 生产能力300t/h以内		
				工程细目												
				定额单位	1000m²			1000m³			1000m²			1座		
				工程数量	59.150			11.830			59.150			0.500		
				定额表号	2-1-7~5+6×5.0,改			2-1-8~21+22×2.0			2-1-9~7			2-1-10~4		
					定额	数量	金额/元	定额	数量	金额/元	定额	数量	金额/元	定额	数量	金额/元
21	15t以内自卸汽车	台班	611.87					7.220	85.413	52261						
22	20t以内平板拖车组	台班	666.58											7.740	3.870	2580
23	6000L以内洒水汽车	台班	466.96		0.310	18.337	8562							1.880	0.940	616
24	12t以内汽车式起重机	台班	655.60											11.790	5.895	11530
25	40t汽车式起重机	台班	1955.88											11.790	5.895	17465
26	75t汽车式起重机	台班	2962.72											376.300	188.150	188
27	小型机具使用费	元	1.00		16992.000	1005077.000	1005077	4946.000	58511.000	58511	1392.000	82337.000	82337	186424.000	93212.000	93212
28	定额基价	元	1.00				1160046			52261			75016			117523
	直接工程费	元		Ⅰ	4.679		54279	1.906		996	4.679		3510			5499
	其他工程费	元		Ⅱ												
	规费	元			35.000		3540	35.000			35.000		4285	35.000		6838
	间接费 企业管理费	元			3.926		47674	2.102		1119	3.926		3083	3.926		4830
	利润及税金	元			7.000/ 3.410		134507	7.000/ 3.410		5790	7.000/ 3.410		8836	7.000/ 3.410		13848
	建筑安装工程费	元					1400046.316			60167			94731			148538

编制：admin   复核：

分项工程预算表

编制范围：
工程名称：水泥稳定类基层

第 32 页 共 106 页　　08-2 表

序号	工程项目 工程细目 定额单位 工程数量 定额表号 工料机名称	单价/元	定额单位	定额	数量	金额/元	定额	数量	金额/元	定额	数量	金额/元	合计 数量	合计 金额/元
1	人工	45.00	工日										931.010	41895
2	锯材木中板 δ=19~35	1555.36	m³										0.005	8
3	型钢	3292.10	t										0.020	66
4	组合钢模板	4500.00	t										0.043	193
5	铁件	6.30	kg										42.650	269
6	32.5号水泥	339.80	t										1488.072	505647
7	水	1.00	m³										1714.400	1714
8	中（粗）砂	75.95	m³										115.005	8735
9	片石	133.82	m³										144.090	19282
10	碎石（4cm）	79.07	m³										40.180	3177
11	碎石	34.95	m³										17285.050	604112
12	块石	156.19	m³										131.560	20548
13	其他材料费	1.00	元										63.250	63
14	0.6m³履带式单斗挖掘机	450.78	台班										2.540	1145
15	3.0m³轮胎式装载机	775.53	台班										37.265	28900
16	6~8t光轮压路机	226.02	台班										8.281	1872
17	12~15t光轮压路机	363.07	台班										75.120	27274
18	300t/h以内稳定土厂拌设备	1067.29	台班										20.111	21464
19	7.5m稳定土摊铺机	1210.66	台班										20.702	25064
20	250L以内强制式混凝土搅拌机	105.77	台班										2.030	215

编制：admin　　复核：

分项工程预算表

编制范围：
工程名称：水泥稳定类基层

第 33 页 共 106 页　　08-2 表

序号	工料机名称	单位	单价/元	定额			定额			定额			合计
				定额表号									
				工程数量									
				定额单位									
				工程细目									
				工程项目									
				定额	数量	金额/元	定额	数量	金额/元	定额	数量	金额/元	金额/元
21	15t 以内自卸汽车	台班	611.87								85.413		52261
22	20t 以内平板拖车组	台班	666.58								3.870		2580
23	6000L 以内洒水汽车	台班	466.96								18.337		8562
24	12t 以内汽车式起重机	台班	655.60								0.940		616
25	40t 汽车式起重机	台班	1955.88								5.895		11530
26	75t 汽车式起重机	台班	2962.72								5.895		17465
27	小型机具使用费	元	1.00								188.150		188
28	定额基价	元	1.00								1239137.000		1239137
	直接工程费	元											1404847
	其他工程费	I 元											
		II 元											64284
	间接费	规费 元											14663
		企业管理费 元											56707
	利润及税金	元											162982
	建筑安装工程费	元											1703482

编制：admin　　　　　　　　　　　　　　　　　　　　　　　　复核：

材料预算单价计算表

建设项目名称：
编制范围：

第 1 页 共 1 页　09 表

序号	名称	规格名称	单位	原价/元	供应地点	运输方式、比重及运距/km	毛重系数或单位毛重	运杂费 运杂费构成说明及计算式	单位运费/元	原价运费合计/元	场外运输损耗 费率/%	场外运输损耗 金额/元	采购及保管费 费率/%	采购及保管费 金额/元	预算单价/元
1	原木		m³	1060.00		汽车,1.0,40.0	0.750000	(0.5×40.0+5.0×1.0+5.0)×1×0.75	22.500	1082.50	5.000	54.125	2.500	28.416	1165.04
2	锯材木中板 δ=19~35		m³	1300.00		汽车,1.0,40.0	0.650000	(0.5×40.0+5.0×1.0+5.0)×1×0.65	19.500	1319.50	15.000	197.925	2.500	37.936	1555.36
3	光圆钢筋直径10~14mm		t	3100.00		汽车,1.0,40.0	1.000000	(0.5×40.0+5.0×1.0+5.0)×1×1	30.000	3130.00	2.500	78.250	2.500	80.206	3288.46
4	带肋钢筋直径15~24mm,25mm 以上		t	3200.00		汽车,1.0,40.0	1.000000	(0.5×40.0+5.0×1.0+5.0)×1×1	30.000	3230.00	2.500	80.750	2.500	82.769	3393.52
5	型钢		t	3000.00		汽车,1.0,40.0	1.000000	(0.5×40.0+5.0×1.0+5.0)×1×1	30.000	3030.00	6.000	181.800	2.500	80.295	3292.10
6	钢板		t	3500.00		汽车,1.0,40.0	1.000000	(0.5×40.0+5.0×1.0+5.0)×1×1	30.000	3530.00	6.000	211.800	2.500	93.545	3835.35
7	32.5号水泥		t	300.000		汽车,1.0,25.0	1.010000	(0.7×25.0+3.0×2.0)×1×1.01	23.740	323.74	2.400	7.770	2.500	8.288	339.800
8	生石灰		t	200.000		汽车,1.0,25.0	1.000000	(0.6×25.0+2.5×1.0)×1	17.500	217.50	3.000	6.525	2.500	5.601	229.630
9	土		m³	1.769		自办,1.0,0.6	1.000000	0.054×117.47+0.061×45×(1+5%)	9.745	11.041	3.000	0.331	2.500	0.284	11.656
10	中(粗)砂		m³	45.000		汽车,1.0,25.0	1.500000	(0.6×25.0+2.5×1.0)×1×1.5	26.250	71.25	4.000	2.850	2.500	1.853	75.950
11	片石		m³	100.000		汽车,1.0,25.0	1.600000	(0.6×25.0+2.5×1.0)×1×1.6	28.000	128.00	2.000	2.560	2.500	3.264	133.820
12	石屑		m³	30.000		汽车,1.0,25.0	1.500000	(0.86×25.0+3.58×1.0)×1×1.5	37.620	67.62	2.000	1.352	2.500	1.724	70.700
13	块石		m³	120.000		汽车,1.0,25.0	1.850000	(0.6×25.0+2.5×1.0)×1×1.85	32.380	152.38			2.500	3.810	156.190

编制：admin　复核：

自采材料场价格计算表（部分）

建设项目名称：
编制范围：

第 4 页 共 9 页　10 表

序号	材料名称	材料规格	单位	料场价格/元	人工/劳务工 45.0 元/工日 定额	人工/劳务工 金额	间接费 占人工费 5.0%	间接费 金额/元	1.0m³ 轮胎式装载机 346.87元/台班 定额	1.0m³ 轮胎式装载机 金额	150×250 电动颚式破碎机 119.6元/台班 定额	150×250 电动颚式破碎机 金额	9m³/min 以内机动空气压缩机 477.35元/台班 定额	9m³/min 以内机动空气压缩机 金额	小型机具使用费 1.0元	小型机具使用费 金额	90kW 推土机 729.85元/台班 定额	90kW 推土机 金额	高原增加费/元
1	8~1~3~2		土	m³	1.769	0.005	0.225	0.011										0.0021	1.533	

编制：admin　复核：

第7章 同望造价软件应用

机械台班单价计算表

建设项目名称：
编制范围：

第 1 页 共 11 表

序号	定额号	机械规格名称	台班单价/元	不变费用/元 调整系数 1.0		可变费用/元 机械工 45.0元/工日		重油 0.8元/kg		汽油 4.3元/kg		柴油 3.8元/kg		木柴 0.0元/kg		养路费及车船税	合计
				定额	调整值	定额	费用	定额	费用	定额	费用	定额	费用	定额	费用		
1	1003	75kW以内履带式推土机	544.03	245.140	245.14	2.000	90.00					54.970	208.89				298.89
2	1004	90kW以内履带式推土机	649.55	311.140	311.14	2.000	90.00					65.370	248.41				338.41
3	1005	105kW以内履带式推土机	711.19	330.410	330.41	2.000	90.00					76.520	290.78				380.78
4	1027	0.6m³履带式单斗挖掘机	450.78	219.840	219.84	2.000	90.00					37.090	140.94				230.94
5	1035	1.0m³履带式单斗挖掘机	746.36	411.150	411.15	2.000	90.00					64.530	245.21				335.21
6	1048	1.0m³轮胎式装载机	346.87	112.920	112.92	1.000	45.00					49.030	186.31			2.64	233.95
7	1050	2.0m³轮胎式装载机	603.43	200.440	200.44	1.000	45.00					92.860	352.87			5.12	402.99
8	1051	3.0m³轮胎式装载机	775.53	241.360	241.36	2.000	90.00					115.150	437.57			6.60	534.17
9	1057	120kW以内平地机	816.67	408.050	408.05	1.000	45.00					82.130	312.09			6.53	408.62
10	1075	6~8t光轮压路机	226.02	107.570	107.57	1.000	45.00					19.330	73.45				118.45
11	1076	8~10t光轮压路机	250.66	117.500	117.50	1.000	45.00					23.200	88.16				133.16
12	1078	12~15t光轮压路机	363.07	164.320	164.32	1.000	45.00					40.460	153.75				198.75
13	1083	0.6t手扶式振动压路机	94.35	38.100	38.10	1.000	45.00					2.960	11.25				56.25
14	1088	15t以内振动压路机	684.73	315.050	315.05	2.000	90.00					73.600	279.68				369.68
15	1139	机动液压喷播机	178.92	53.590	53.59	1.000	45.00					21.140	80.33				125.33
16	1160	300t/h以内稳定土厂拌设备	1067.29	455.640	455.64	4.000	180.00										611.65
17	1164	7.5m稳定土摊铺机	1210.66	912.190	912.19	2.000	90.00					54.860	208.47				298.47
18	1193	4000L以内沥青洒布车	374.10	179.140	179.14	1.000	45.00	34.280	147.40							2.56	194.96
19	1205	160t/h以内沥青混合料拌和设备	10775.83	4234.100	4234.10	6.000	270.00	4787.200	3829.76								6541.73
20	1213	9.0m自动找平沥青混合料摊铺机	2094.62	1592.200	1592.20	3.000	135.00					96.690	367.42				502.42
21	1224	16~20t轮胎式压路机	567.94	362.240	362.24	1.000	45.00					42.290	160.70				205.70

编制：admin 复核：

辅助生产工、料、机械台班单位数量表

建设项目名称：
编制范围：

第 1 页 共 12 表

序号	规格名称	单位	人工/工日	空心钢纤/kg	φ50mm以内合金钻头/个	硝铵炸药/kg	导火线/m	普通雷管/个	1.0m³轮胎式装载机/台班	6t以内自卸汽车/台班	9kW手扶式拖拉机(带斗)/台班	150×250mm×电动颚式破碎机/台班	250×400mm×电动颚式破碎机/台班
1	土	m³	0.0615								0.054		

编制：admin 复核：

7.3 同望软件编制清单报价

一、清单报价编制流程

清单编制流程如图 7-11 所示。

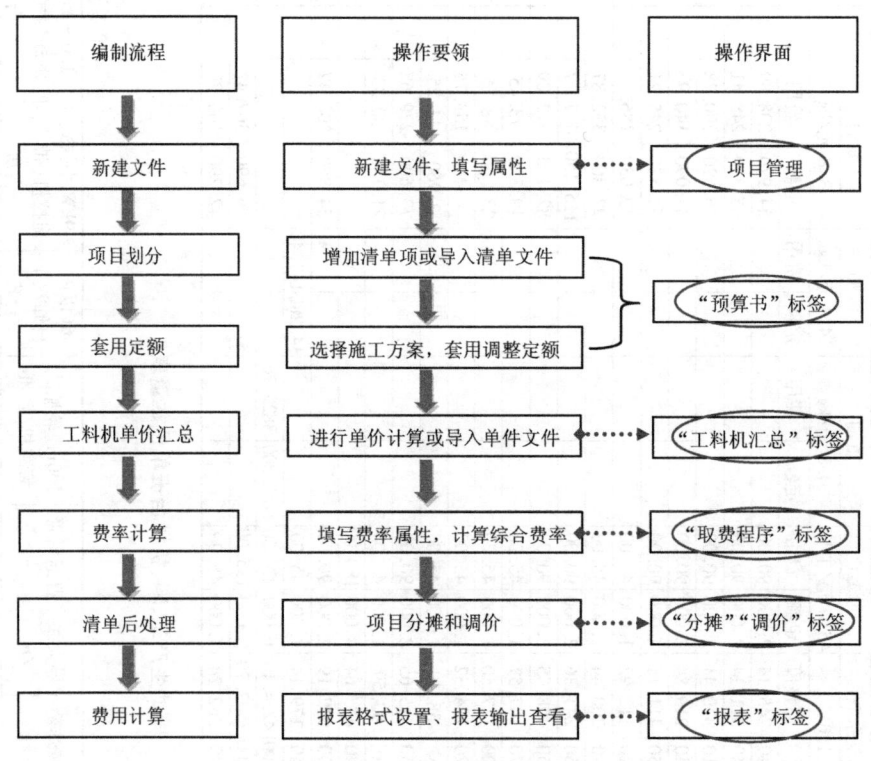

图 7-11 清单编制流程图

二、清单后处理

清单编制流程与施工图基本相同,主要区别是清单后处理环节,清单后处理包括"分摊"和"调价"。

1. 分摊

系统提供了三种分摊计算方式:

JE:按清单金额比重分摊。

SN:集中搬水泥混凝土用量分摊。

LQ:按沥青混合料用量分摊。

操作过程如图 7-12 所示。

2. 调价

系统提供了正向调价和反向调价两种调价方式,操作过程如图 7-13 所示。

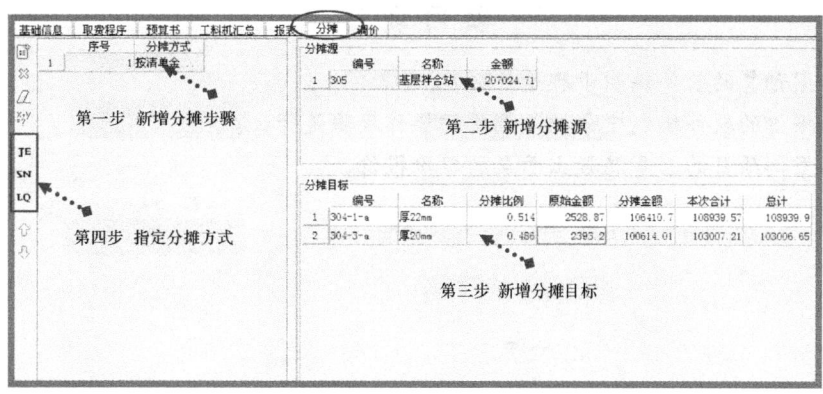

图 7-12 "分摊"界面

"正向调价"是已知人工、材料、机械、费率、单价的调价系数,首先在相应节点输入调价系数进行调价的方式,操作过程如图 7-13 所示。

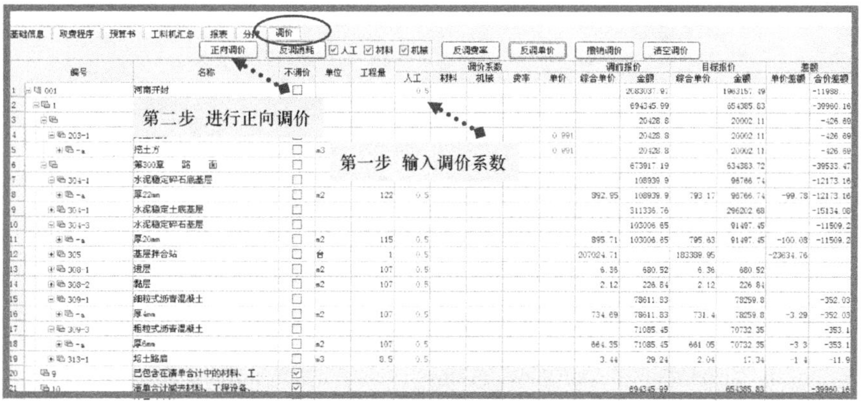

图 7-13 "正向调价"界面

"反向调价"是已知综合单价或金额的目标报价金额,首先在"目标报价"相应节点输入目标值,然后选择反调项目进行调价的方式。操作过程如图 7-14 所示。

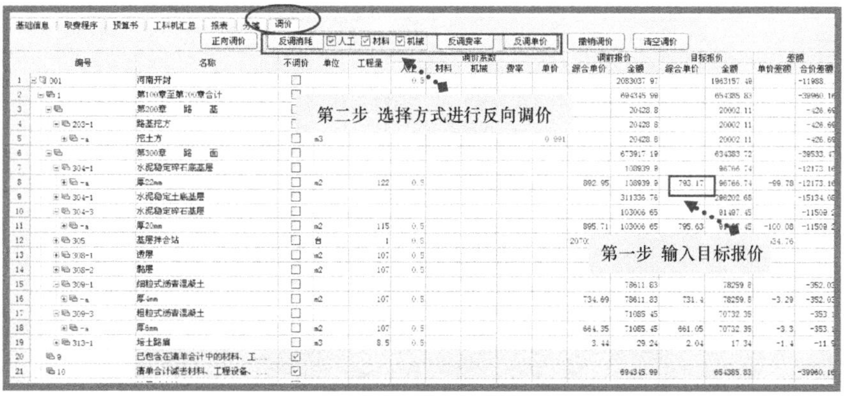

图 7-14 "反向调价"界面

项目训练

1. 施工图预算的软件编制步骤是什么?
2. 投标报价的软件编制中分摊与调价的操作步骤是什么?
3. 编制案例项目的沥青混凝土面层的单价报价。

参 考 文 献

[1] 中华人民共和国交通部. JTG/T B06-02—2007 公路工程预算定额 [S]. 北京：人民交通出版社, 2008.

[2] 中华人民共和国交通部. JTG/T B06-01—2007 公路工程概算定额 [S]. 北京：人民交通出版社, 2008.

[3] 中华人民共和国交通部. JTG/T B06-03—2007 公路工程机械台班费用定额 [S]. 北京：人民交通出版社, 2008.

[4] 中华人民共和国交通运输部. JTG B06—2007 公路工程基本建设项目概算预算编制办法 [S]. 北京：人民交通出版社, 2008.

[5] 中华人民共和国交通运输部. JTG M20—2011 公路工程基本建设项目投资估算编制办法 [S]. 北京：人民交通出版社, 2008.

[6] 中华人民共和国交通运输部. JTG/T M21—2011 公路工程估算指标 [S]. 北京：中国标准出版社 [S], 2011.

[7] 交通公路工程定额站. 公路工程施工定额（2009 版）[M]. 北京：人民交通出版社, 2009.

教材使用调查问卷

尊敬的老师：

您好！欢迎你使用机械工业出版社出版的教材，为了进一步提高我社教材的出版质量，更好地为我国教育发展服务，欢迎您对我社的教材多提宝贵的意见和建议。敬请您留下您的联系方式，我们将向您提供周到的服务，向您赠阅我们最新出版的教学用书、电子教案及相关图书资料。

本调查问卷复印有效，请您通过以下方式返回：

邮寄：北京市西城区百万庄大街22号机械工业出版社建筑分社（100037）
　　　张荣荣（收）

传真：010-68994437（张荣荣收）　　E-mail：54829403@qq.com

一、基本信息

姓名：_____ 职称：_____ 职务：_____

所在单位：_____

任教课程：_____

邮编：_____ 地址：_____

电话：_____ 电子邮件：_____

二、关于教材

1. 贵校开设土建类哪些专业？
   □ 建筑工程技术　　□ 建筑装饰工程技术　　□ 工程监理　　□ 工程造价
   □ 房地产经营与估价　　□ 物业管理　　□ 市政工程
2. 您使用的教学手段：　□ 传统板书　　□ 多媒体教学　　□ 网络教学
3. 您认为还应开发哪些教材或教辅用书？_____
4. 您是否愿意参与教材编写？希望参与哪些教材的编写？
   课程名称：_____
   形式：□ 纸质教材　　□ 实训教材（习题集）　　□ 多媒体课件
5. 您选用教材比较看重以下哪些内容？
   □ 作者背景　　□ 教材内容及形式　　□ 有案例教学　　□ 配有多媒体课件
   □ 其他

三、您对本书的意见和建议（欢迎您指出本书的疏误之处）

_____
_____
_____

四、您对我们的其他意见和建议

_____
_____

请与我们联系：

100037　北京市西城区百万庄大街22号

机械工业出版社·建筑分社　张荣荣　收

Tel：010-88379777（O），6899 4437（Fax）

E-mail：54829403@qq.com

http：//www.cmpedu.com（机械工业出版社·教材服务网）

http：//www.cmpbook.com（机械工业出版社·门户网）

http：//www.golden-book.com（中国科技金书网·机械工业出版社旗下网站）